日本人と西洋文化

にしくにさき

未知谷
Publisher Michitani

日本人と西洋文化　目次

日本人と西洋文化

序章　日本人はいま

日本人ってなんだろう、そういう疑問をいだいたことはありませんか。明治以降のわたしたち日本人はある特別な事情によってそのような疑問を抱かざるを得ないような宿命を背負っているように思われます。その事情というのは明治維新に由来します。徳川時代の鎖国政策を改めて開国し明治の時代を迎えたとき、日本人は、自分たちの国が科学的、技術的、経済的に欧米諸国からいかに後れをとっているのかを知りました。そこでどうしたのかといいますと、古い日本のものをすべて投げ捨てて、新しい西洋のものをひたすら取り入れようと努力したのです。

ただ魂（精神）だけは失うことがないよう心がけました。それが和魂洋才というやりかたです。和魂洋才というのは、日本の伝統的な感性（和魂）を堅持しながら西洋の優れた知識や技術（洋才）を学びとろうとする方式です。やむを得ないことだったのかもしれませんが、そこに含まれる欠陥について考慮する余裕が当時の人たちにはなかったようです。この方式の一番の欠陥は、洋才（西洋の知識や技術）を成立させる根底にある精神（洋魂）に正面から向きあう姿勢が希薄だったということにあります。洋魂と対決することなくひたすら和魂を堅持しようと考えたのです。

洋魂を本格的に正視することがなかったので、本来異質な西洋のものごとと日本のものごとを表面だけ見て安易に結びつけるということが行なわれました。そのもっとも基本的な事例を二つ挙げてみますと、ことばの問題で、ヨーロッパ語と同じように日本語にも主語があるとみなしたこと、および、ヨーロッパ語の一人称代名詞、たとえば英語の「I」を日本語の「私」と等しいとみなしたこと、がありますす。基本的と言ったのは、自分自身にかんすることがらだからですが、これらは明らかに誤解です。しかし、現在もなお根強く生き続けています。

第一の主語にかんしてですが、二人の日本人の会話をとりあげてみましょう。一方が「行く?」と尋ねて、他方が「いや、行かない」と答えたとします。これは完全な日本語です。英語はどうかといいますと、「Do you go?」「No, I don't go.」です。答えの部分に注目することにしますが、英語には主語のIがありますが、日本語にはありません。英語は主語がないと文が成立しませんが、日本語は主語がなくとも文が成立するのです。日本語に主語があると主張する人たちは、「行かない」の文は主語が省略されていると言うでしょう。何が省略されているというのでしょうか。「私が」ではないでしょう。「私が行かない」とは言わないからです。では、「私は」でしょうか。「私は行かない」と言うことはできるからです。しかし、「I don't go」と「私は行かない」は同じ内容を表現しているのではありません。「I don't go」は、行くことを否定しているだけです。しかし、日本語の「私は行かない」は、行くことを否定しているだけではなく、「あなたは行けばいいじゃないか」というニュアンスを含んでいます。英語にはそのニュアンスはありません(英語でそのニュアンスをつけ加えるには「I」を強調して発音するでしょう)。「行かない」は、それだけで完全な日本語であり、主語が省略された文ではないのです。主語にかんして、序章ではこれ以上のことは述べません。主語とは何か、日本語に主語がないというのはどのようなことなのか、などについて詳しいことは三章でお話しすることにします。

第二は、英語の「I」は日本語の「私」と等しくない、ということについてです。いま述べた、英語の「I don't go」には「I」が存在するのにたいして、日本語の「行かない」には「私」は存在しないというのは、「I」と「私」とは違うということの例証の一つになるでしょう。

この違いについて明晰な見解を提出したのは鈴木孝夫です（「人を表すことば」『ことばと文化』岩波新書）。鈴木は、日本語の「わたくし」「ぼく」「おれ」などのことばを一人称代名詞とよぶのは、西洋語文法を下敷きにした見かたであると言っています。だから、日本語の一称代名詞は数が多く、使いかたが面倒だなどという説明が行われるというのです。英語では例外的な場合を除き、自分のことを「I」と言いますが、日本語では事情が全く違います。たとえば現在の日本語では、父親が自分の子供と話すとき、自分のことを「おとうさん」とか「パパ」と言うことが多い。「おとうさんの言うことをききなさい」が普通で、「僕（または私）の言うことをききなさい」ではない。甥や姪などが来ると、今度は自分のことを「おじさん」と言う。「クリスマスにおじさんが自転車をプレゼントしよう」という風にです。また祖父母は孫に向かって、自分たちのことを「おじいさん」「おばあさん」と言う。小学校の先生は、生徒に向かって、「さあ先生の方をむいて」などと言うし、医者や看護婦は、子供の患者にたいして、自分たちのことを「お医者さん」「看護婦さん」などと職業名で言うことさえある。また、女の子の場合、自分のことを「私」と言わず、名前で言う。「由美これ嫌いよ」といった具合である。

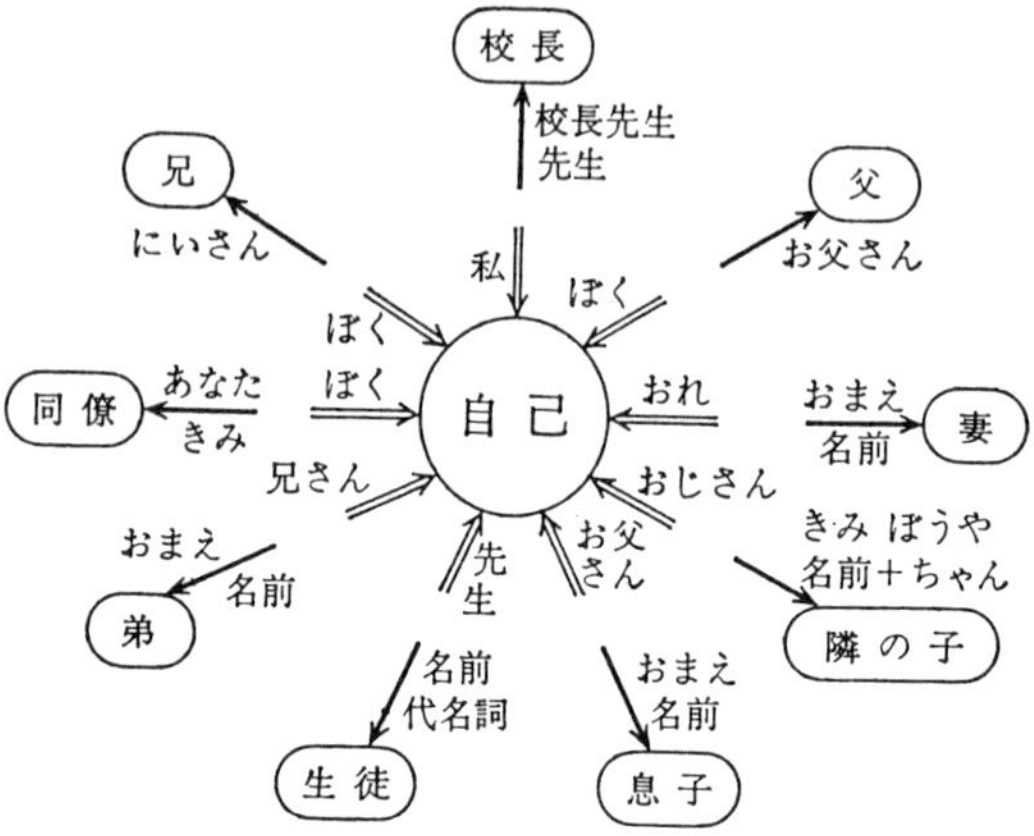

図1　鈴木孝夫の自称詞（と対称詞）の表

このような事実にもとづいて鈴木は、「わたし」「ぼく」「おれ」などを一人称代名詞とよぶのは、日本語の事実から遊離した、異質の文法概念の直訳的輸入にすぎないのであり、話し手が自分を表すことばは「自称詞」（相手を表すことばは「対称詞」）とよぶのが適切であると述べています。さらに鈴木は、日本語の自称詞が実際にどのように使われているか、年齢が四十歳の小学校の先生のケースをモデルにとって示しています（図1）。図の「自己」にむかう矢印が自分の称しかた、つまり、自称詞を表しています（英語では、すべて「I」です）。この図からわかるように日本語の「私」は、目上の人（この場合は校長先生）にたいして、あるいは、この図には示されていませんが、会議や結婚式の祝辞などの改まった場面で話をする場合など、状況に応じて、用いられるものです。上下関係や状況に応じて用いられる日本語の「私」と英語の「I」には明らかな違いがあります。

この違いを話し手の言語による自己規定という観点から見ると、ヨーロッパ語の一人称代名詞は、相手および周囲の状況とは無関係に、自発的独立的に自己規定がなされる、言い換えますと、「相手の存在を認識するに先んじて、自己の認識が言語によって行われる」ということです（ですから、常に「I」一語で済むのです）。鈴木は、このような自己規定のありかたを「絶対的自己規定」とよんでいます。本文で詳しくお話ししますように、このような自己規定はヨーロッパではキリスト教の超越する絶対神にたいする信仰に支えられて成立しています。ところが、日本語の自称詞は、相対的で対象依存的な自己規定であり、ヨーロッパ語と順序がちょうど逆で、相手の規定が自己の規定に先行するのです。ですから、相手との関係や状況に応じて用いることばが変わるのです。日本語の自称詞には相手とは無関係に自分そのものを直接に指し示すことばがないのです。

ヨーロッパ語の一人称代名詞（英語なら「I」）と日本語の「私」はこのように違ったありかたをしています。両者は決して等しくないのです。というわけで、英語の「I」（ヨーロッパ語の一人称代名詞の代表ですが）に対応する適切な日本語は存在しませんので、この本では、やむを得ず、ヨーロッパ語の一人称代名詞を日本語では〈わたし〉と表記することにします。

ちなみに、鈴木が、自称詞の場合と同じ理由で二人称代名詞ではなく対称詞とよぶべきだと語っている（図1の相手にむかう矢印が対称詞の一部を表しています）日本語の用法に、目からうろこが落ちるような興味深い話がいくつも語られています。その中から一例だけ紹介しておくことにします。

日本人の夫は妻にむかって「お母さん、これどうだろう」と言い、妻は夫に「お父さん、これどうかしら」と言います。ごく普通のことで、とくに疑問に感じることはないかもしれませんが、考えてみると不思議です。妻は夫の「お母さん」ではないし、夫は妻の「お父さん」ではないからです。鈴木孝夫はその理由を解き明かしています。夫と妻が相手をそのようによびあうのは、夫も妻も、相手を直接に自分の視点から見ることをせずに、自分たちの子供の視点に同調して、相手を間接的にとらえようとするからです。自分自身の視点から見れば、妻であり、夫でしかありえない相手を、子供の視点に同調し、子供の視点を経由して見るのです。自称詞の場合には、相手との関係や状況に応じることによって自分の称しかたが決まりますが、この場合には、お互いに二人の子供の視点に同調することによって相手の称しかたが決まるのです。

次に日本語の語彙についてお話ししたいと思います。明治になってそれまでの日本にはなかった西洋の新しい製品（の実物）や書物による文物《ぶんぶつ》（学問・芸術・宗教・法律・制度など、文化にかんするものごと（『デジタル大辞泉』））の知識がどっと流入するようになると、江戸時代までの語彙では間に合わなくなりました。そこで、対応する日本語を次から次へとつくり出す必要が生じたのです。西洋の新しい製品にかんしては、「蒸気船」（英語の steamship 蒸気の船）、「鉄道」（ドイツ語の Eisenbahn 鉄の軌道）、「写真機」（真を写す機械。意訳で）などなど、次から次に新しい翻訳日本語がつくられました。

こうして新しくつくられた物の名前は、該当する物とことばが一対一の即物的な対応をしているだけですから、日本語に混乱をひきおこすこともなく新しい語彙として取り入れられました。しかし、文物にかんする無数の翻訳日本語の場合は問題が生じることになります。たとえば「社会」ということばは、「society」の訳語ですが、この訳語に決まるまでには、いくつもの日本語が考案されて、曲折を経たあげくに、この訳語に落ち着きました（その間の経緯については、たとえば、柳父章の『翻訳語成立事情』（岩波新書）に詳しく書かれています。もう一冊、多数の関連文献が載っている飛田良文の『明治生まれの日本語』（角川ソフィア文庫）の名も挙げておきましょう）。何故、いくつもの新しい訳語が提案されたのかといいますと、「society」という原語の内容が、それまでに存在していた日本語の「世間」や「世の中」とは、どうも違うようだと考えられたからです。言い換えますと、「社会」という翻訳日本語がつくられた当時、その実体は日本には存在せず、西洋に存在していたものであり、こういうことらしいと想像した上でつくられたということです。高島俊男は、そのような翻訳日本語について、「形はたしかに日本語だが、その内容、実質は西洋語なのである」と言っています。文章はさらに、「日本人の頭は、これらの言葉を、西洋語の意味でしか、考えることも使用することもできない、すなわち、すくなくともこうした西洋輸入の言葉や観念に関するかぎり、われわれ日本人の頭は、もう百年以上も前から西洋に引越しているのである」と続いています（『漢字と日本人』文春新書）。

明治以降の日本人の西洋志向は、遅れたアジアを脱して、一刻もはやく進んだ西欧の仲間入りをしたいという「脱亜入欧」志向にもとづくものでした。しかし、それればかりではなく、つくりだされた膨大な数の翻訳日本語を使うとき、そのことばが「西洋輸入の言葉や観念」であるために、高島が指摘するように「われわれ日本人の頭」が「西洋に引越し」してしまうという構造が無意識のうちに働いていることを無視することはできないでしょう。やがて、翻訳日本語は、時が経過するとともに、形が日本語であるために、もとは翻訳されたものであるということが忘れられて、日本語として独り歩きするようになります。すると、その実体も日本のなかに存在すると考えられるようになりました。こうして、「社会」は、もともとあった「世間」と区別がつかないことになります。政治家や大企業の社長などが不祥事の責任をとるとき、新聞やテレビなどが社会的な責任を問題にしても「世間をお騒がせして申し訳ありません」と謝るのが普通です。彼らにとって問題なのは世間（の目）なので、世間に向かって詫びているのです。阿部謹也が言うように、世間は明治以前からあった日本語であり、「社会」は明治以降にできた翻訳日本語です。「社会」は、阿部が言うように、個人の意志の総体によって、どのような社会を作るかを決めることができますし、社会を変革することもできるのです。ところが、「世間」は「社会」とは本質的に異なっています。「世間」は、生活の場としての世の中のことであり、はじめから与えられているものであって、変えることなどできないものです（『ヨーロッパを見る視覚』岩波書店）。

「個人」も「社会」と対をなすことばで、翻訳日本語です。江戸時代までの日本には「個人」は存在しませんでした。明治時代に「個人」という翻訳日本語ができましたが、「社会」と同じように、やがて翻訳された日本語であるということが忘れられました。現在では、もとからあった日本語のように使用されています。この「個人」ということばは、世間（「社会」と混同された世間）のなかでどのようなありかたをしているでしょうか。河合隼雄が面白いことを言っています。小中学校の先生たちの集まりに招かれたときの話です。教室に、個人を大切にしようとか個性を伸ばそうとか、よく大書してある。河合が、「こんなこと、アメリカではどこにも書いていない」と言うと、先生たちはみんなものすごくびっくりする。アメリカでは個性は大事なんじゃないですか、と反論されるので、いや、そういうのはあたりまえな話だからわざわざ書く必要はないんだ、と答えるというのです。河合はさらに続けています。「日本では、「個性を大事にしましょう」と校長先生が言ったら、みんなで「ハァー」というわけで、「みんなでいっしょに個性を伸ばそう」ということになって、知らない間にみんな一体になってしまうんですね。それほど、日本では個人ということがわかりにくいんですね」（『村上春樹、河合隼雄に会いにいく』岩波書店）

もう一度「社会」の話にもどります。ちょうどこの文章を書いているとき、『朝日新聞』の書評欄（二〇一八年九月二十二日朝刊）で近藤孝弘の『政治教育の模索　オーストリアの経験から』（名古屋大学出版会）という本のことを知りました。まだ読んではいませんので、書評欄の記事にしたがってお話しします。この本は、書名にあるように、オーストリアの若者の政治教育について書かれたものということです。オーストリアでは、一九九二年に選挙権年齢を十八歳に引き下げていましたが、二〇〇六年にはさらに十六歳に引き下げたそうです。著者の近藤は「選挙権年齢の引き下げは、有権者を増やす民主主義の拡張です。政治参加と政治教育は相互に支えあうものです」から、「政治状況を正確に把握し、そこに参画する能力を育てる教育が進められてきました」と語っています。そこで、十六〜十七歳では、第一次大戦後の歴史を学習し、「学校の内外の事柄について自らの関心を貫徹するための民主的方法（たとえばデモ、署名運動、ビラの配布、請願書）を構想したり、実行したりすることを」学びます。また、大学入学資格試験では、市議会選挙の四つの政党のポスターを示し、《共通しているテーマはなにか？》《それぞれのポスターについて……使用されているスローガンを分析しなさい》《どのようなターゲットが想定されているか》などを問う問題が出されています。

日本では三年前に選挙権年齢が十八歳に引き下げられました。しかし、政治教育はなおざりにされたままです。近藤はそのことについて、「道徳教育に社会秩序の維持を期待しています。道徳で民主主義社会は作れません。必要なのは政治教育ではないでしょうか」と語っています。近藤の言うとおり、道徳で民主主義社会はつくることはできません。なぜ、道徳教育に力を注ごうとするのでしょうか。それは、目的が、民主主義社会をつくることではなく、世間の秩序を維持することにあるからです。近藤は「社会秩序」や「民主主義社会」のように「社会」という（翻訳）日本語を使っていますが、政治教育をなおざりにしている政治勢力には「社会」という観念が希薄なのです。社会の構成員、すなわち、社会を構成する単位としての個人を養成する必要を感じない（あるいは、感じないふりをしている）のです。政治教育は、既存の（すでに存在する）「社会」のなかに新たに若い人たちを組み入れようとするものです。すでに存在するのが、「社会」ではなく、「世間」であれば、政治教育ではなく、道徳教育が期待されることになります。

このことにかんして思い出されるのは自由民主党の憲法改正草案のことです。現在の憲法第十三条はつぎのように書かれています。

すべて国民は、個人として尊重される。生命、自由及び幸福追求に対する国民の権利については、公共の福祉に反しない限り、立法その他の国政の上で、最大の尊重を必要とする。

この条文が、改正草案ではつぎのように変わっています。

全て国民は、人として尊重される。生命、自由及び幸福の追求に対する国民の権利については、公益及び公の秩序に反しない限り、立法その他の国政の上で、最大限に尊重されなければならない。

現行憲法と改正草案には二か所違いがあります。一つは改正草案では現行憲法の「個人」の「個」が外されて「人」になっています。その結果、この文章は、全て国民は、動物としてではなく、人として尊重される（＝国民を犬や猫のような動物扱いはしません）、と言っているように聞こえます。もう一つは「公共の福祉」が「公益及び公の秩序」に置き換えられていることです。「個人」は「個人の尊厳」として犯すべからざる「基本的人権」を有するものであり、「国家」の構成員でありながら、「国家」に従属するのではなく、「国家」に対峙し、「国家」に抵抗することができる根拠となるものです。現行憲法では、「個人」が制約されるのは、「公共の福祉」に反する場合のみです。「公共の福祉」の「公」というのは「国家」のことではなく、「社会」のことです。「公共」とは、「基本的人権」を有する「個人」が共有する「社会」のことであり、「福祉」とは、「個人」が共有する「社会」の「幸せ」を意味します。「個人」は「社会」の構成員として、犯すべからざる「基本的人権」を有していますが、その権利は他の「個人」の権利と衝突することがあります。権利が衝突した場合、「社会」の安寧、すなわち、「公共の福祉」を維持するために、「個人」の権利は制限されるのです。「個人」の権利を守るために、「個人」の権利を制限せざるを得ないのです。

改正草案で「個人」の「個」を削除しようとするのは、「社会」を構成する「個人」というありかたを消し去ろうとするからです。「個人」を消し去れば、「社会」も消え去ります。「個人」の「個」を取り去って、ただの「人」に変えるということは、個人が存在することによって成立する公共（社会）を消し去ることを意味します。公共（社会）が消滅すれば、「公」はそのまま「国家」になります。「国民」は文字どおり「国家」に従属する「人」になるのです。「公益及び公の秩序」の「公」とは、（たとえ、「社会」ということばが使われることがあるとしても、それは「世間」のことであって）「社会」のことではありません。「公」とはそのまま「国家」を意味するのです。「公益」というのは、したがって、「国家の利益」つまり「国益」のことであり、「公の秩序」というのは「国家の秩序」のことなのです。改正草案では、「国民の権利」は「公益及び公の秩序に反しない限り」認められるということですが、「国益」や「国家の秩序」に反する場合には制限されるということです。現行憲法が、基本的人権が認められるのは「公共の福祉に反しない限り」であるとしているのは、個人の基本的人権同士の葛藤を解決しなければならないからです。それにたいして改正草案が「国民の権利」が認められるのは、「公益及び公の秩序に反しない限り」「国民の権利」を法律の制限下におこうとするからなのです。二つの条文は似て非なるものであり、明らかなすりかえです。改正草案は人権の保障が法律の範囲内に置かれていた明治憲法と同じものであり、個人主義を掲げている現行憲法から明治憲法の国家主義（全体主義）への後戻りを、さりげないしかたではありますが、公然と表明しているのです。

「社会」と「個人」という翻訳日本語にかんして、近藤孝弘が書いているオーストリアの政治教育のことと自由民主党の憲法改正草案の話をしました。その理由は二つあります。一つは、これらのことばが翻訳日本語であるために、その内実がはっきりとした形で受けとめられていないのを示すこと。もう一つは、内実がはっきりとした形で受けとめられていないものごとをめぐって、それを積極的に受けいれようとする人たちと反発する人たちの葛藤が常に生じ、政治的なものごとにかかわる場合には、西洋文化の流入に反発する国粋主義的な人たちが、内実が曖昧な事態に乗じて、その内実らしきものを排除しようという動きに出ること。この二つです。

まず一つ目の、翻訳日本語であるために、その内実がはっきりとした形で受けとめられていないということにかんしてです。とりあげたのは「社会」と「個人」のわずか二例にすぎませんが、文物にかんする翻訳日本語は、ものの名前と同じように、ほとんど無数といっていいほどたくさんのことばがつくりだされました。翻訳日本語のつくられかたには、日本語にその概念がなく、新しくつくりだされた日本語（新造語）、中国で活躍した欧米人宣教師が漢訳したことばを借りてくる（借用語）、日本に存在することばに西洋の新しい概念・意味をつけくわえて転用する（転用語）の三種類がありま す（飛田良文『明治生まれの日本語』角川ソフィア文庫）。現在の日本語で、たとえば、「思想」のように、熟語のように用いられる二文字の漢字は、そのほとんどすべてが翻訳日本語だといっても過言ではありません。新しくつくられたことばも、借用や転用してつくられたことばも、高島俊男が言うように、「その内容、実質は西洋語」なのですから、ことばを使用するときに、前者は、いちいち「西洋に引越」しなければ意味が判然としないわけですし、後者は、日本語や漢語の意味を引きずりながら「西洋に引越」するという、困難をともなう複雑な作業を踏む必要があります。そして、新しい西洋文化をひたすら取り入れることに努めた明治以降の日本人は、情報を取り入れるときばかりではなく、発信するときに、いやでも、このような翻訳日本語を使用せざるをえず、そういうことばが使用されることによって、日本の（世間的な）社会のなかに必然的に混乱が生じざるをえなかったのです。

つぎに、二つめについてです。現在の日本人の内部には、日本の伝統的なものと、輸入して身につけた西洋的なものと、二つの文化が混在しています。そういう状態のなかにあって、西洋的なものにひたすら傾倒して日本の文化を批判する人がいます。また、日本の伝統的な文化に寄り添って西洋文化を批判する人もいます。若いころは西洋文化にひたすら傾倒して、年をとってから日本文化に回帰するというのも、明治以来、日本の知識人によく見られる現象です。若いころの西洋文化への傾倒のしかたが激しかった人ほど、その反動でしょうか、日本の伝統文化への回帰のしかたが情熱的だったりします。このような西洋への傾倒や日本への回帰が生じるのは、日本の伝統的な文化と、輸入して身につけた西洋文化とが根底において異質で相容れないところがあるからです。わたしたち日本人の内部には、二つの異質な文化が統一されないまま、雑居しています。図式的に言いますと、日本人の伝統的な感性と西洋から輸入して身につけた知性が統一されずに雑居したまま共存しているということです。

ドイツ人のカール・レーヴィット（一八九七〜一九七三）という哲学者は、二〇世紀の世界を代表する哲学者ハイデガーの高弟でしたが、ユダヤ人であったためにナチスのドイツを逃れて来日し、一九三六年からほぼ五年間、仙台の東北帝国大学で教鞭をとっています。そのレーヴィットが、日本人の精神構造を階段のない二階家にたとえています。一階では日本的に考えたり感じたりするし、二階にはプラトンからハイデッガーに至るまでのヨーロッパの学問が紐に通したように並べてある。ところが、その一階と二階をつなぐ階段がない、というのです（『ヨーロッパのニヒリズム』柴田治三郎訳、筑摩書房）。このような雑居状態が生じた原因は、西洋文化を輸入するにあたって日本人がとった「和魂洋才」という対応のしかたにあります。西洋の知識や技術を学びとろうとするときに、その基層に存在し、それを成立させている異質な精神に対応しようとする姿勢がなかったのです。「和魂」と「洋才」は、内部で結びつくことがなく、一階と二階で共存することになりました。

日本の伝統文化と西洋文化との間の揺れは、このような分裂した状態にある個人の内部で生じるわけですが、その揺れは個人の内面に限られたことではありません。時代全体としても、このような揺れが生じているのです。日本人は開国以来、西洋にたいして讃嘆と嫌悪という矛盾した感情を常にいだいてきました。そのために、時代全体の傾向として、西洋をひたすら讃嘆する開放的な時期と、それにたいする反動として内向的に日本に回帰する時期が交互に繰り返されることになりました。

日本の近代は、明治の初期、西洋にひたすら傾斜する時期からはじまりました。「散切り頭を叩いてみれば文明開化の音がする」、この流行歌（都都逸）をご存知の方も多いでしょう。一八七一（明治四）年に断髪令が公布されました。人びとは江戸時代まで頭にのせていたちょんまげを切って西洋人をまねて散切りの頭になろうとしました。その頭を叩いてみると、文明開化の音がするというのです。文明開化、それは、日本の旧来の遅れた文化を投げ捨てて、進んだ新しい西洋の文化にならうこと（西洋化）を意味します、それが開化であると考えたのです。無邪気で明るく浮かれるような調子のこの歌は、明治の初めという時代の雰囲気をよく表しています。二一世紀の現在はどうでしょうか。文明開化はすでに達成されたように見えます。現在の日本人の生活は、表面はほとんど西洋人ではないかといえるような様相を呈しています。時代の雰囲気は、新たな「散切り頭」を見いだして、浮かれるような調子に満たされているようにも見えます。それにもかかわらず、時代の奥深くで、西洋への傾斜に比例するように、日本に回帰する内向的な反動が秘かに進行しているのではないでしょうか。

第二次世界大戦（太平洋戦争）の敗戦後、それまでの暗い時代の抑圧から解放されて、日本人は、西洋（占領国であるアメリカ）の文化にひたすら傾斜していきました。これが、明治初期、大正デモクラシーの時代を経た後にやってきた第三の西洋への開放的な傾斜の時期です。内向的な日本への回帰の時期は、明治初期と大正デモクラシーの時代の間、大正デモクラシーの時代と第二次世界大戦の敗戦の間にやってきました。そして、現在、時代の深いところで、日本に回帰する内向的な動向が秘かに進行しているように思われます。

西洋への傾斜と日本への回帰というこのような遠心・求心運動のくりかえしは、波状運動のように生じていますが、そこに何らかの規則性があるわけではありません。開放的な西洋への傾斜が進むとともに、それにたいする反動のエネルギーが蓄積し、ある限界に達すると、一転して日本へ回帰する内向的な動きに変化するのです。そのような潮流のなかで、ある時期の観念や思想はそれに続く時期の観念や思想に非連続なしかたで変化します。つまり、ある時期の観念や思想や、それに続く時期の観念や思想は、断片的であり連続しないのです。このような事態について丸山真男はつぎのように語っています。

あらゆる時代の観念や思想に否応なく相互連関性を与え、すべての思想的立場がそれとの関係で——否定を通じてでも——自己を歴史的に位置づけるような中核あるいは座標軸に当る思想的伝統はわが国には形成されなかった。（『日本の思想』岩波新書）

丸山は、日本の思想的伝統のなかには、あらゆる時代の観念や思想に相互に連関性を与える基準となる座標軸（中核）が存在しないというのです。わたしは、丸山の著作、とくに『日本の思想』、を今日に至るまで折にふれて何度も繰り返して読んできましたが、読むたびに、丸山の鋭い洞察と緻密な分析にもとづく見解に感嘆し、仰ぎ見る思いがします。引用文は、「私達はこうした自分の置かれた位置をただ悲嘆したり美化したりしないで、まず現実を見すえて、そこから出発するほかなかろう」と続いています。その見解にまったく異論はないのですが、わたしは、丸山が時代を俯瞰的に眺めることによって述べている見解を、身近な個人のレベルで受けとめるとどのようになるだろうかと考えるようになりました。すると、この引用文は、「自己を歴史的に位置づけるような中核あるいは座標軸」が個人の内部に存在しないということを語っていることになります。問題を個人のレベルで考察することと並んで、もう一つ心がけたことは、明治以降の日本人が受けとめた「西洋」を、わたしたちの外の世界、つまり、西洋世界としてだけではなく、日本人の個人の内部に存在するものとして考察しようとしたことです。この本の本文で使用した「西洋」ということばは、一義的には、そのようなわたしたちの「内なる西洋」のことを意味します。ですから、本文で述べる「西洋文化」とは、わたしたちが体得した「西洋文化の本質」のことであり、「日本の伝統文化」というのはわたしたちが生きている「日本文化の本質」ということになります。

「西洋」というのは、一義的には、わたしたちの「内なる西洋」のことであると言いましたが、そのことに関連して、ここで、距離の話をしたいと思います。距離というのは、わたしたちの内なる「日本」と「西洋」の、心理的ないしは精神的な距離という意味です。

詩人の萩原朔太郎（一八八六～一九四二）は、「旅上」という詩のなかで「ふらんすへ行きたしと思へども／ふらんすはあまりに遠し」と詠っています。この詩が収められている『純情小曲集』が刊行されたのは一九二五（大正一四）年のことです。朔太郎にとって西洋というのは、何よりも、共鳴する詩人ボードレールの国フランスでした。一九二五年といえば、明治維新からすでに五〇年あまり経っていましたが、西洋はまだあまりにも遠かったのです。同じころ野口雨情（一八八二～一九四五）の作詞による「赤い靴」が一九二二（大正一一）年につくられました（作曲は本居長世）。歌詞を引用します。

赤い靴　はいてた　女の子　異人さんに　つれられて　行っちゃった
横浜の　埠頭《はとば》から　汽船《ふね》に乗って　異人さんに　つれられて　行っちゃった
今では　青い目に　なっちゃって　異人さんの　お国に　いるんだろう
赤い靴　見るたび　考える　異人さんに　逢うたび　考える

赤い靴をはいていた女の子が、横浜の埠頭《はとば》から汽船《ふね》に載って異人さんに連れられて行ってしまった。女の子は、いまでは異人さんの国で青い眼になってしまっているのだろう。そのことを赤い靴を見るたびに、異人さんに逢うたびに考える、と歌われています。そのころ、異人さんが住む西洋の国まで行こうとすれば、船で三〇日も四〇日もかかるほど地理的にもはるかに遠い国でした。

それから五〇年後になります。一九七三年、阿久悠の作詞による「五番街のマリーへ」（作曲は都倉俊一）を高橋真梨子が歌っています。歌詞を引用します。

五番街へ　行ったならば　マリーの家へ行き　どんなくらししているのか　見て来てほしい
五番街は　古い町で　昔からの人がきっと　住んでいると思う　たずねてほしい
マリーという娘と　遠い昔に暮らし　悲しい思いをさせた　それだけが気がかり
五番街で　うわさをきいて　もしも嫁に行って　今がとてもしあわせなら　寄らずにほしい

五番街へ　行ったならば　マリーの家へ行き　どんなくらししているのか　見て来てほしい
五番街で住んだ頃は　長い髪をしてた　可愛いマリー　今はどうか　しらせてほしい
マリーという娘と遠い昔にくらし　悲しい思いをさせた　それだけが気がかり
五番街は近いけれど　とても遠いところ　悪いけれどそんな思い　察してほしい

誤解がないようにあらかじめ申し上げておきますが、高橋真梨子という歌手はすばらしい歌唱力の持主で、好きな歌手の一人です。この歌も昔よく聞きました。しかし、考えてみるとどうも不思議なのです。「五番街のマリーへ」の舞台はアメリカのニューヨークの五番街です。男性であるわたしは、昔マリーという女性とそこで暮らしたのですが、悲しい思いをさせたまま別れてしまいました。男性は、悔恨の情にかられながら、今、そのマリーがどのような暮らしをしているのか知りたいと思っています。その様子を、自分では出かける勇気がないので、あなた（歌を聴いている人）に見てきてほしいと頼んでいるのです。このマリーという女性はアメリカ人の女性なのでしょう。男性のわたしはどうでしょうか。アメリカ人の男性のようでもあります。しかし、日本人でしょう。この日本人は、ニューヨーカー（ニューヨークに住むアメリカ人）に見立てた日本人なのです（「見立て」については六章と七章で詳しくお話しします）。その証拠をあげてみますと、第一に、この歌が日本語で書かれていることです。頼んでいる人物がアメリカ人であれば、英語で書かれているでしょう。さらに、歌の最後に、自分では出かける勇気がない、という個所があります。「五番街は近いけれどとても遠いところ」なのです。もしこの人物がアメリカ人であれば、「察してほしい」などということばは使わないでしょう。この表現は「察しの文化」の日本人が語っていることばなのです。ありていにいえば、この歌は、アメリカ人になった気分でいる日本人がニューヨークでマリーという（白人の）女性に恋をしたけれど、別れてしまったという歌です。現在の日本人にとってニューヨークは心理的にそれほど近いのです（日本国内の沖縄よりも近いのではないでしょうか）。そのような日本人の心理を熟知している阿久悠の作詞は見事です。

昔は船で三〇日も四〇日もかかった西洋の国に、現在ではジェット旅客機で半日ほどで行くことができます。西洋は比較にならないくらい時間的に近くなりました。いくらかのお金を払えば（昔はそうはいきませんでした）、一週間や一〇日間のツアーに参加して気軽に行ってくることができます。テレビなどでも西洋の旅行番組がしょっちゅう放映されています。地理的に近くなった西洋は、感覚的に、すぐ近くに存在する国になりました。萩原朔太郎の詩や野口雨情の歌がつくられたころと比べると隔世の感があります。

一週間や一〇日間のツアー旅行で西洋を見てまわるというのは、日本の生活基盤をかかえたまま、西洋を見物して回るわけです。そのような見かたで西洋を見るというのは、「和魂洋才」の現代版、いってみれば、「和魂洋見」（和魂を堅持したまま西洋を見る）とでもいうことになるでしょう。そういうしかたで西洋を見る眼には、西洋と日本のあいだに存在する心理的（精神的）距離は見えなくなります。こうして西洋との間に存在する距離を見失うのです。

西洋と日本のあいだに存在する距離は、日本の生活基盤から切断されたしかたで西洋の国で生活することによって実感することができます。加藤周一が、外国に滞在した後、日本に帰国したときの経験について次のように書いています。

一年か二年を外国に暮らして、故国に帰ったことのある人は、おそらく共通の一種の経験をしたことがあるにちがいない。それは一年か二年を暮らした土地が、故国の土をふむや否や無限の彼方に遠ざかり、過ぎし年月が悪夢（または良い夢でもよろしい）のように思われる経験である。また逆に外国に暮らしていると、日本は遠く感じられ、故国で暮らした年月がはるかな過去にと

び去り、あたかも幼年時代の思い出のようにしか思い出されぬという経験である。(『日本人とは何か』講談社学術文庫)

外国で一年か二年を暮らした経験が、日本に帰ってみると、夢のなかの経験であったかのように遠く感じられ、また、外国に暮らしていると、日本で暮らした年月が、あたかも幼年時代の思い出のように遠く感じられると加藤は言っています。加藤がいう外国とは西洋のことですが、日本から見れば西洋はそれほどに遠いし、西洋から見れば日本はそれほどに遠いというのです。日本と西洋のこのような遠さ(隔たり)は、生活基盤を日本に置いたまま、チャーターしたバスに乗って、西洋を見物して回っても感じることはできないでしょう。それは、日本のお茶の間で西洋見物をしているのと変わりないからです。

日本人は西洋との心理的(精神的)距離を見失ってしまったといいましたが、自分たちの国である日本についてはどうでしょうか。二一世紀になってすぐのことですが、養老孟司が、日本は、長い間、「和魂洋才」でやってきたけど、核となるはずの「和魂」とは何だということになってしまった、と語っています(『朝日新聞』二〇〇四年三月五日朝刊)。日本人は自分たちの日本のことを見失ってしまったというのです。西洋が見えなくなれば日本は見えなくなります。そして、日本が見えなくなれば西洋も見えなくなります。こうして「和魂洋才」の「和魂」を見失った現在の日本人には、自分の足もとの伝統的な文化の本質も見えないし、受け入れた知識や技術の根底にある異質な西洋の文化の本質も見えなくなってしまったのではないでしょうか。

現在、顔だちは日本人なのですが、眼だけは西洋人のような丸い大きな眼をした人物像（キャラクター）が、漫画やアニメや小説、あるいはテレビのコマーシャルやパチンコ店の広告などなど、日本中のあらゆる領域に氾濫しています。なかには、「はいからさんが通る」（大和和紀原作）のような人物像（キャラクター）もあります。丸い大きな眼について作者は自覚的です。主人公の「はいからさん」（劇場版によります）というのは大正デモクラシー時代の「自我に目覚めた新婦人」のことです。「はいからさん」は祖父や父親の古い世代の旧習に抵抗して「自分の結婚相手は自分で決めます」と主張して旧世代と騒動を引き起こすことになるのです（西洋人のような丸い大きな眼、と言いましたが、「のような」であって、西洋人と同じ眼であるというのではありません。作者は描き分けています）。しかし、氾濫しているほとんどの人物像（キャラクター）には、そういう自覚の痕跡はみられず、西洋かぶれしただけの眼であるように思われるのです（図2は、パチンコ業界の広告の人物像です）。印象的なのは、西洋かぶれしたその丸い大きな眼は、何も見ていませんと語っているようであり、「和魂って何？」と問いかけているように思われるのです。

図2　パチンコ店の広告より

　西洋人のような大きくて丸い眼をした少女の絵は以前からありました。たとえば、一世を風靡した中原淳一の夢見るような大きな丸い眼の少女は、あこがれの思いをこめて遠い西洋を見つめているようであり、いまから見ると、ういういしささえ感じられるほどです。ところが、現在では何も見ていない丸い眼に変わってしまっているのです。いまから百年近く前に、童謡「赤い靴」のなかで野口雨情が、赤い靴をはいた女の子が異人さんに連れられて行ってしまった。いまでは異人さんの国で青い眼になってしまっているのだろう、と歌っています。女の子が異人さんと同じ青い眼になってしまっているというのは、異人さんの国においてです。しかし、現代の日本の漫画やアニメの人物（キャラクター）が異人さんと同じような眼になってしまったのは、この日本の国においてなのです。野口雨情は「考える」と言っていますが、日本人（の女の子）の眼が、この日本の国で異人さんと同じような眼になってしまうということまでには考えがいたらなかったようです。それにつけても、現在の日本人は考えようとしないのでしょうか。西洋人のような丸い大きな眼をした日本人の人物（キャラクター）がこれだけ日本中にあふれているのに、不思議な現象だとは受けとめられていないようなのです。

「考える」と言いました。「考える」というのは、正確には論理的に考えるということです。それが日本人にはどうも苦手のようです。情緒的に考えようとするのです。ものごとを論理的に分析するのではなく、論理が情緒のなかに埋没するのです。科学技術庁長官に就任したばかりの新しい長官（一九九〇年のことです）が、官僚や電力関係者から原子力発電にかんする説明を受けた後で、「原子力発電の安全性を肌で感じた」と語っているという話を前著で紹介しました（『日本人はなぜ考えようとしないのか――福島原発事故と日本文化』新曜社）。原子力の危険性を論理的に分析して認識するのではなく、論理が情緒に埋没して安心しようと（あるいは、安心したふりを）するのです。当時吹聴されていた「安全神話」は、思考のこのような構造によって成立しています。わたしたち日本人は、西洋人になったつもりでものごとに対処しているつもりでいますが、本当は西洋人がやるようには対処することができないのです。福島原発事故を経験した後の対応の仕方を見ているとつくづくそういう思いに駆られます。

安倍晋三首相は、福島原発の汚染水の処理は「under control」（コントロールされている）と見えを切ってオリンピックを日本に誘致しました（オリンピック開幕まで一年を切りましたが、汚染水の処理はいまだにコントロールされていないようです。先日の新聞に「汚染水制御しきれず」という記事が掲載されていました。安倍首相の言明がなされた二〇一三年九月の東京五輪招致演説当時は、汚染水をいくらくみ出しても地下水が流入して追いつかないという混乱の渦中にありました。当時に比べれば対策は進み、汚染水の量も減ったようですが、現在でも3号機の原子炉建屋地下階の水位が下がらず、その原因は不明だというのです。原発事故を理由とする水産物の輸入規制は22ヶ国や地域でまだ続いているといいます。「東京五輪が近づくなか、何かのトラブルで汚染水がまた海に漏れ出すことがあれば、日本の国際的な信用は大きく傷つくだろう」と記者は書いています（『朝日新聞』二〇一九年七月二十八日朝刊）。

また、安倍首相は、ことあるごとに原子力規制委員会が制定した新しい規制基準は「世界一厳しい基準」であると述べています。しかし、この新しい規制基準作りにかかわった明治大学准教授の勝田忠広（専門は原子力政策）は、新規制基準は世界最高のものではないと語っています。海外では最高技術を設計段階から組み込んでいるが、日本では原発の設計そのものの見直しには踏み込まず、既存の設計に安全対策を追加しただけであり、対症療法にすぎないものであるというのです。「規制委が世界で一番厳しい基準で安全と判断すれば、再稼働していきたい」と言う安倍首相は新規制基準の意味を理解していないのではないかと勝田准教授は語っています（『朝日新聞』二〇一四年七月十二日朝刊）。裁判官の思考もそうです。このような新規制基準にもとづく電力会社の再稼働にかんする対応は合理的であるという判決を下すのです（総理大臣が「世界一厳しい基準」であると述べているから、そのように忖度しているのでしょうか）。また、ある種の科学の専門家の思考も科学者でありながら論理が情緒に埋没しており、安全神話に追従しようとするその非論理性に啞然とします。現在進行中の裁判で東京電力の責任が追及されていますが、東京電力の首脳部の弁明を聞くと、責任感のなさ、というよりも、責任能力のなさにあきれます。原子力発電所が稼働中の他の電力会社の首脳部も同じなのかもしれないと考えると、背筋が寒くなる思いがします。このようにして「安全神話」は途切れることなく生き続けているのです。

西洋人と同じようにものごとに対処しているつもりでいるのに、西洋人のようには対処できないと言いました。どうして、そういうことになるのでしょうか。もう一度カール・レーヴィットのことばを思い出してください。レーヴィットは、日本人の精神構造は、階段のない二階家のようで、一階と二階をつなぐ階段がない、と言うのです。このような精神構造は、西洋文化を輸入するにあたって日本人がとった「和魂洋才」という対応のしかたに原因がある、と言いました。レーヴィットの言うことをもう少し聞いて見ましょう。

日本人の学生は、懸命にヨーロッパの書籍を研究し、その知性の力で理解しているが、かれらはその研究から自分たち自身の日本人としての自分を肥やすべき何らの結果も引き出さない。かれらは、「意志」や「自由」や「精神」などのヨーロッパ的な概念を、自分たち自身の生活や思考や言語においてそれらと対応したり食い違っていたりするものと区別したり比較したりしない。ヨーロッパの哲学者のテキストにとりかかるときに、その哲学者の概念を異国的な相のままにして、自分たち自身の概念とつき合わせて見ることをせず、自明ででもあるかのようにとりかかる。だから、その異物を自分のものに変えようとする衝動もぜんぜん起こらない（以上『ヨーロッパのニヒリズム』柴田治三郎訳、筑摩書房、による）。レーヴィットはこのように語っています。

レーヴィットの洞察は鋭いものであり、事情は現在も変わらないようです。眼だけが西洋人のように丸くて大きい人物像が日本中に蔓延していると言いました。レーヴィットが指摘するようなやりかたで西洋の哲学を研究する日本人は、日本人の顔をしてはいますが、眼は西洋人のような眼をしているのです。そういう人たちは、（わたしは）プラトンをやっている、ハイデガーをやっている、デカルトをやっているなどという言いかたをします。まさに、「和魂洋才」、つまり、和魂を堅持したまま、洋才（ここでは西洋の哲学）に取り組んでいると表明しているわけです。

学問というのは、（レーヴィットの国である）ドイツ語では「Wissenschaft（直訳すれば、知性）」といいます。このことばは、単に知識を積み重ねることを意味するのではなく、知識の知識性が問題であるということを意味します。つまり、「知るということそのもの」、言い換えれば、「知の働きかた」、「働く知のありかた」が問題であるということを意味するのです。二章ではデカルトを取り上げることにします。ここであらかじめ述べておきますと、デカルトが一七世紀に確立した哲学的思考（働く知）は、自らの全存在をかけた思考です。日本のデカルト研究はどうかといいますと、デカルトの哲学的思考（働く知）は、自らの全存在をかけた思考であると言いながら、一般的にいえば（例外もあるということですが）、そのように言う研究者自身の日本人としての全存在をかけた思考ではないのです。デカルトの哲学的思考（働く知）を受けとめてはいるのですが、その思考はデカルトにかんする知識のなかで働くだけで、自らの足もと（和魂）にむかうことはないのです。

こうして、デカルトから受けいれた近代的思考とみずからが立脚する和魂は乖離（分裂）したままの状態（階段のない二階家の精神構造）であり続けるのです。このような精神構造において論理は情緒（和魂）のなかに容易に埋没することになります。この乖離（分裂）を克服するにはどのようにしたらよいのでしょうか。そのために必要なのは思考を和魂にむけることです。それは身につけた近代的思考を徹底することによって可能になります。まず、西洋の近代的思考のありかたを徹底して見極めること、次に、伝統的な和魂のありかたを徹底的に見極めること、この二つの作業が必要です。近代的思考のありかたを明らかにすることによって、和魂のありかたが明らかになる、また、伝統的な和魂のありかたが明らかになることによって、近代的思考のありかたが明らかになるというように、二つは互いに相関する関係にあります。近代的思考を徹底するというのはそういうことを意味します。

当たり前のことですが、人間はしっかりした足もとを踏まえて立つことによって、自分の存在に自信を持つことができます。現代は国際化の時代です。国際化の時代に生きるというのは、グローバルな関係のなかで自己を持して生きるということです。自己のありかたについての自覚がまずなければ自己の持しようがありません。西洋化した現代の日本人として自己を自覚するためには、自己の内部の日本的なもの（日本文化）と西洋的なもの（西洋文化）のいずれをも絶対化するのではなく相対化する（対象化できる）ことが不可欠です。自己の内なる二つの文化を相対化できるようになってはじめて、日本人は、自分たちの眼を取りもどすことができるのではないかとわたしは考えています。そのとき、新しい日本人も可能になるでしょうし、新しい日本人として、アジアの人間としての自分の姿も明確に見えてくるのではないでしょうか。

序章はこれで終わります。次の一章から三章で西洋の近代精神（近代的思考）の成り立ちについてお話しします。続く、四章から七章で日本の伝統的な感性（和魂）のありかたについてお話しするつもりです。そして、八章ではドイツ人のオイゲン・ヘリゲルの話をします。西洋文化のなかで育ったヘリゲルは五年間の日本滞在中に実践した弓術の修行を経て西洋文化から日本文化のなかへ身をもって移行をとげた人物です。九章では、ヘリゲルの経験を踏まえて、ヘーゲルと西田幾多郎の話をします。この章は終章の話を進めるための準備の章です。終章では、身につけた近代的思考を日本の伝統的な感性（和魂）のなかに根拠づける作業を試みるつもりです。

では、一章から話をはじめることにします。一章は、ヨーロッパの中世の終焉を告げるルネサンスの話です。

　ヨーロッパの中世はルネサンスの時代の到来とともに終わりを告げます。ルネサンスは一四世紀のイタリアに始まり、一五世紀に最盛期を迎え、一六世紀まで続きました。ヤーコプ・ブルクハルト（一八一八〜九七）はルネサンスを近代の始まりであると定義しています（『イタリア・ルネサンスの文化』一八六〇年）。ルネサンスの特性は人間の個性、自我の発見にあったというのです。ブルクハルトの定義は、これから述べるような意味において、正当であるということができるでしょう（近年、ブルクハルトのこのような見解を否定する学説が西洋で広まり、日本でも同調する傾向が見られます。あえて、この点を強調しておきたいと思います）。

　ルネサンスというと多くの人が思い浮かべる絵画を一枚とりあげてみます（図3）。サンドロ・ボッティチェリ（一四四五〜一五一〇）の「ヴィーナスの誕生」です。キリスト教ではなくギリシャ神話に題材をとったこの絵の中央にはまぶしいほどに魅惑的な裸身の若い女性（ヴィーナス）が立っています。女性の裸を描くなどということは中世の時代にはありえないことでした。ルネサンスの時代にいたって、ものの見かた、世界の見かたが変化したことをこの絵は雄弁に語っています。この絵で最も印象的なのは、中世の抑圧から解放された感覚の表現でしょう。感覚の抑圧からの解放とならんで基本的に重要なのは、ものの見かた、世界の見かたの変化です。世界の見かたの変化を、あらかじめ一言で言い換えますと、ものを見る眼が世界を超越するようになったということです。

　キリスト教にかんする言い回しのなかに「神の眼」（ドイツ語で Gottes Auge ないし Auge Gottes）ということばがあります。このことばはドイツ語圏などではごく普通に用いられることばです。「薬局」（Apotheke）のまえに、このことばをつけてできた「神の眼薬局」（Gottes Auge Apotheke）という名前の薬局もあります。アメリカの一ドル紙幣の裏に「神の眼」の図像が印刷されているのはご存知でしょう。「神の眼」というのは、文字どおり、「神」の「眼」のことです。この「神の眼」についてはじめて言及したのは一四世紀初めのドイツの神学者のマイスター・エックハルト（一二六〇頃～一三二七）でしょうか。そのことばを引用します。

図３　ボッティチェリ「ヴィーナスの誕生（部分）」

> わたしが神を見ている目は、神がわたしを見ている、その同じ目である。わたしの目と神の目、それはひとつの目であり、ひとつのまなざしであり、ひとつの認識であり、ひとつの愛である。

（『エックハルト説教集』田島照久編訳、岩波文庫。傍点部は原文で強調）

エックハルトはルネサンス直前の思想家ですが、彼の影響を受けたルネサンス時代のドイツの神学者ニコラウス・クザーヌス（一四〇一～六四）のことばを続けて引用します。

主よ、あなたが私を慈愛の眼差しで見つめて下さっているのですから、あなたの観ることは、私によってあなたが観られること以外の何でありましょうか。あなたは私を観ながら、隠れたる神であるあなたを私によって観させるために、［あなたを私に］贈って下さっているのです。あなたが、自らを観させるようにと贈って下さらない限り、誰も［あなたを］観ることはできません。あなたを観ることは、あなたを観ている者をあなたが観て下さることに他ならないのです。（『神を観ることについて』（一四五三年）八巻和彦訳、岩波文庫）

キリスト教の神はいかなる意味でも、眼に見える存在ではありません。そのことをクザーヌスは「隠れたる神」と表現しています。ですから、エックハルトがいう、神を見る「わたしの目」と、わたしを見る「神の目」が同じ一つの目であるということ、および、クザーヌスがいう、わたしが神を「観る」ことと、神がわたしを「観る」ことは同じことであるというのは、信仰にもとづいて言われていることです。二人が語っているのは、キリスト教の神にたいする信仰、つまり、人間と神との関係が、見ることそのものに基礎をおいて成立するようになったということ、言い換えますと、同じことですが、キリスト教の神にたいする信仰が人間のものを見る眼に直接基礎を置くようになったということなのです。中世における神にたいする信仰のありかたがルネサンスの時代に変化したのです。中世の時代のキリスト教の神は天上の世界に存在するとイメージされていました。その神がこの地上の世界の人間の眼のなかに降り立ったのです。

　中世の時代の宗教画とルネサンスの時代の宗教画の実例を一枚ずつとりあげてその違いを見てみることにしましょう。まず中世の時代の絵画です（図4）。これは「聖マタイ」と題する宗教画です（『オットー三世の福音書』挿絵、一〇世紀末。ミュンヘン、バイエルン国立図書館）。中央にキリスト像が大きく描かれており、その上方に福音書を記している聖マタイが描かれています。マタイの左右には旧約の二人の預言者たち、外側には二人の天使たちが、キリストの下方には旧約の祖アブラハムが二人の天使たちに守られて、左右には旧約の二人の預言者たち、外側には二人の天使たちが描かれています。一番下からは福音書

図4　中世の絵画「聖マタイ」

に記された神のことばが生命の泉となって流れ出ており、人間たちがその水を飲んでいます。この絵の人物像の背後の空間は金泥で塗りつぶされていますが、それはこの空間が地上のものではなく天上の超自然のものであることを表現しているのです。また、この空間における秩序は中心性と大きさにもとづくのであり、宗教的に価値の高いものほど中央に大きく描かれています。中世の人たちは天上に存在する神の世界に心（眼）を奪われたまま、千年もの間このような絵をあきることなく（と、異教徒には思えるのですが）描き続けているのです。

続けて、ルネサンスに、初期の時代ですが、描かれた宗教画をとりあげてみます（図5）。これはマサッチオ（一四〇一～二八）の「三位一体」です（フィレンツェ、サンタ・マリア・ノヴェッラ教会。一四二五～二八）。中央に父なる神とその子キリストと聖霊（その象徴としての鳩）が描かれており、その両脇には聖母マリアと使徒ヨハネが、さらにその外側には一段さがって跪坐《きざ》した絵の依頼主（寄進者）が描かれています。空間の中心性という秩序は保たれているように見えますが、神やキリストの大きさと人間の大きさには違いがなく、背後の空間はこの地上の現実の空間です。神はこの

図5　マサッチオ「三位一体」

地上に降り立っています。中世の絵と比べるとマサッチオの絵は人間にとって神のありかたが大きく変化したことを示しています。

ルネサンスの時代に神が天上の世界から地上のものを見る人間の眼に降り立ったと言いました。このような神の変容はどのようにして生じたのでしょうか。それは中世の時代に信じられていた天動説による宇宙観が揺らぎ始めていたことによるのです。中世の時代を支配したアリストテレス・プトレマイオスの宇宙観によれば、宇宙は有限であり、その中心に静止した不動の地球がある。その地球の周りを太陽や惑星が回り、さらにその上に存在する恒星天では恒星が回っている。恒星天のさらに上には、地上の世界とは別の秩序にもとづく天上の世界があり、そこに神や天使たちが住んでいる、そういうイメージです。地動説を説いたコペルニクスの『天体の回転について』が刊行されたのは一五四三年のことです。地動説によれば、地球は宇宙の中心ではなく、太陽の周りを回っており、無限の宇宙の暗闇のなかをさまよう天体にすぎないというものです。このような宇宙観にもとづけばキリスト教の神は天上の居場所を失うことになります。その結果、ものを見る地上の人間の眼に居場所を見いだすことになったのです。

神が変容して人間の眼に降り立つことによって、ものを見る人間の眼も変容することになります。そのことを説明するために、ルネサンスの時代に登場した「神の眼」の図像を一枚とりあげてみます。図6はルネサンス時代のイタリアの画家ロレンツォ・ロット（一四八〇頃〜一五五六）のものです。彼の「神の眼」の図像はイタリアのベルガモにあるサンタ・マリア・マッジョーレ教会の内陣の聖職者用の椅子の背にいくつも描かれています。これはそのなかの一枚です（一五二〇年代）。アダムの息子であるセツの息子のエノシュは、主の御名によって祈ることをはじめた人であると旧約聖書に書かれています（「創世記」四・二六）。図はエノシュが自分の息子たちに神に祈るように教えている場面です。この図の上方にある神の眼に人間の眼を重ねてみるとわかりやすいと思いますが、エックハルトやクザーヌスが語っている人間の眼が神の眼と同じ一つの眼であるというのは、人間の眼が超越神の眼に同化するということであり、そうすることによって人間の眼が神の眼と同じように世界を超越するということなのです。キリスト教の神が人間のものを見る眼に降り立ったというのは、神のありかたが変容することによって、人間のものを見る眼も変容して世界を超越することを意味しているのです。

図６　ロットの「神の眼」

　超越神としての神が地上の人間の眼に降り立つことによって、人間のものを見る眼が世界を超越するという出来事は、ルネサンスの時代に、見るという視覚に基礎をおく芸術である絵画の領域でまずあらわになります。それがパースペクティヴとよばれる画法です。パースペクティヴは透視画法と訳されます（遠近法という訳語もありますが）。何故、透視画法と訳すのかといいますと、描く対象を透明な平面を用いて透視してとらえようとする画法だからです。パースペクティヴは一五世紀の初頭、フィレンツェ大聖堂の西の正面入り口の前にあるサン・ジョバンニ洗礼堂を描いたフィリッポ・ブルネレスキ（一三七七～一四四六）によって確立されたといわれています。

ここで、絵画を学ぶために若いころルネサンスの先進国イタリアに二度留学した経験を持つドイツ最大の画家アルブレヒト・デューラー（一四七一～一五二八）の銅版画をとりあげてみましょう（図7）。これはパースペクティヴの画法を説明するために描かれたものです。

画家がいま、モデル（描く対象）を前にして坐っています。画家とモデルの間には木の枠が立ててあり、枠には縦と横に糸が張ってあります（縦糸と横糸の間隔は実際にはもっと狭いのでしょうが、説明をわかりやすくするために間隔があけてあると考えてください）。机上の画布には縦糸と横糸の線と同じ（か、相似形の）線が引いてあります。画家は片方の眼（この図では、右眼を閉じて左眼）だけを開けてモデルを眺めています。眼の位置を固定するための先のとがった棒が

図7　デューラーの銅版画

机の上に立ててあり、画家は棒の先端に左眼をあてています。画家は固定された片方の眼でモデルの身体のそれぞれの部分を丹念にたどりながら、その部分が見える縦糸と横糸上の位置に対応する画布上の地点にしるしをつけていきます。このようにしてすべての部分をたどり終えた後で、画布の上にしるした点をつなげばモデルの輪郭ができあがります。

　透視するための透明な平面はこの場合、木枠に張ってある縦糸と横糸が形成する平面であり、その平面で捉えた対象を机上の画布に転写するわけです。この画法では画家は固定した視点から描く対象を眺めて、自分の前方の透明な平面で対象を捉えるわけですから（それを手元の画布の上に移すのですが）、対象を眺めている画家の視点は透明な平面の手前にあります。言い換えますと、対象との間に透明な平面を置いて、対象をその平面のところで捉えるというしかたで、画家の視点は、対象の外に超越しており、その超越した視点から、対象を自分の前方の向こう側に眺めているのです。パースペクティヴの画法は、このように、対象から超越した固定した視点（片方の眼で見るわけですから、この視点は一つです）によって成立しています。透視する平面は対象からの超越を可能にしているのです。超越神としての神が地上の人間（このばあいは画家ですが）の眼に降り立つことによって、対象から超越したこのような視点が可能になったのです。

　これまで対象ということばを使用してきましたが、対象という日本語は明治以降につくられた翻訳日本語です。原語はドイツ語のGegenstandで、Gegen（「対して」）、stand（「立つもの」）を意味します（語頭のGが大文字なのはドイツ語では名刺の頭文字はすべて大文字で書き始めるからです）。パースペクティヴの視点が確立されることによって、見られるものは、対象、すなわち「対して立つもの」として成立するようになりました。デューラーの銅版画の例で示したような絵画のモデルはもちろんですが、自然や世界そのものがその外から対象として眺められるようになります。ルネサンスの時代に自然が発見されたといわれますが、その「自然」は中世の絵画などに見られるような個々の自然ではなく、パースペクティヴの視点から、つまり、自然をその外から、一つの全体として、眺めて描いた対象としての「自然」なのです。ものごとを対象化して眺めるこのようなものの見かたは現在わたしたちが用いている科学的な（学問的な）ものの見かたです。それがルネサンスの時代に成立するのです。ルネサンス以降、この対象的なものの見かたは自然科学（や、社会科学や人文科学）などの領域に広まっていきます。しかし、そのことは、まず芸術の領域で誕生して、科学（学問）の領域に広まったというよりも、ある一つの潮流が存在しており、芸術の領域でまず明確な形をとったということであるように思われます。その潮流というのは科学革命のことですが、科学革命のことはまた先でお話しすることにします。

話をパースペクティヴにもどします。パースペクティヴの視点は描かれた絵画の画面の外にありますが、その位置は画面のなかに表現されています。デューラーの銅版画でいえば、画家の視点（机上の棒の先端の固定した一点）から縦糸と横糸が形成する平面に垂直線をおろして平面と交差する地点（それを机上の画布に写した地点）です。この地点を消失点といいます（図8）。消失点というのは、画面に平行ではない、つまり、遠方にむかっている平行線を延長すると、すべての平行線がこの地点に収斂しそこで消失するからです。（たとえば、電車のいちばん後ろから、走りすぎた二本の直線の線路をながめると、線路は遠くになるほど狭まっていきます。狭まっていく二本の線路を延長す

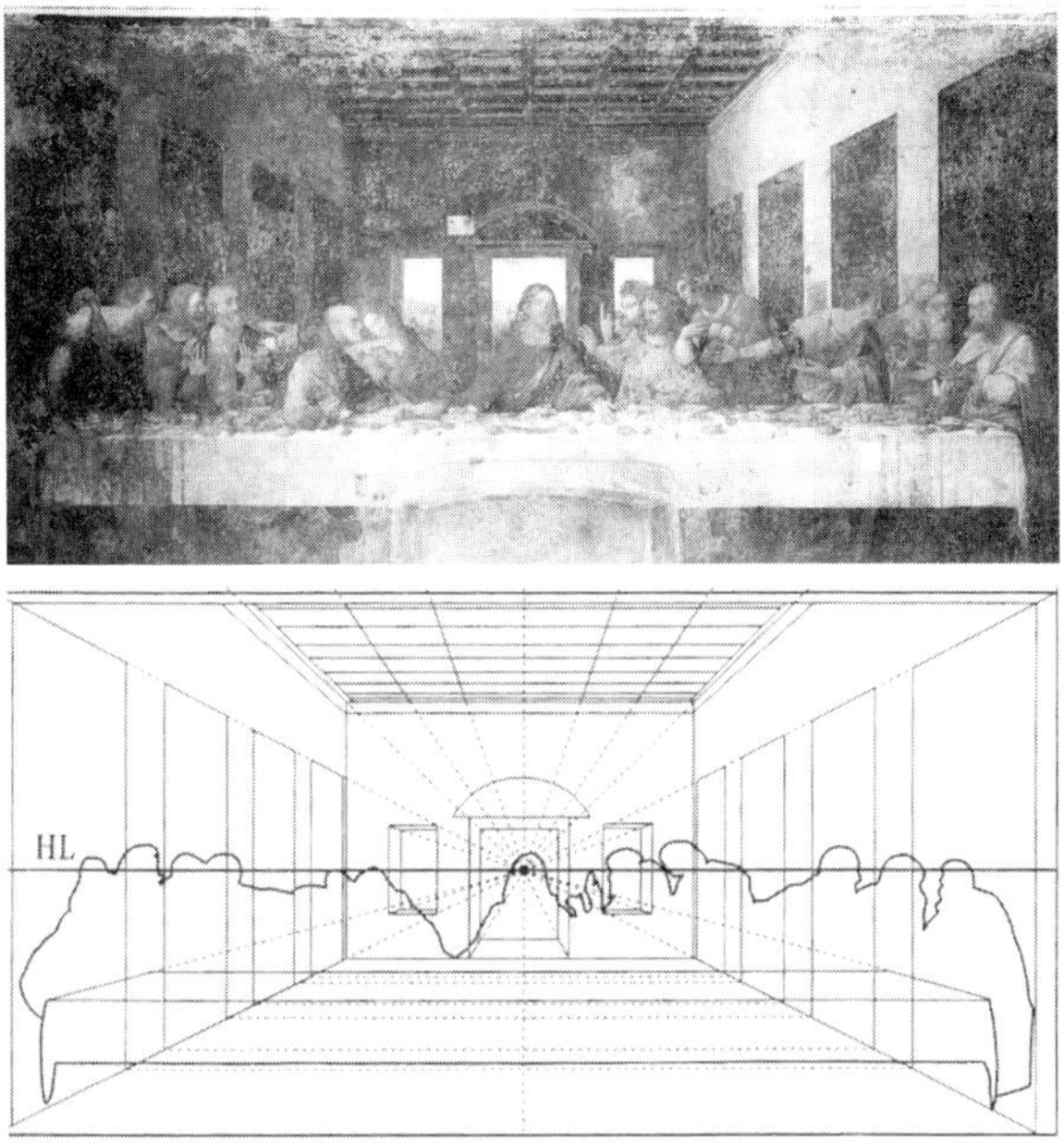

図８　ダヴィンチ『最後の晩餐』

ると延長線上で交差します。その交差する地点が消失点です。その消失点の位置は、こちら側から眺めている人間の視点の位置なのです）。画面上の消失点の位置に垂直線を立てて、垂直線上に手前にむかってしかるべき距離をとれば、そこに画家のパースペクティヴの視点が位置しています。

パースペクティヴの視点と消失点の話を終えたところで、もう一度マサッチオの「三位一体」（図5）の絵にもどってみることにします。この絵の消失点は図9に示されている画面上のFの地点です。そこが画家マサッチオの視点の位置です。さきほど、画面上の消失点の位置に垂直線を立てて、垂直線上に手前にむかってしかるべき距離をとれば、そこに画家のパースペクティヴの視点が位置しているといいました。マサッチオがそのパースペクティヴの視点の位置から対象である三位一体の神をどのように眺めているかを示したサンパオレシの図解があります（図10）。さきほど、パースペクティヴの視点が確立されることによって人間は対象としての自然を発見したと言いましたが、サンパオレシの図解が明確に示しているように、ルネサンスの時代は、人間が空間を発見した時代でもあるのです。空間というのは、二次元の平面に奥行きがくわわった三次元の世界です。

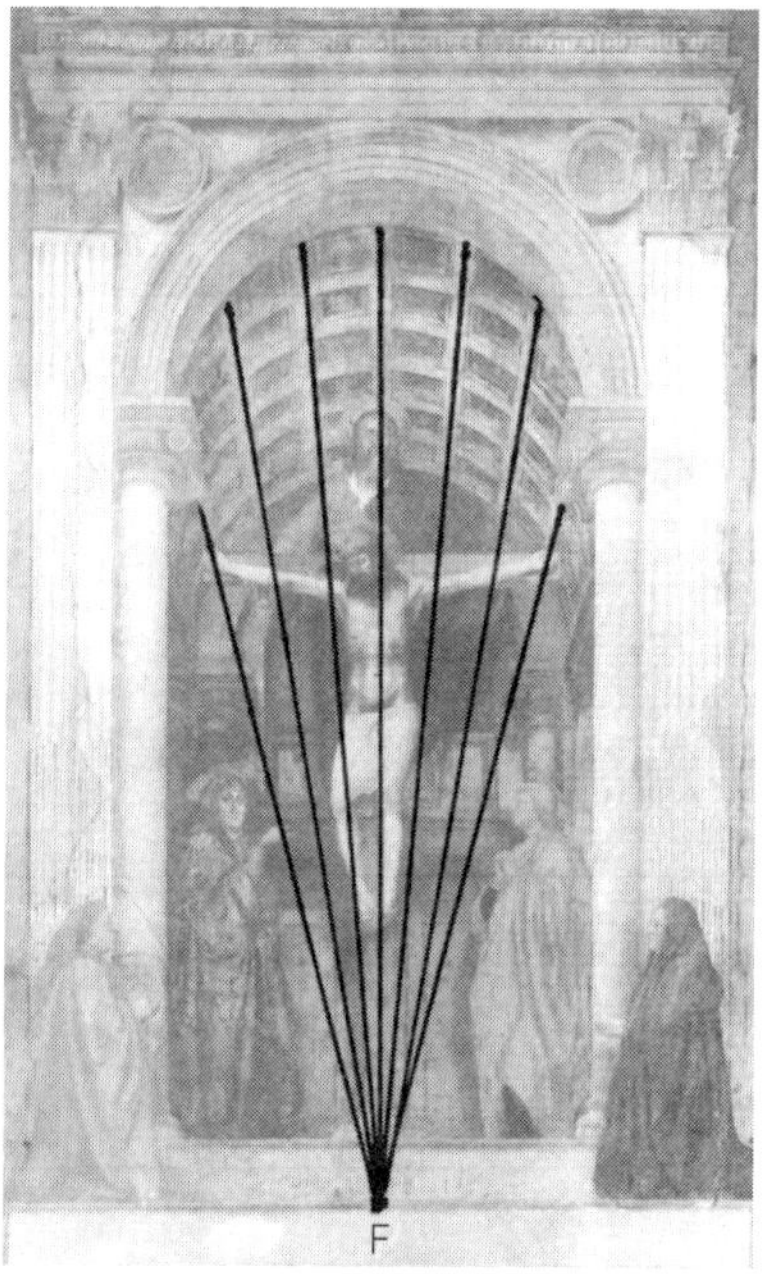

図9　マサッチオ「三位一体」の消失点（F点）

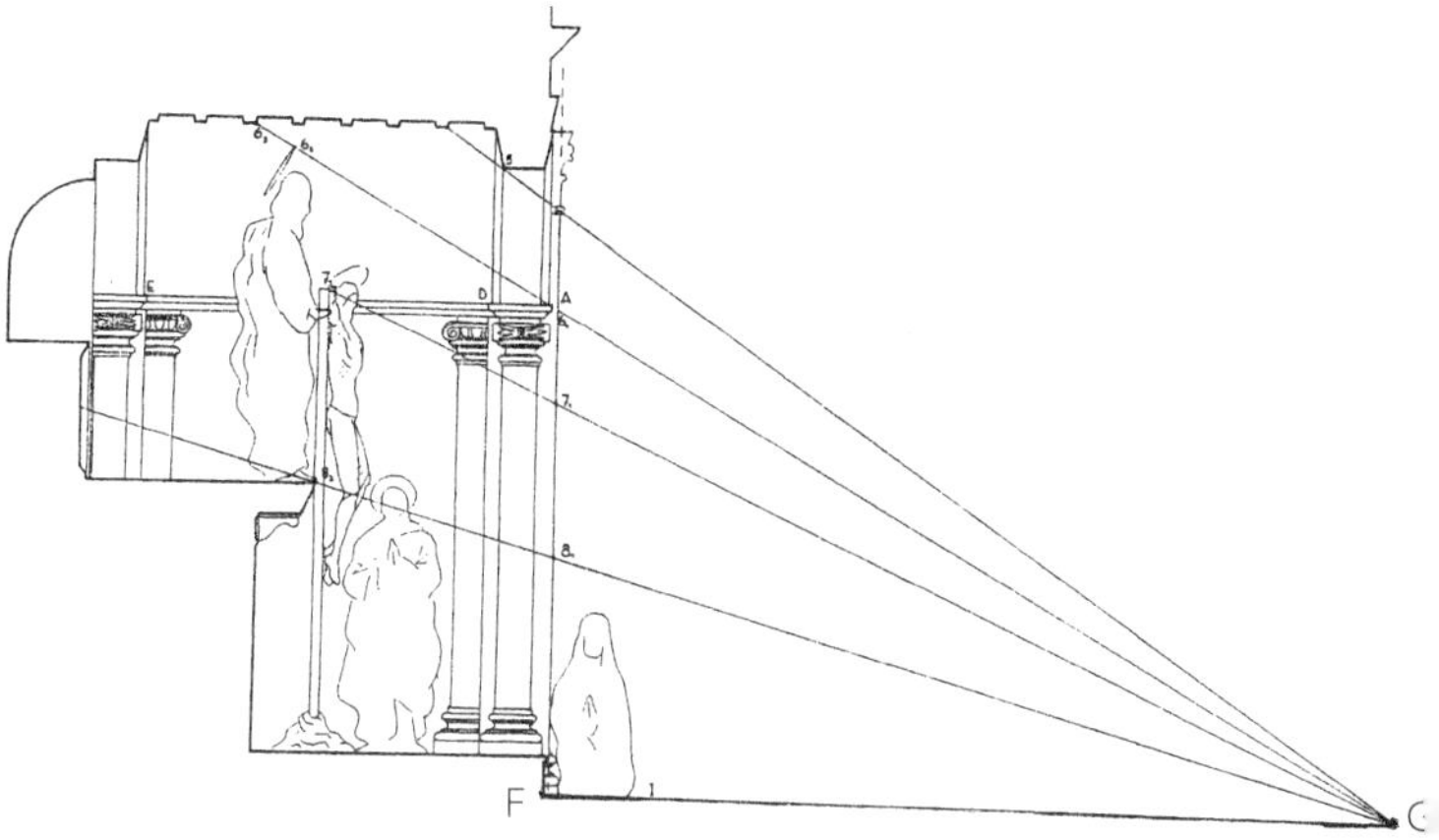

図10　サンパオレシによるマサッチオの視点の図解（G点）

パースペクティヴの固定した視点が確立されて、人間が固定した一点からものを眺めるようになると、世界に奥行きが成立するようになります。奥行きは基準となる固定した地点が定まらなければ成立しません。人間の眼にとって空間は奥行きがなければ存在しないのです（中世の奥行きを欠いた平板な「聖マタイ」像と比べると一目瞭然です）。

　マサッチオの「三位一体」の神はマサッチオのなかに（イメージとして）存在するものです。この宗教画のなかに、マサッチオの信仰のありかた、神との関係のありかたを見てとることができます。マサッチオは、自分のなかに存在する三位一体の神をパースペクティヴの画法によって（サンタ・マリア・ノヴェッラ）教会の壁面に対象として描いていますが、図10を用いて説明すれば、描かれた三位一体の神はマサッチオがG点（画家マサッチオの視点）から対象として眺めているものです。さきほど、天上にいた神が地上に降り立ったといいました。描かれた「三位一体」の神は確かにこの地上に描かれています。

「三位一体」の神は超越神ですから、マサッチオの見ている眼を超越しているはずです。その神の眼にマサッチオの眼が同一化することによって、マサッチオの眼は描かれた「三位一体」の神を超越するのです。つまり、マサッチオは眺めている三位一体の神をパースペクティヴの画法によって描いているわけですから、デューラーの銅版画でいえば、縦糸と横糸が形成する透明な平面のところで透視することによって三位一体の神をとらえているわけです。このようにして、マサッチオの眼は描かれた三位一体の神を透明な平面の外から対象としてとらえることによって、彼の眼も対象として見ている三位一体の神を超越するのです。

マサッチオの眼は対象化している神を水平方向に超越しています。逆に、対象としてマサッチオの前方に描かれた三位一体の神は、神の側からマサッチオの方を眺めています（全能の神は、たとえマサッチオと視線を合わせていなくとも、すべてをみそなわす眼でマサッチオを見ているのです）。超越神としての三位一体の神はマサッチオの眼から超越してマサッチオに対峙しています。マサッチオと三位一体の神はお互いに超越しながら距離を置いて向かいあっているのです。

すでに述べましたように、ドイツの神学者のニコラウス・クザーヌスは、わたしが神を「観る」ことと神がわたしを「観る」ことは同じである、と語っていました。マサッチオの宗教画「三位一体」は、クザーヌスのこのことばを絵画として表現したものであるということができます。マサッチオはイタリア人でクザーヌスはドイツ人です。二人が生まれたのは（国は違いますが）同じ一四〇一年です。夭折したマサッチオは一四二八年頃にはすでに死んでいます。クザーヌスは学生としてパドヴァに滞在していますが、一四二五年にはイタリアを去ってドイツにもどっています。クザーヌスの『神を観ることについて』が刊行されたのは一四五三年ですからマサッチオはクザーヌスのこと（ことば）を知らなかったでしょう（クザーヌスがマサッチオのことを知っていたかもしれないという可能性は残りますが、そのことは不明です。むしろ、クザーヌスのことばは、すでに述べましたように、エックハルトの影響によるものと考えるのが自然です）。二人が同じ年に生まれたというのは偶然ですが、偶然でないのは、人間の神にたいする関係を示すルネサンスの時代精神を二人が共有しているということです。二十八歳で夭折したマサッチオが死の直前に描いた「三位一体」という宗教画は、クザーヌスがことばで表現した思想を絵画として視覚的に表現しているのです。

図11　デューラー「自画像（部分）」

ルネサンスの時代に人間は三つの発見をしたといわれます。そのうちの二つは、（対象としての）自然の発見と（奥行きのある）空間の発見です。その話はすでにしました。残る一つは人間が個性というものを発見したということです。パースペクティヴの固定した視点からものを見るようになるということは、人間が一人ひとり神と直接に対面し、神に支えられて孤立することを意味します。それが、パースペクティヴの視点に立って固定した一点からものを見るということであり、人間はそれぞれ孤立した視点に立脚して他の人間に対峙するにいたるのです。こうして自と他は明確に区別されるようになります。他者は自己とは別の異なった存在として、自己はそのような他者とは異なった存在として明確に意識されるようになるのです。自己が他者とは異なるかけがえのない存在として自己の個性を意識するようになって、この時代に自画像が誕生します。ルネサンスの時代になって描かれる人物像は、中世の時代の生気を欠いた人物像とは違って、人間的な生き生きした表情をするようになりました。誕生した自画像は人間の、たんなる自意識ではなく、自己意識を明確に表現しています（ちなみに、この自己意識を哲学的に基礎づけ、確立したのは一七世紀のフランスの哲学者デカルトです。その話は、また先ですることにします）。レオナルド・ダ・ヴィンチの自画像（一五一二年）も有名ですが、代表例として最も早い時期の自画像を見ておくことにしましょう。図11はドイツのルネサンス時代の画家デューラー（透視画法のときに紹介した画家です）が一五〇〇年に描いた青年時代の自画像です。図は顔の部分を拡大したものですが、その眼は実に細かくリアルに描かれています。未知の自分を見極めようとするひたむきな内省的なまなざし、何ものかを求める心、何ごとかを成しとげたいという野心、不透明な未来に対する漠然とした不安、青年特有のかすかな倦怠感などなど、眼のなかにはこの青年のあらゆるものが描きこまれています。

イタリアで誕生したルネサンスはアルプスの北では宗教改革の形をとりました。イタリアのルネサンスもアルプスの北の宗教改革もキリスト教の神にたいする信仰の直接化を基盤にして成立しています。デューラーはルネサンスと宗教改革の両者を一身に体現しているドイツ最大の画家ですが、また思想家としても偉大です。彼は、宗教改革の口火を切ったマルティン・ルター（一四八三〜

一五四六）の敬虔な信仰と思想に深い共感と尊敬の念をいだいていました。ちょうどフランドル地方を旅行していたときでしたが、デューラーはルターが一五二一年の五月四日に一〇人の騎士たちに誘拐されたという知らせをアントワープでうけとりました。その日は、ルターが、神聖ローマ皇帝カール五世によって召喚されたヴォルムス国会から帰途につこうとしていた時でした。誘拐は、実際には、ザクセン選帝侯フリードリヒがルターを保護するために部下に命じて行わせたことでしたが、デューラーは知るよしもありませんでした。ローマ教皇側がルター殺害のために誘拐したとばかり思いこんでいたデューラーは五月十七日に「ルター追悼文」を書いています。ルターを「キリストと真のキリスト信仰の後継者である」と信じるデューラーが書いた「ルター追悼文」におけるローマ教皇にたいする批判は激しい調子のものです。

「人の掟という大きな重しをはめてキリスト者の解放（贖罪）を妨げようと努めた非キリスト教的教皇権」を「キリストの真理のために罰したが故に」ルターは命を奪われようとしている。ローマ・カトリック教会の教えは「人が神父と呼ぶ輩の捏造し押し付けた偽りの教え」である。「教皇たち」は「弾圧と貪欲」により、また、「偽りの聖なる証し」によってキリスト者たちを引き裂いている。ローマ司教座は「放題極まる権力」をふるい、「いつもいつも真理を歪曲する」。ローマ司教座は「地獄の門」である。「今の世の嘘つきどもの汚穢」である。デューラーはルターの身を案じながら激怒してこのように語っています（『アルブレヒト・デューラー　ネーデルラント旅日記1520〜1521』前川誠郎訳、朝日新聞社）。

ルターは、一五一七年に「九五か条の論題」を公表しました。それは、教皇レオ十世がサン・ピエトロ教会堂の建設資金を集めるために贖宥状《しょくゆうじょう》（免罪符）を販売し、贖宥状を購入すれば、すべての罪と罪責から放免されて救われると宣伝していることに抗議したものでした。ルターのローマ・カトリック批判の根底にあったのは、神にたいする信仰のありかたの問題でした。ローマ・カトリック教会では、信徒は、たとえば罪を犯して、神に罪の赦しを求めるときには、神にたいして直接にではなく、司祭に告白しなければなりません（赦しの秘跡。いわゆる懺悔のことです）。神との通路は司祭を介する必要があるのです。信徒はこうして司祭の精神的指導下におかれることになりますが、その司祭の上には司教や大司教がおり、さらにその上には枢機卿がいて、頂点には教皇がいるというように、神と信徒との間には、人間のヒエラルヒーの体制（聖職者のピラミッド型の位階制）が介在しているのです。信仰にかんして、人間と神との直接の関係を遮断するこのようなヒエラルヒーの体制のことは聖書のどこにも書かれていないのです。ルターは、人間と神との間に介在するこのような体制によってではなく、直接に信仰のみによって義とされるのであり、救いにいたることができると主張したのです（『キリスト者の自由』一五二〇年）。ルターは、信仰における人間と神との直接のかかわりこそが大切であると説いたのです。イタリアのルネサンスもアルプスの北の宗教改革も、同じ事態、つまり、キリスト教の神にたいする信仰の直接化を基盤にして成立しています。

中世の時代、キリスト教の神を信仰する人々は、神の在処《ありか》とされた天上を仰ぎ見ながら、天上に眼（心）を奪われていたのです。すでに見てきましたように、やがて、一三世紀になるとマイスター・エックハルトが現われ、ルネサンスの時代になるとドイツにはエックハルトの影響を受けたニコラウス・クザーヌスが、また、イタリアにはブルネレスキやマサッチオなどのパースペクティヴの画法を

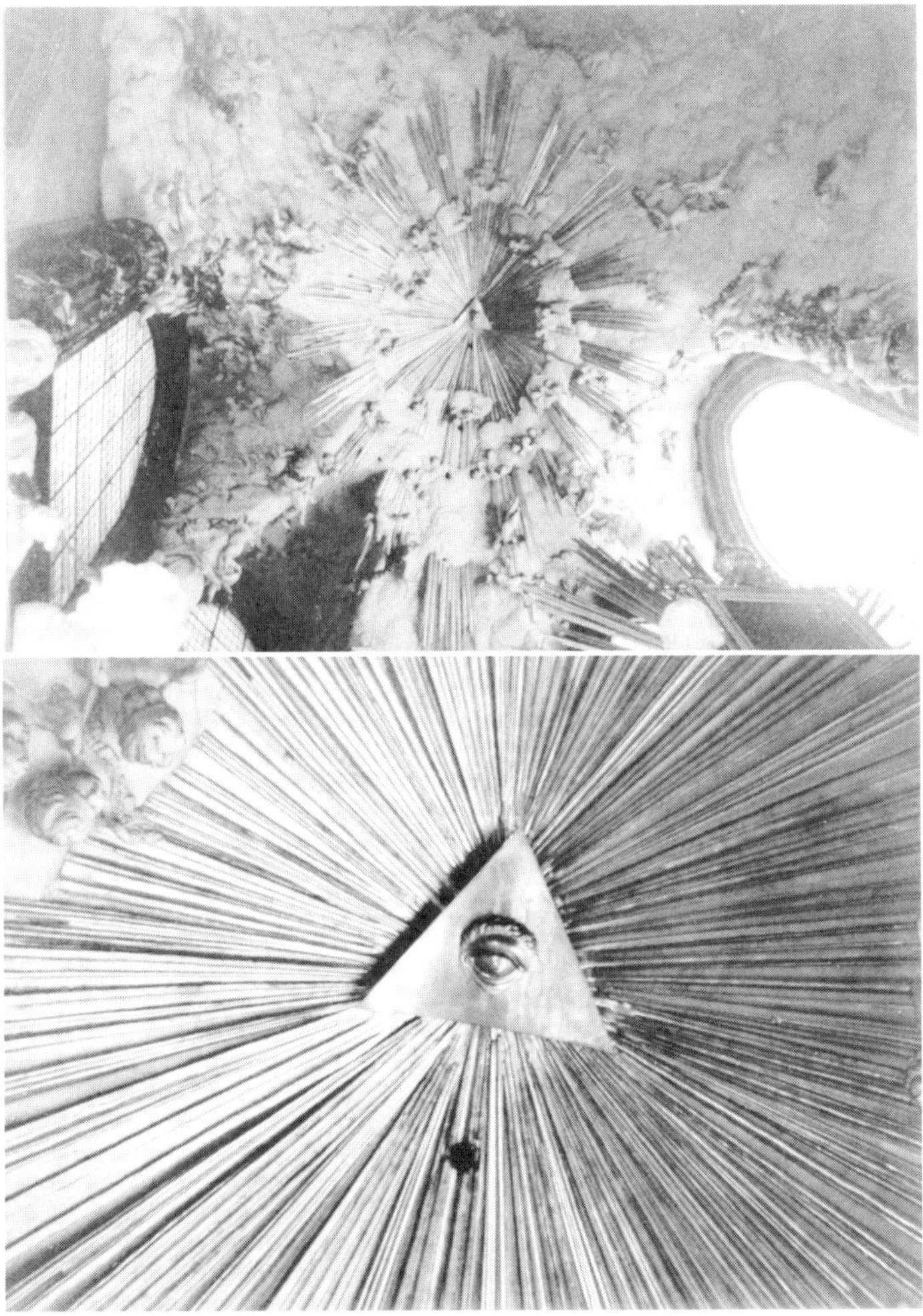

図12　ウィーン　聖ミヒャエル教会内陣天井の「神の眼」

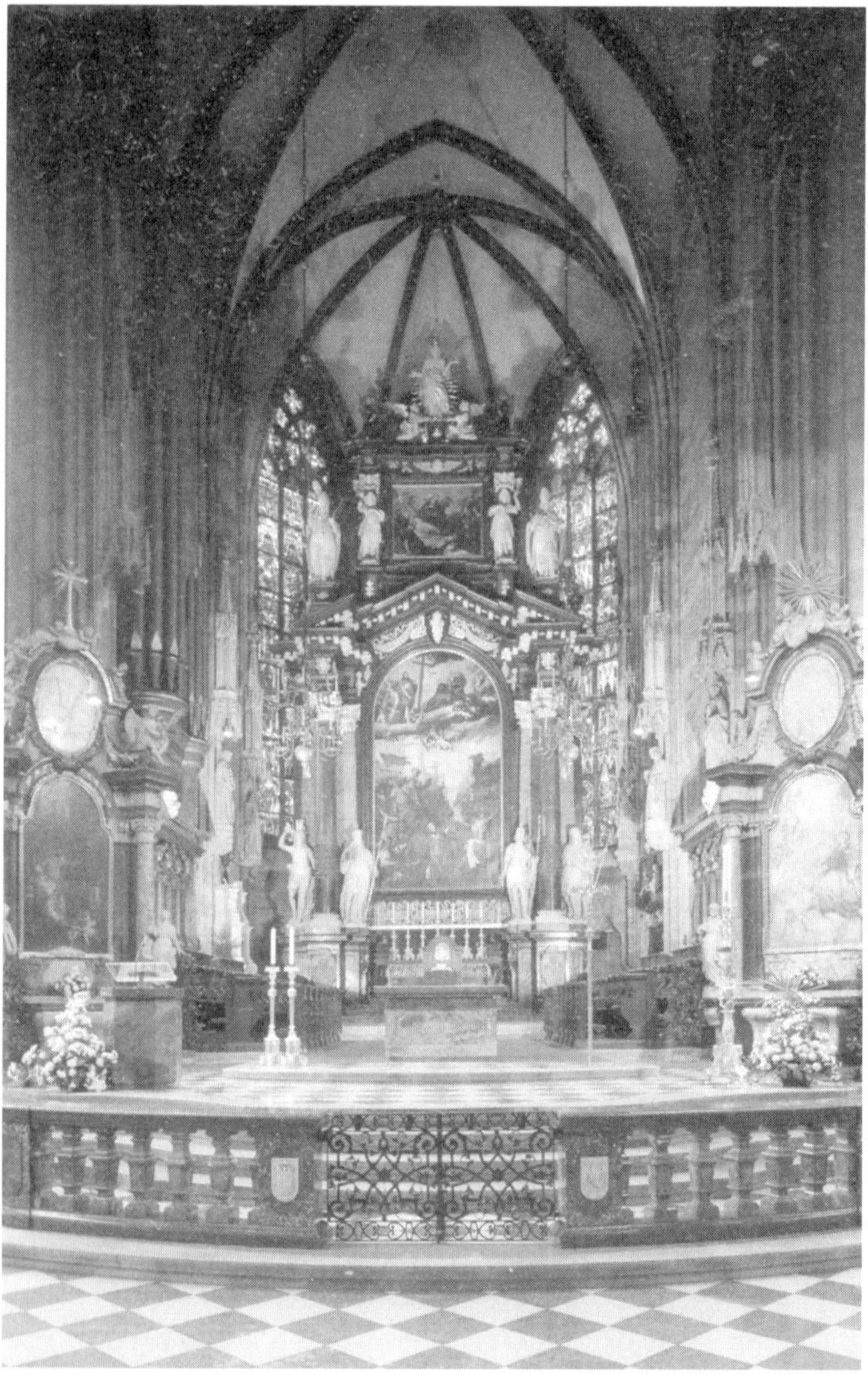

図 13　ウィーン　シュテファン大聖堂の「神の眼」

図14　プラハ　聖ミケラーシュ（ニコラス）教会の「神の眼」

確立した芸術家たちが登場します。このような流れのなかで、神は地上に降り立ち、神にたいする信仰が人間のものを見る眼に基礎をおくことになりました。こうして、ルネサンスの人たちは古代ギリシャやローマ時代の人たちの感覚とものを見る眼を再び取りもどすのです。それが再生・復活としてのルネサンスです。

ルネサンスの時代は、新大陸発見をもたらす大航海時代が展開する時期でもあります。人びとはルネサンス時代に成立した新しい眼で世界を見つめながら大西洋に船出していきました。また、ルネサンスは自然科学の飛躍的な発達が最盛期を迎える一七世紀の科学革命（自然科学の革新）の端緒をなす時代ともなりました。万能の天才レオナルド・ダ・ヴィンチの手稿はそのことを証明しています。軍事学や解剖学、都市計画や機械工学、自然学などさまざまな領域の膨大な記録が残されています。精密に描かれた機械装置の設計図を見ると、産業革命の時代の図面を見るような思いに駆られます。産業革命の時代と違うのは、動力としての蒸気機関がまだ発明されていなかっただけであるという思いがするのです。

ルネサンスからさらに時代を下ってバロックの時代になりますと（バロックの時代というのは一七世紀はじめから一八世紀半ばにかけての時代です。一七世紀は後で述べますように科学革命の最盛期であり、近代的世界観を確立したデカルトの時代です）、この時代に建造された教会堂の天井や祭壇、あるいは尖塔などに、様式化されて三角形で囲まれた「神の眼」の図像が飾られるようになります。神の眼を縁どる三角形は三位一体の神を象徴するものです。反宗教改革運動が特に盛んだったウィーンやプラハなどではいたるところで見ることができます。図12はウィーンの聖ミヒャエル教会の内陣天井にある「神の眼」。図13はウィーンのシュテファン大聖堂内の祭壇にある「神の眼」（中央祭壇に向かって右手前にあるボロメウス祭壇の先端部）。図14はプラハの聖ミケラーシュ（ニコラス）教会のドームと教会前広場の尖塔にある「神の眼」です。宗教改革の時代に新教側の勢力拡大に脅威を感じたカトリック勢力は、失地回復のための様々な手段を講じました。トレント公会議（一五四五～六三　この公会議は、近代科学成立の契機をなしたコペルニクスの『天体の回転について』の出版の二年後に始まっています）では、美術を布教の手段にするよう正式に位置づけ、信仰を近代化し人間的なものにして、大衆に視覚的に示すという方法をとるようになりました。このような運動のなかで、「神の眼」の図像が広まっていったのです。イエズス会を中心とする反宗教改革運動が「神の眼」の図像の普及につとめたのは、ルターたちのカトリック批判の根拠となった人間と神との直接のかかわりをカトリックの側でうけとめ、それに対抗しようとする方策であったということができるのです。

二章　科学革命、デカルト

ルネサンスの時代にパースペクティヴの視点が成立しました。この視点は、ものを見る主体〈わたし〉が、主体〈わたし〉によって見られるものを、対象として、つまり、見る主体〈わたし〉が、見られるものとの間に距離を置くことによって、眺めるというものです。この視点は、見る主体〈わたし〉を見られるものから切り離す視点なのです。そのことによって、それまで絶対化されていた人間の感覚は見る主体〈わたし〉から切り離されて、相対化されることになります。言い換えますと、見る主体〈わたし〉が感覚を超えることになるのです。こうして、ものの世界は、感覚的な質の世界から知性的な量の世界へ変容をとげることになります。ものの世界が量の世界に変容を遂げれば、ものを数量化することが可能になりますし、そのための観察と実験が重要な方法となります。

イギリスの歴史家であるハーバート・バターフィールド（一九〇〇～七九）は、周知のように、コペルニクス（一四七三～一五四三）からニュートン（一六四二～一七二七）までの近代自然科学の急激な発達の過程を科学革命とよんでいます（『近代科学の誕生』渡邊正雄訳、講談社学芸文庫）。バターフィールドは、科学革命における科学の画期的な発展は科学者の精神の内部に起こった意識の変化によって生じていると述べています。この科学者の意識の変化は、ルネサンスの時代に成立したパースペクティヴの視点にその源泉を帰することができます。地球は不動で太陽などがその周りを動くという天動説は、感覚的にそのように見えるという事実を絶対化することによって生じ、維持されてきました。しかし、地球から見て太陽が動いているように見えるのは、太陽が動いているからではなく、地球のほうが動いているからであると考えることも当然できるわけです。そう考えることは、感覚を相対化することによって可能になります。

コペルニクスの地動説はこのような感覚の相対化によって生まれました。コペルニクス以前の地動説を信じた思想家たちは、ニコラウス・クザーヌスもそうですが、直観によってそのように考えたのですが、コペルニクスは観測データにもとづいて地動説をとなえました。コペルニクスの地動説は科学的な方法によって成立しているのです。ですから、科学史家や歴史家が科学革命の最初の一歩を印したのは『天体の回転について』を書いたコペルニクスであると評価するのです。しかし、コペルニクスは地球は円軌道を描いて太陽の周りをまわっていると考えていました。「ケプラーの法則」で有名なケプラー（一五七一～一六三〇）は、デンマークの天文学者ティコ・ブラーエ（一五四六～一六〇一）が残した正確で膨大な天体観測記録を検討することによって、地球も含めた惑星は太陽を中心とする円軌道を描いて運行しているのではなく、太陽を一つの焦点とする楕円軌道を描いて運行していることを発見しました。コペルニクスの地動説の重要な訂正を行ったのです。

ケプラーより七歳年長の同時代人であるガリレオ（一五六四～一六四二）は歴史上で観測と実験を実践した初めての科学者です。ガリレオは、当時オランダで発明された望遠鏡のことを知って、自ら高倍率の望遠鏡を製作して、天文学者として望遠鏡による天体の観測を実践し、コペルニクスの地動説の正しさを様々な観測的事実によって証明しています。また、物理学者として、落下運動などの重力の実験的研究をすすめて、近代力学を確立したといわれます。重い物体は軽い物体よりも速く落ちるというアリストテレスの考えを実験によって反駁するためにピサの斜塔の上から物体を落下させる実験を行ったというエピソードは有名です（事実かどうかはわかりませんが）。さらに、哲学者としてデカルト哲学の誕生に寄与することになります。野田又夫の『ルネサンスの思想家たち』（岩波新書）によれば、ガリレオは、この宇宙という大きな書物は数学の言語で書かれていると語っています。つまり、ガリレオの自然学は数学的自然学であり、自然の実在的性質は形や大きさや運動という幾何学的な性質のものであり、われわれの「理性」や「想像力」は物体をそのような性質なしには考ええないのであり、物体の感覚的性質は二次的主観的なものにすぎない、というのです。これはアリストテレスの古い感覚的な自然学の息の根をとめるものでしたし、三十二歳年下の同時代人だったデカルトの哲学の誕生を準備するものでした。科学革命はニュートン（一六四二〜一七二七）によって完成を見ることになります。ニュートンには光のスペクトル分析や微積分法の発明という偉大な業績がありますが、最大の業績は運動と重力の理論（万有引力の法則）です。これは天体の運動と地球上の運動を統一する新たな科学理論であり、ケプラーとガリレオの業績を総合するものでした。

以上、科学革命の主流をなす天文学と物理学の発達のあらすじを簡単になぞってみました。詳述したものとしては、科学革命という概念を提唱したバターフィールドの『近代科学の誕生』（講談社学術文庫、原題は、*The Origins of Modern Science 1300-1800*, 1949）や、最近ではスティーブン・ワインバーグ（一九三三〜　）の『科学の発見』（文藝春秋社、原題は、TO EXPLAIN THE WORLD The

Discovery of Modern Science, 2015）などの著作があります。これらの著作を読む場合に注意すべきことがあります。それは、西洋人の著者にとっては自明のことであり、あらためて問題にする必要もないことであっても、日本人にとっては必ずしもそうではないことがあるということです。

例えば、バターフィールドは、科学革命の歴史の背後には、物質にたいする人間のものの見かたの変革が存在すると説いているのですが、にもかかわらず、自分が提唱する「科学革命」に比べるとルネサンスや宗教改革はエピソード的な事件にすぎないと主張しています。事実は逆であるように思われます。ルネサンスや宗教改革が存在したからこそ「科学革命」が誕生したのではないでしょうか。「科学革命」という概念を提唱しようとする著者の意気込みはわかりますが、ルネサンスや宗教改革の本質の自覚が十分ではないように思われます。また、ワインバーグは、デカルトの哲学は現在に至るまで高く評価されており、フランスにおける評価や哲学専門家のあいだでの評価は特に高い、わたしにはそれが不思議である、と述べています（翻訳書、二六七頁）。このような評価が生まれるもとになっているワインバーグのデカルト理解は、デカルトにとって唯一確実な事実は自分が存在しているということであり、その事実は、「自分はそのことについて考えている」という観察結果から推論される、というものです（同書、二六六頁）。ワインバーグの著作では科学的成果の歴史について緻密で実に詳細な叙述がなされているのですが、デカルト哲学についての理解はあまりにもずさんではないかと思われます。

しかし、ルネサンスや宗教改革の本質の自覚、デカルト哲学についての理解が、いかに不完全であるとしても、西洋の人にとって、それらの事柄は、精神の歴史として自分たちが経験してきたものであり、自分たちに体現されているものなのです。ところが、日本人にとってはそうではありません。わたしたちは、西洋で生みだされた科学革命を、すでに出来上がったものとして、その成果を輸入して受け入れただけなのです。これまでルネサンスについて述べてきましたように、また、これからデカルト哲学について述べるつもりですが、科学革命が進行する基盤には人間のものを見る眼の変化が存在しているのですが、科学革命について書かれた西洋の著作には、バターフィールドやワインバーグの場合のように、西洋人にとって、あまりにも身近で、自明のことだからでしょう、そのことの自覚が希薄であるものが多いのです。西洋の人がふれていないから、日本人も問題にする必要はないと考えるわけにはいかないのです。

加藤周一は、さきの太平洋戦争のあいだに日本の知識人の圧倒的多数に科学的精神の欠如が見られたと指摘した後で、「科学的な、あるいは論理的な思考さえもが、日本の知識人にとっては、時と場合に応じて放棄しうるものである」と語っています（『日本人とは何か』講談社学術文庫）。ずっと昔、何かの本で読んだのですが（山本七平の本だったと思うのですが、確認できないでいます）、一九三九年に日本軍とソ連軍が満州国とモンゴルの国境で衝突したノモンハン事件のとき、日本軍の将校が部下の兵士たちに訓示をたれたといいます。敵の機関銃の弾は毎秒、三〇センチ四方に一発の割合で飛んでくるが、その間隙をぬって突撃するのが、大和魂の精神であると。この将校は、ソ連の優秀な機関銃に比べて貧弱な日本の機関銃では対抗できないから、精神論で行こうと考えたわけですが、このような将校に指揮されて死を強要された兵士たちは無残です（ノモンハン事件は、日本の関東軍精鋭部隊がソ連の機械化部隊に圧倒されて大敗するという結果に終わりました）。

また、太平洋戦争開戦後の一九四二年に行われた「近代の超克」という座談会があります。この座談会には当時一流の知性を有するといわれた日本の若い知識人たちが参加したのですが、その一人である批評家の河上徹太郎が「精神にとっては機械［＝機械文明］は眼中にない」といい、その発言を受けて、小林秀雄が「賛成だ。魂は機械が嫌いだから」と同調しています。第二次世界大戦（太平洋戦争はその一環ですが）という近代戦は国家を総動員する物量の戦いでした。敵国アメリカに物量の点で圧倒的に劣る日本は、機械ではなく精神主義によって戦うのだというのです。もう一例あげますと、山本七平が、あらゆる議論や主張を超えてわれわれ日本人を支配しているのは「空気」であると書いています（『空気の研究』文春文庫）。たとえば、太平洋戦争末期の戦艦大和の出撃がありました。制空権も制海権も失っているにもかかわらず、日本の軍首脳部は無謀だとしか言いようのない海上特攻作戦を決定し、無敵だと誇っていた戦艦大和を特攻出撃のために沖縄にむけて出撃させたのです。その結果、大和はアメリカ軍の戦闘機の猛攻と魚雷攻撃をうけて鹿児島沖で撃沈されました。戦後、無謀を非難する世論や歴史家の論評にたいして、関係者は、「あの時の空気では、ああせざるをえなかった」と答えています。このような例をあげながら、山本は、「統計も資料も分析も、またそれに類する科学的手段や論理的論証も、一切は無駄であって、そういうものをいかに精緻に組みたてておいても、いざというときには、それらが一切消しとんで、すべてが「空気」に決定されることになる」、「われわれは常に、論理的判断の基準と、空気的判断の基準という、一種の二重基準のもとに生きているわけである。そしてわれわれが通常口にするのは論理的判断の基準だが、本当の決断の基本となっているのは、「空気が許さない」という空気的判断の基準である」と語っています。

日本の知識人は、科学的（論理的）な思考を、なぜ、時と場合によって放棄しうる、言い換えますと、脱ぎ捨てることができるのでしょうか。それにたいする答えは、西洋で生みだされた科学革命（や、その結果として生み出された産業革命）の成果を、日本ではすでに出来上がったものとして、輸入して受け入れただけであるということです。もう少し詳しくお話ししますと、日本が西洋の文化を受け入れるときにとった「和魂洋才」という方策があります。「和魂洋才」というのは、すでに述べましたように、「和魂」（日本人の感性や精神）を堅持しながら、「洋才」（西洋の知識や技術）を受け入れようとする姿勢のことです。このような「和魂洋才」という方策によって、日本人は、西洋文化を生み出した基層に対応することなく、その表層だけを成果として取り入れてきたのです。

村上陽一郎は、明治以降、日本人は欧化主義に走るかと思えば、その反動として国粋主義に回帰するという動向を繰り返してきたと語っています（『日本人と近代科学』新曜社）。そのことを、村上は、日本人の発想法である「ホンネとタテマエ」ということばを使って、「ホンネ」が大きな顔をして通用するのが国粋主義であり、「ホンネ」が「タテマエ」の前に小さくなっているのが「欧化主義」である、と言い換えています。科学的思考というのは、ものごとを対象化して眺めることによって成立するものですが、厳密な意味での客体と主体の分離をもたなかった日本人が自己をふくめてものごとを対象化するときには、「「タテマエ」であるヨーロッパ的立場の上に視点を移して」自己をふくめてものごとを対象化して眺めるというのです。村上の言い方にしたがえば、この「タテマエ」が後退して「ホンネ」が前面に出ることになれば、日本人の科学的思考は霧消してしまうということになります。

日本人は近代西欧の科学技術を受容し発展させるにあたって、「和魂洋才」方策をとることによって「和魂」をひたすら堅持しようと努力しましたから、みずからの基層文化と、西洋の科学技術とを、本当の意味で対峙させることはなかったのです。このようにして日本人は、西洋の科学技術を、すでに出来上がった成果として受け入れてきたわけですが、そのことを、これまでお話ししましたことをふりかえりながら、言い換えてみますと、「和魂」をひたすら堅持しようとすることによって日本人は、科学技術の変革の根底に存在する人間のものの見かたの変化に無関心のまま、ものの見かたの変化を自らのものとして経験することなしに、表層だけをすでに出来上がった成果として受けとめてきたということです。これが、西欧の科学技術の変革の進展の根底に存在する基層文化を直視することなく、それに対峙することがなかったということの真相です。

それでは、いかなる外来文化の流入にも抗して保存され、継承されるべきものとされた「日本の基層文化」つまり「和魂」の本当の姿とはいったいどのようなものなのでしょうか。村上は、「和魂」なるものの実体は、どこにも見つからないと結論してしまって、その問いの究明にむかうことを断念しています。わたしたちは、村上の断念を超えて、本書の四章以下でさらに「日本の基層文化」としての「和魂」の究明を試みるつもりです。

話をふたたび西欧の科学革命にもどすことにしましょう。科学革命を進展させた根底には、ルネサンスの時代に成立した新しいものの見かたが存在するという話をしました。この科学革命の進展が、今度は逆に、哲学のあらたな発展を促すことになります。そのようにして生まれたのが一七世紀のデカルトの哲学です。デカルト哲学はガリレイの数学的自然学と緊密な関係をもっているのです。デカルトの哲学についてお話しする前に、デカルトについての理解を容易なものにするために、マッハの話をしたいと思います。

エルンスト・マッハ（一八三八〜一九一六）はオーストリアの哲学者です（音速をマッハ1といいますが、この哲学者の名前に由来します）。このマッハが描いた有名なスケッチがあります（図15）。絵画の歴史において画家たちはたくさんの自画像を描いています。しかし、その自画像は自分の姿を鏡に映して描いたものです。一九世紀の終わり近くに描かれたマッハの自画像は、自分の姿を鏡に映すのではなく、〈わたし〉に見えるままの〈わたし〉を、鏡なしに直接に（つまり、直観的に）見て描いたものです。マッハは、このスケッチを「自己直観の〈わたし〉」とよんでいます。この命名には「鏡なしに直接に」という意味がこめられています。素人のスケッチにすぎないかもしれませんが、この画期的な自画像は当時大変評判になりました。

マッハは安楽椅子にもたれながら、右眼を閉じて、左眼に見える世界を描いていま

図15　マッハのスケッチ

す。わずかに見える上方の眉毛、鼻筋、左の口髭、短縮した胴体、組んだ両脚、左腕とペンを持つ右腕先などはマッハの身体の一部です。しかし、それらの身体（の一部）はマッハにとっては、〈わたし〉に見えている〈わたし〉の身体であって、見ている〈わたし〉そのものではありません。マッハが描いた〈わたし〉はどこにいるでしょうか。

それは直接には描かれてはいません。間接にしか描くことができないのです。スケッチのなかで、見ている〈わたし〉は、〈わたし〉の身体をふくめて、〈わたし〉に見えているもののなかに、それがどのように見えているかということによって表現されています。見ている〈わたし〉と見えている世界——といっても、身体の一部と部屋の内部と窓の外のわずかな風景にすぎませんが——とは、切り離すことができないしかたで対応しているのです。マッハは、世界をこのように見ている〈わたし〉を、鏡なしに直接に、つまり直観したままの姿で、描いているのです。

見えている世界は、ここに描かれているようなしかたで眼前に開けているわけですから、見ている〈わたし〉はこの画面の手前にいます。手前のどこにいるでしょうか。このスケッチはルネサンスの時代に成立したパースペクティヴの手法によって描かれていますのでその位置を特定することができます。部屋の床板の継ぎ目の平行な直線や書棚の横板の平行な直線は遠ざかるにつれて幅が狭くなっています。これらの直線を延長すると、すべての直線は窓の下枠の左から三分の一のあたりのすぐ上の一点に収斂します。この地点が消失点です。画面上のこの消失点に立てた垂直線上のこちら側に、世界（自分の身体の一部と部屋の内部と窓の外の風景）をこのように見ているマッハの〈わたし〉がいるのです。

病院で治療をうけるとき、手や足の治療のときよりも、歯の治療のときのほうが〈わたし〉に近い感じがします。鼻の治療になるともっと近い感じがするでしょうし、眼の治療になるとさらに近くなり、〈わたし〉のすぐ前という感じがするのではないでしょうか。耳の治療であれば、左耳だと〈わたし〉の左という感じ、右耳だと〈わたし〉の右という感じがするでしょう。眼の場合は、耳の場合とは違って、左眼であっても右眼であっても、左や右という感じはなく、ただ〈わたし〉の前という感じしかしません。このような経験にもとづけば、〈わたし〉は、どうやら、両眼の少し奥の地点にいるように思われます。そして、二つの眼で見る風景が、二つの別々の風景ではなく、一つの風景であるように、見る〈わたし〉は二つではなく、一つの〈わたし〉であるということになるでしょう。

マッハの〈わたし〉は、画面上の消失点に立てた垂直線上のこちら側にいると述べました。では、こちら側のどこにいるのでしょうか。このスケッチをマッハが「自己直観の〈わたし〉」と名づけているといいましたが、「自己直観の〈わたし〉」というのは、〈わたし〉が、この画面に描かれているように世界を見ている〈わたし〉自身を直観しているという意味であって、〈わたし〉が世界をこの画面に描かれているように直観しているということではありません。画面のなかに描かれているすべてのものが瞬間的に一挙にこのように鮮明に直観されるわけではないからです。人間の眼はカメラとは違います。カメラのレンズは一瞬のうちに視界内の対象を鮮明に写しとることができますが、人間の眼はそうはいきません。人間の眼が対象をはっきりと見ることができるのは、網膜の中心窩という部分によるのであり、中心窩の直径はわずか一・五ミリほどのごく狭い範囲のものです。ですから、ほんのわずかの範囲しか鮮明に見ることができないのです。

図16は網膜の中心窩（の位置）を示したものです（村上元彦『どうしてものが見えるのか』岩波新書より）。眼科で視力を測定するとき、むこうにある小さな文字や記号を目を凝らしてはっきり見ようとしますが、そのとき中心窩の部分を使って見ようとしているのです。わたしたちがはっきり見ようとする意志を発動することによって網膜の中心窩という部分が生理学的に働くのです。つまり、ものをはっきり見ようとするとき〈わたし〉は網膜の中心窩のところにおり、わたしたちは中心窩のところで見ようと意志しているということができます。

視力表の小さな文字や記号ではなく、もっと広がりのあるもの（たとえば、風景など）を眺めるときにはどうするのでしょうか。わたしたちは、中心窩のごく狭い視野を対象の部分から部分へとスポットライトをあてるようにしてつぎつぎに移動させてなぞるのです。図17は広重の「東海道五十三次　庄野」を見るとき、鑑賞者が視線をどのように動かしているのかをポジション・センサーによって記録したものです。視線は対象の部分から部分へとなぞりながら動いていきます。なぞり終え

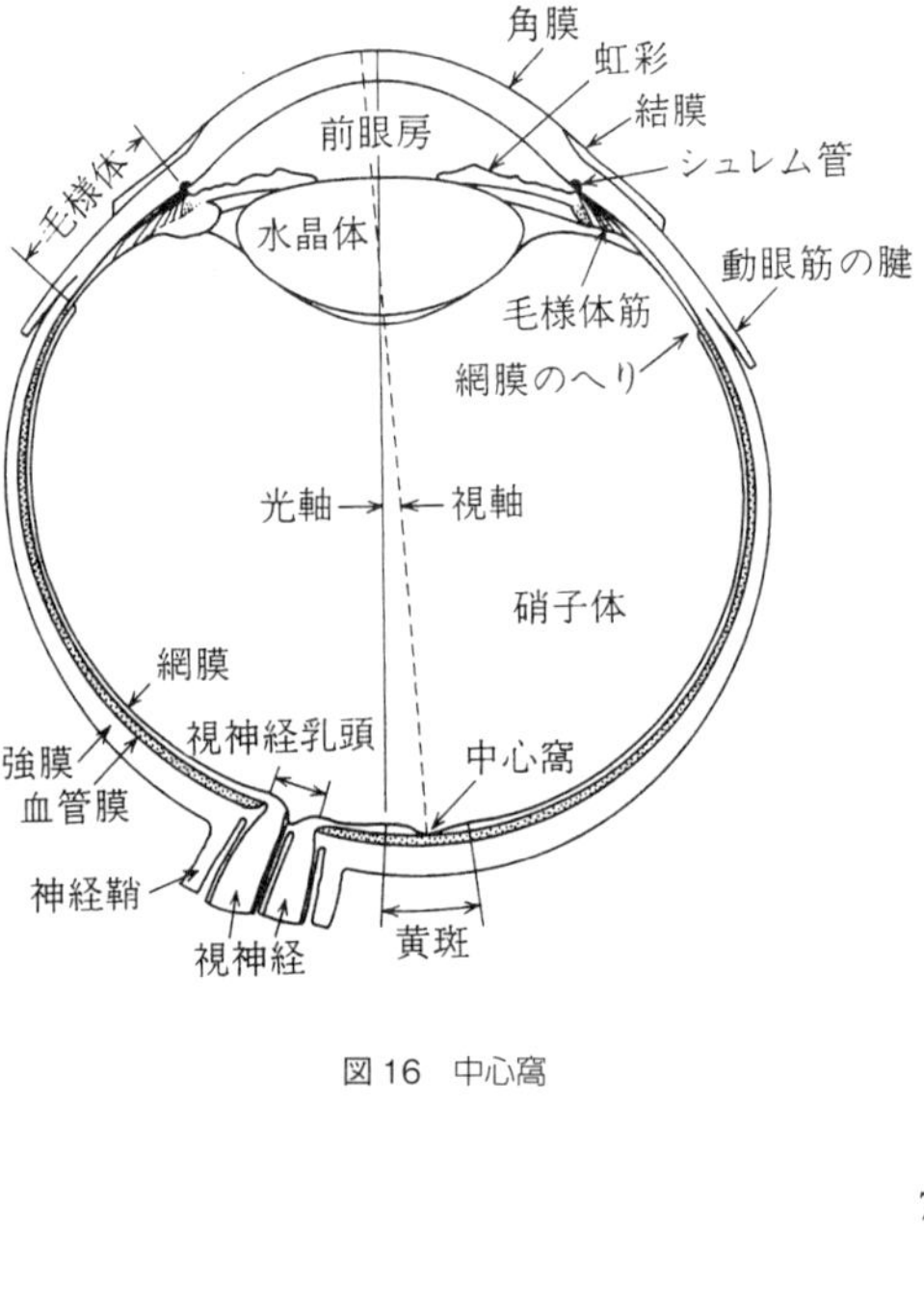

図16　中心窩

た後で、描かれている風景の全体が鮮明なものとして知覚されるのです。絵を鑑賞するのではなく、描く場合も同様です。マッハのスケッチでは、〈わたし〉に見えている世界が画面のなかにすべて鮮明な姿で描かれています。それは、マッハの〈わたし〉が、すべての部分をはっきりと見るために、対象のそれぞれの部分、部分を中心窩のごく狭い視野内におさめようと、スポットライトをあてるように、視線をつぎつぎに移動させて見ているのです。このスケッチは、そのようにして、視線のスポットライトをあてながら、ぼんやりと見えている視野内の対象の細部をはっきりと見定めたうえで描かれているのです。マッハが自画像を描こうとして対象の部分から部分へと視線のスポットライトをあてててはっきりと見ようとしたのは、マッハが、もちろん、意志したことでした。このときマッハの意志は中心窩のところに居合わせ

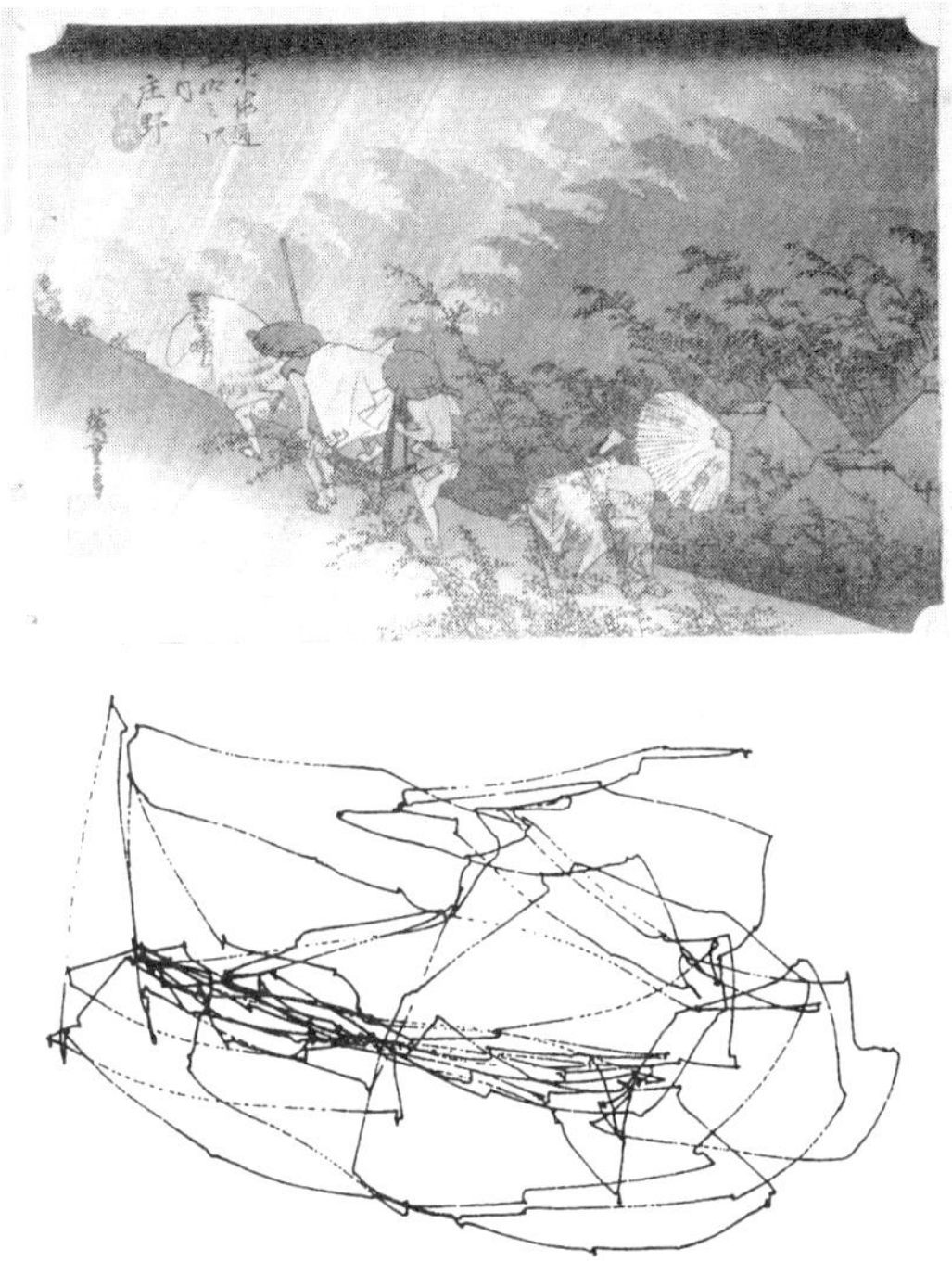

図17　ポジションセンサーによる視線の記録

ています。中心窩のところにいる見る〈わたし〉から、見えている世界をはっきりと見定めようとしたのであり、その見定めようとする〈わたし〉をマッハの〈わたし〉が直観的に見ているのです。

パースペクティヴの視点についてデューラーの銅版画を用いて説明しました（四四頁）。この銅版画における一点に固定した画家の視点とマッハの自画像のスケッチの〈わたし〉とはどのような関係にあるでしょうか。マッハの見ている〈わたし〉は、デューラーの銅版画でいえば、対象を眺めている画家の一点に固定した視点のところにいる〈わたし〉です。この「一点に固定した視点」について、もうすこし厳密な言い方をすれば、固定している一点というのは、画家の中心窩にあるわけですから、画家の視点は、中心窩のところにあるわけです。つまり、画家の〈わたし〉は、中心窩のところにあり、そこからモデル（対象、世界）を眺めています。西洋文化における〈わたし〉は、このように、世界（モデル、対象）の外の一点に固定した中心窩のところに存在しており、そこから連続的に移動する視線によって世界を眺めようと意志するのです。

マッハの自画像は、パースペクティヴの視点から世界を眺めているこのような〈わたし〉を、〈わたし〉自身が直観することによって描いているものです。ですから、パースペクティヴの視点のところで対象を眺めている〈わたし〉を直観的に眺めて描いたマッハの自画像は、世界を対象化して眺めているパースペクティヴの視点にいる〈わたし〉を、さらに〈わたし〉が眺めて描いたスケッチであるということができます。デューラーの銅版画におけるパースペクティヴの視点のところにいる画家の〈わたし〉はまだ二重化してはいません（画家の眺めている〈わたし〉を描いたこの銅版画は、その眺めている〈わたし〉を対象化しているということはできますが、その〈わたし〉そのものが二重化しているわけではないという意味です〉。しかし、マッハのスケッチは、世界を対象化して眺めている〈わたし〉を、さらに〈わたし〉が直観的に眺めているのであり、〈わたし〉そのものが二重化しているのです。ルネサンスの時代に、固定した一点から世界を対象として見るという見かたが成立しましたが、世界をそのように固定した一点から対象として眺めている〈わたし〉そのものを、〈わたし〉自身がさらに直観的に眺めるという、言い換えますと、〈わたし〉が〈わたし〉自身を意識するという意識の二重化、すなわち、自己意識、を哲学的に確立したのが一七世紀のデカルトです。

デカルトが生きた時代は人間精神が大きな動揺につつまれた時代でした。中世の宇宙観は閉じた有限な宇宙観であり、自分たちの住んでいる地球は不動で宇宙の中心に位置しており、その周りを太陽が運行し、さらに恒星天がとりまいている、さらにその上の天上界には神や天使たちが住んでいる、というものでしたが、そのような宇宙観（天動説）は崩壊し、地動説が登場します。人びとは、宇宙が無限の空間であり、そのなかを地球はあてもなくさまよっているということを知りました。無限の宇宙の暗闇のなかに投げ出された人間は、地球とともに安定した中心を失って、確かな拠り所を失ったのです。デカルトよりも二十七歳年少でしたが、パスカルは「この無限の空間の永遠の沈黙は〈わたし〉を恐怖させる」と語っています。

科学革命はこのような動揺する時代のなかで進行したのです。太陽は感覚的には東から昇り西に沈んで地球の周りを回っているように見えます。また、感覚的には、地球は静止して不動のように思えます。中世の人々は、このような感覚にもとづく天動説を信じて天上の神を見つめながら精神の安定をえていました。ところが、コペルニクスの地動説は、太陽が地球の周りを回っているのではなく、地球が太陽の周りを回っているというものでしたから、感覚にたいする信頼を根底から覆すものでした。また、ガリレオは、自然の実在的性質は幾何学的なものであり、物体の感覚的性質は二次的主観的なものにすぎないと語っています。地動説の登場によって人々の精神の安定は根底から失われることになりました。それは、精神がもはや感覚に依拠することができなくなったということを意味します。感覚にたいする信頼が失われることによって、すべてが不確実なものとなったのです。

デカルトは「この宇宙には不動の点はどこにも見いだせない」と語っています。そこでデカルトは宇宙に不動の点がどこにも存在しないのであれば、人間がそれを定めなければならないと決意するのです。『省察』の冒頭には「学問においていつか堅固でゆるぎのないものをうちたてようと欲するならば、一生に一度は、すべてを根こそぎくつがえし、最初の土台から新たにはじめなくてはならない」と書かれています。「堅固でゆるぎのないものをうちたてる」ためにデカルトは、「すべてを根こそぎくつがえし」、新たな「最初の土台」を求めようとします。そのためにデカルトが行なったのが、ほんの少しでも疑いを掛けうるものは、すべて絶対的に誤ったものとして捨て去ろうとする懐疑です。この懐疑は、まず、精神を感覚から解き放つための、感覚にたいする疑いからはじまっています。懐疑がどのような過程をたどったのかという詳しい経緯は興味深いものですが、すでに別のところに書きましたので、ここではくりかえしません。関心のある方は拙著『日本人の〈わたし〉をもとめて――比較文化論のすすめ』（新曜社）のデカルトの章を参照してください。

感覚にたいする疑いからはじまった懐疑は、終局において、すべてが疑わしいと考えている〈わたし〉自身に向かうことになります。デカルトの「〈わたし〉は考える、ゆえに、〈わたし〉はある」という有名な命題はそこから生まれたのです。この命題が語っているのはどういうことなのでしょうか。

この命題における「〈わたし〉は考える」と「〈わたし〉はある」とをむすぶ「ゆえに」は推理ではなく、直観であるとデカルトは言っています。直観とは自然の光であるとデカルトは語っていますが、自然は神が創造したものであり、光は神が創造した自然に由来する光なのです。この命題は「考える〈わたし〉の存在は確実である」と言い換えることができます。なぜ確実であるのかと言えば、誠実で欺くことがない神（への信仰）が、この〈わたし〉の存在を支えているからです。この〈わたし〉はどのような〈わたし〉でしょうか。

さきほど、デカルトの懐疑は、終局において、すべてが疑わしいと考えている〈わたし〉自身に向かうと言いました。どのようなことかと言いますと、懐疑の終局において、〈わたし〉が〈わたし〉について（＝のことを）考えるとき、〈わたし〉は、考える主体の〈わたし〉と、その〈わたし〉によって考えられる客体の〈わたし〉とに二重化しています（これが自己意識の成立です）。そのように二重化した〈わたし〉（自己意識）における、考えている主体の〈わたし〉は確実に存在するということを表明しているのが「〈わたし〉は考える、ゆえに、〈わたし〉はある」という命題です。

英語でいえばsubjectという語は、ラテン語のsubjectumに由来する語であり、中世までは、「下に置かれたもの」、「根底にあるもの」、すなわち、基体、実体として、現在の客体、対象と同じような意味で使われていました。しかし、現在では主体、主語を意味することばとして使われています。この転換を実現したのがデカルトです。よく知られているように、デカルトは実体を精神と物体に峻別しています。精神の属性は思考であり、物体の属性は延長です。延長の概念はガリレオの影響をうけたものですが、精神の属性としての思考する〈わたし〉は、〈わたし〉が二重化している自己意識において、実体のなかから立ち上がり、実体である〈わたし〉自身を（客体として）対象化する主体に転換をとげているのです。〈わたし〉のなかから立ち上がった〈わたし〉が主体（subject）として実体（subject）である〈わたし〉を眺めているということです。

デカルトは人類の精神史上はじめて〈わたし〉の二重化、すなわち、自己意識を確立した哲学者です。自己意識の確立は、意識する〈わたし〉によってパースペクティヴの視点にいる〈わたし〉を基礎づけることを意味します。ですから、デカルトは、ルネサンスの時代に成立したパースペクティヴの視点にいる〈わたし〉を哲学的に基礎づけた哲学者であるということができるのです。

デカルトよりも一七〇年ほど後のドイツの哲学者ヘーゲル（一七七〇～一八三一）はデカルトのことを近代哲学の創始者とよんでいます。デカルトはヨーロッパ（近代）精神の確立の先鞭をつけたというのです。ヨーロッパ精神についてヘーゲルは、「ヨーロッパ精神は自己に向かいあって世界を定立し、自己を世界から解放する」と述べています（『精神哲学』）。自己を世界から解放し、自己に向かいあって世界を定立するというのは、世界を対象化するということです。このような世界の対象化は世界のなかにいる自己が世界の外にでることによって可能になります。

自己はどのようにして世界の外にでることができるのでしょうか。それは、〈わたし〉が二重化するという自己意識によって可能になるのです。自己意識は、たんなる意識や自意識（日本では、たんなる自意識が自己意識と混同されるのが常です）とは明確に区別されます。〈わたし〉の二重化という自己意識を意識や自意識から明確に区別して確立したのがデカルトなのです。

〈わたし〉が世界の外にでることを可能にするのは意識のもつ志向性です。意識の志向性というのは、意識は常に〈何かあること（もの）〉についての対象的な意識であるということです。対象をもたない意識というのは存在しません。〈わたし〉が世界について意識するとき、意識される世界は〈わたし〉の対象となっています。世界は対象として〈わたし〉に向かいあって存在するものとなっているのであり、〈わたし〉」は意識される世界の外にでているのです。しかし、世界が明確に対象として意識される、言い換えますと、〈わたし〉が世界の外に明確にでることができるためには、〈わたし〉が二重化して〈わたし〉が〈わたし〉自身から分離している必要があるのです。（図18を参照してください。自己意識については次章の「文の主語」のところでまた詳しくお話しします）。

『省察』のなかでデカルトはこの「考える〈わたし〉」を「アルキメデスの点」になぞらえています。梃子の原理を発見したアルキメデスは、地球の外に「確固不動の一点」が与えられるならば、地球を動かしてみせる、と言ったと伝えられています。デカルトの自己意識の主体としての「考える〈わたし〉」の確立はまさしく人間精神における

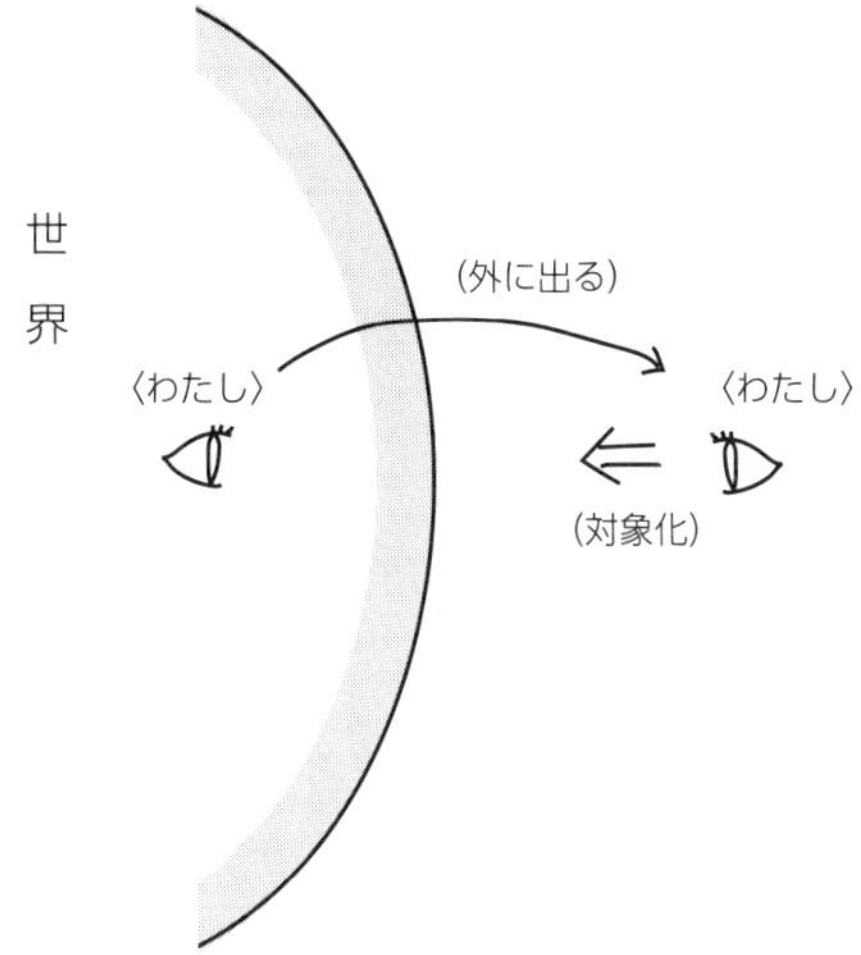

図18　ヘーゲルの図解（〈わたし〉の二重化 = 世界の対象化）

「アルキメデスの点」の確立でした。自然（世界）の外にでて、自然を外から対象化して分析する根拠となるこの地点は科学的思考を成立させる拠点です。人間はこの地点に立つことによって自然を支配する主人となり自然を所有することができるとデカルトは言っています。

デカルトが確立した「アルキメデスの点」、すなわち、「考える〈わたし〉」の眼前には機械論的な自然が展開することになりましたし、対象的思考としての科学的思考は、科学技術を飛躍的に発展させることになります。こうして一二〇年余り後には産業革命の時代を招来することになりました。また、その自己意識は一七世紀末から一八世紀にかけて数多くの啓蒙思想家たちが輩出する契機となりました。かれらの啓蒙的な活動によって、一部の特権階級のもとに隷属させられていた民衆が自分たちの不平等な隷属状態を自覚するようになり、一五〇年後に起きるフランス革命の思想的な源泉ともなるのです。

三章　文の主語、ヴェルサイユ宮殿の庭園

デカルトの話に続けてこの章では文の主語について話をしたいと思います。主語の存在はデカルトの思想と密接に関連するものです。ヨーロッパの言語では文には主語が存在します（普通は表現に直接表れますが、既定の主語を述語動詞の形によって間接的に示し、表現には直接に表れない場合もあります）。主語の存在は意識の二重化、すなわち、自己意識と深い関係をもっています。日本語とどのように違うかということを考えながら主語の問題を検討して見ることにしましょう。ヨーロッパの言語の代表として英語をとりあげることにします。

図19は英語と、それに対応する日本語を示した表です。英語の文では主語はIで、他動詞を介して目的語をとっています。対応する日本語の文では、英語では目的語だった名詞が

（所有）		have time.	時間		ある。
（所有）		have a son.	息子		いる。
（欲求）		want this house.	この家		ほしい。
（欲求）		want to see this.	これ		見たい。
（理解）	I	understand Chinese.	中国語	が	分かる。
（必要）		need time.	時間		要る。
（知覚）		see Mt. Fuji.	富士山		見える。
（知覚）		hear a voice.	声		聞こえる。
（好き）		like this city.	この街		好きだ。
（嫌い）		hate cigarettes.	煙草		大嫌いだ。
（経験）		have seen it.	見たこと		ある。

図19　英語と日本語の発想の違い

格助詞「が」を伴い主格となって、英語の他動詞が持っている意味は述語化して表現されています。英語と日本語では発想が基本的に違っているのです。この例文のなかから、英語の「I see Mt. Fuji.」と、この英語に対応する日本語の「富士山が見える」をとりあげて考えてみることにします。図20は金谷武洋による「I see Mt. Fuji.」の図解です（『英語にも主語はなかった——日本語文法から言語千年史へ』講談社選書メチエ）。

英語の「I see Mt. Fuji.」には、文の主語（subject）「I」が存在し、「富士山（Mt. Fuji）」は「見る（see）」という主語「I」の行為を表す他動詞の直接目的語になります。主語（subject）「I」の見る働きは、話者である主体（subject）「I」から富士山へむかう行為として存在します。それを示すのが、話者である左の人物から発している二つの矢印のうちの上のほうの矢印です。文において主語（subject）「I」として表現される右の小さな人物の見る行為も富士山へむかっていますが、それは話者である〈わたし〉が自分の見ている行為を反省することによって成立しているのです。この反省する行為を表現しているのが左の人物から発している二つの矢印のうちの下のほうの矢印です。この図に明確に示されているように、「I」は主体（subject）である左の話者の「I」と主語（subject）である右の小さな人物の「I」に二重化しています。英語においては、主語として表現される「I」を眺めているもう一人の話者としての主体（subject）「I」が存在するのです。このような構造にもとづいて「富士山（Mt. Fuji）」は「見る（see）」という行為を行う主語（subject）「I」の直接目的語として表現されるのです。

英語の「I see Mt. Fuji.」という文は、「I」（〈わたし〉）が主体（subject）である「I」（〈わたし〉）と主語（subject）となる「I」（〈わたし〉）とに二重化することによって成立しています。〈わたし〉が、意識する意識としての〈わたし〉と、その意識によって意識される〈わたし〉に二重化して存在しており、主語（subject）というのは、主体（subject）として意識する〈わたし〉が客体として意識される〈わたし〉を（主語（subject）として）定立したものであるということです。

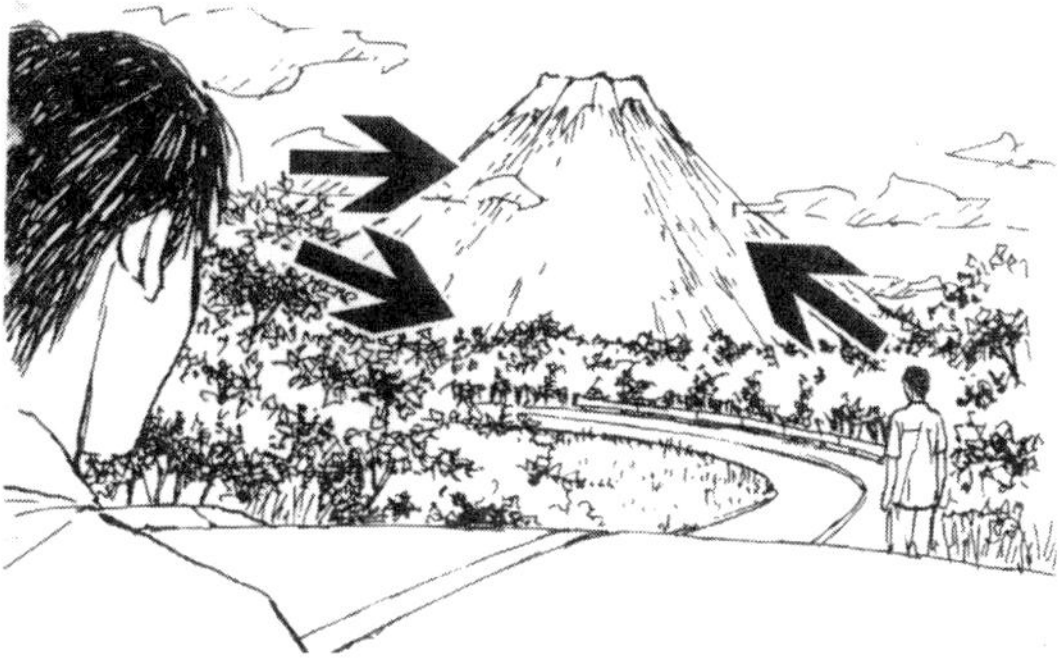

図 20 「I see Mt.Fuji」の図解

デカルトの懐疑の過程をたどりながら、「subject」という語は、もとは「～の下に投げられたもの」を意味していたのであり、現在でいえば、客体、対象の意味で使われていましたが、それがヨーロッパの近代にいたって客体、対象のなかから立ち上がり、客体化（対象化）する主体に転換をとげた、という話をしました（七五頁）。この転換のなかでは、〈わたし〉が二重化し、その二重化において、〈わたし〉が立ち上がって主体（subject）に変化しているのです。英語では、こうして、自己意識の主体として存在する〈わたし〉が富士山を客体として能動的に見るという行為をしているのですが、自己意識の主体として存在する〈わたし〉は、その〈わたし〉自身を客体化（対象化）して主語（subject）に立てるのです。「subject」という語は、「主体」、「主語」などのように日本語では別々のことばに翻訳されていますが、原語では同じ一つのことばです。なぜかといえば、いま述べたように、

「subject」は主体（subject）と主語（subject）とに二重化しているのであり、「主体」も「主語」も、もとは同一のもの（こと）だからです。

「I see Mt. Fuji.」という英語に相当する日本語は「富士山が見える」です（「（私は）富士山を見る」という日本語は、「I see Mt. Fuji.」ではなく「I look at Mt. Fuji」に相当します。ちなみに、この「～が見える」（「～（が）見ゆ」）という言い方は『古事記』や『万葉集』の昔から日本で普遍的に用いられてきた表現です。詳しいことは六章でお話しします）。図21は金谷武洋による日本語の「富士山が見える」の図解です。英語の「I see Mt. Fuji.」という文には、対象化された客体が二つ存在します。一つは直接目的語の「Mt. Fuji」、もう一つは話者である主体（subject）によって対象化されている主語（subject）の「I」です。しかし、日本語の「富士山が見える」には対象化された客体は存在しません。対象化して客体として眺める主体（subject）が存在しないからです。富士山を対象（「自己に対立するもの」）として能動的に見る主体の〈わたし〉が存在しないので、富士山は対象（「自己に対立するもの」）として存在しないのです。その結果どうなるでしょうか。話者は富士山を見ているわけですから、その視線は富士山のほうに向かっているはずですが、働きかけは、図の矢印が示すように、富士山のほうから話者のほうに向かってくることになります。話者の視線は受動的な視線です。「見える」という語は富士山のほうから話者に迫ってくる働きかけを表現しているのです。こうして日本語では、対象化されていない「富士山」が文の中心となり、状態を表現する「見える」という述語をもつ文となるのです。

「富士山が見える」という文の「富士山が」の部分を主語（subject）とよぶ多くの文法学者がいま

す。「学校文法」では、日本語の文は主語と述語によって成立する、しかし、主語はしばしば省略されると教えます。国語辞典もそのような説明をします。たとえば、手元の『デジタル大辞泉』によれば、主語（subject）とは、「文において、述語の示す動作・作用・属性などの主体を表す部分。「鳥が鳴く」「山が高い」「彼は学生だ」という文で、「何が」に当たる部分をいう。日本語では、主語がなくても文として成立する」と説明しています。説明文中の「主体」という語は、英語でいえばsubjectですから、この語を含む部分は、「文において、述語の示す動作・作用・属性などの主体（subject）を表す部分」となり、それが主語（subject）である、というのです。すると、「鳥が」「山が」「彼は」（正確を期せば、説明文中の「何が」の後に、「何は」（に当たる部分）という語も入れておくべきでしょうが）の部分が、主体（subject）であるというわけです。この説明は、主語（subject）とは主体（subject）のことであると語っている同語反復にすぎないのです。ヨーロッパの言語の代表として英語を取りあげているわけですが、英語ではすでに説明しましたように、主語（subject）というのは、主体（subject）として存在している話者が、自己自身を対象化して主語（subject）として定立したものです。

図21　「富士山が見える」の図解

日本語では話者は主体（subject）としては存在していませんので、「富士山が」の部分が中心となって、話者に迫ってくるのです。国語辞典の説明の最後の部分、すなわち、「日本語では、主語がなくても文として成立する」というのも、まじめに考えれば、おかしな説明です。「主語（subject）」というのは、英語では、文が成立するためには不可欠の要素です。「主語（subject）」がなければ文は成立しないのです。その「主語（subject）」がなくても文が成立するというのは、日本語の文が成立するためには「主語（subject）」を必要としないということをいっているにほかなりません。日本語の文は「主語（subject）」を必要としないのです。なぜ「主語（subject）」なしに文が成立するのかといいますと、主体（subject）が存在しないからです。つまり、国語辞典の説明は、英語（などヨーロッパの言語）のsubjectを日本語に翻訳した文法用語を無反省で無邪気に用いながら、無意味なことを語っているにすぎません。日本語で「主語（subject）」とよばれているものは、文の成立に不可欠な要素ではないのですから、金谷武洋がいうように、「主語（subject）」ではなく、文の成立に不可欠ではない要素、つまり、「補語」とよぶべきです。「富士山が見える」という文は、「見える」という述語によって、つまり、「主語（subject）」なしに、文として成立しています。「富士山が」の部分は、「富士山」という名詞に「が」という格助詞をともなった主格補語にすぎないのです。

「富士山が見える」という文の「富士山が」の部分を主語（subject）とよぶ文法学者たちは、英語の文法における「主語（subject）」という概念を、そしてまた、「主体（subject）」という概念を、きちんと考えることをしないまま、日本語に持ち込んでいるにすぎないのです。その結果が、国語辞典の説明に見られるように、主語（subject）とは主体（subject）のことであるというような、説明にならない説明をすることになるのです。どうしてこのような説明を平然とすることができるのかといいますと、主語（subject）と主体（subject）とを区別しているつもりで、区別することができないからです。言い換えますと、主語（subject）と主体（subject）の間には、図20に示されているように、距離が存在しており、その距離を介して両者は重なっているのですが、彼らにはその距離が見えないものですから、いきなり重ねてしまうのです。

「自己意識」においては、主語（subject）と主体（subject）の間には距離が存在しますが、主語（subject）と主体（subject）とを混同している彼らは、その距離の存在を認識することができずに、距離が存在しない「自意識」と混同していると言えます（主語と主体が距離を介して重なっているのが自己意識であり、自意識というのは、両者の区別なしに重なっている意識であるということです）。日本語の国語辞典もそのことを混同しており、「自己意識」とは「自意識」のことであると説明しています。両者の区別についての理解がないのです。たとえば、『デジタル大辞泉』は、「自己意識」とは、「自分自身についての意識。外界や他者と区別された自我としての自分を意識すること。自覚。自意識」と説明しています。『広辞苑』や『国語大辞典』などの他の辞典も大同小異です。しかし、ドイツで刊行されている一巻本の『ドゥーデン　ドイツ語ユニバーサル辞典』や六巻本の『ドゥーデン　ドイツ語大辞典』は、「自己意識」（Selbstbewußtsein）とは「（人間の）思考しつつある存在としての自分自身についての意識」（Bewußtsein（des Menschen）von sich selbst als denkendem Wesen）と説明しています。日本の国語辞典との違いは、「思考しつつある存在としての」という部分がつけ加わっていることです。この説明は、デカルト哲学を踏まえたものです。説明文中の「自分自身についての意識」(Bewußtsein von sich selbst)というのは「自意識」のことです(国語辞典の説明にあるのはこの部分だけです)。ドゥーデンの説明は、その「自分自身」が「思考しつつある存在としての自分自身」である((von) sich selbst als denkendem Wesen)と規定しているのです。「自己意識」は、「思考しつつある」という様態になければならないというのです。〈わたし〉は思考している、その思考している〈わたし〉についての意識が「自己意識」であるというわけです。

「思考しつつある存在としての」と規定されていますが、この規定のなかの「思考」というのはどのようなことなのでしょうか。ハイデガー(一八八九~一九七六)を援用しながら説明することにしましょう(『形而上学とは何か』)。ハイデガーは、「無」(Nichts)について思考することはできない、なぜならば、「無」(Nichts)について思考することは、「無」(Nichts)を「有るもの」(Seiendes)に転化させるから、である、と語っています。なぜ、「無」(Nichts)が「有るもの」(Seiendes)に転化するのか、その理由について、ハイデガーはつぎのように述べています。すなわち、「思考」(Denken)というのは、「何かについての思考」(Denken von etwas)である。だから、思考される「何か」(etwas)は、必然的に「思考」(Denken)の「対象」(Gegenstand)と化す。無(Nichts)について思考すること(Denken von Nichts)によって、「無」(Nichts)は「対象」(Gegenstand)、すなわち、「有るもの」(Seiendes)に転化してしまい、「何もない」という本来の「無」(Nichts)ではなくなる、と。ハイデガーが語っていることは、すでに「意識の志向性」について述べたことと同じことです。「思考」(Denken)というのは、「何か」(etwas)についての「思考」(Denken)としてしか存在することができず、必然的に「何か」(etwas)という対象を必要とするのです。

思考している〈わたし〉が、その思考している〈わたし〉自身について思考する（意識する）とき、〈わたし〉自身は〈わたし〉の対象となっています。そのような対象となった〈わたし〉自身の意識、それが「自己意識」なのです。つまり、意識する〈わたし〉と意識される〈わたし〉自身の間には対象としての距離が存在するのです。「自意識」にはその距離が存在しません。「自意識」は〈わたし〉が〈わたし〉であるという意識にすぎませんが、「自己意識」は、〈わたし〉が二重化している意識において、〈わたし〉が〈わたし〉自身を対象として意識しているということです。

「自己意識」と「自意識」の違いについて別の例をあげて説明してみましょう。鈴木孝夫が『ことばと文化』（岩波新書）の終わり近くでつぎのような興味深い事例をとりあげています。すなわち、ひとりごとをいうとき、英語ではしばしば、自分に you でよびかけ、自分を二人称あつかいするし、多くの場合つぎの例のように自分の名をまず言う、というものです。鈴木があげている例を示します。「Miss（Jane）Marple sighed, then adomonished herself in words, though she did not speak those words aloud. "Now, Jane, what are you suggesting or thinking?"」（ミス（ジェーン）マープルはため息をついた。それから、声には出さなかったけれども、ことばにして自分自身をいましめるように言った。「まあ、ジェーン、あなた、何を考えているの？」［訳文は引用者による］）。ミス・ジェーン・マープルは、ひとりごとのなかで、自分を自分の名であるジェーンでよび、自分にむかって you とよびかけているのです。ここに示されているように、ジェーンの意識は二重化しており、主体としてのジェーンは、自分自身のことを客体としてとらえているのです。「自己意識」というのは、このように、自分を客体として眺めて自分の名でよび、自分にむかって二人称の you とよびかけることができるような意識のことです。日本人の場合はどうでしょうか。鈴木孝夫は、「太郎という日本人が自分に、「太郎、お前何考えてんだ」というようなひとりごとをいうだろうか」と述べています。日本人である太郎は、「おれ、何考えてんだ」とでもいうでしょう。日本人である太郎の場合は、自分を対象として眺めているもう一人の自分はいません。ですから、自分を客体として自分の名である太郎とよんだり、自分にむかって「お前」とよびかけたりしない（できない）のです。つまり、太郎には「自己意識」はないのです。「自意識」はもちろんあります。「自意識」がなければ、自分のことを「おれ」ということはできません。さきほど、日本では「自己意識」と「自意識」とが混同されているという話をしましたが、両者には明確な違いが存在します。西洋文化と日本の伝統文化の違いの根底には、このような「自己意識」が存在するかしないかという違いがひそんでいるのです。「自己意識」をたんなる「自意識」とみなす日本人には近代以降の西洋文化の本質が見えていないというべきではないでしょうか。西洋文化の本質が見えていないということは、自分たち自身の日本の伝統文化の本質もまた見えていないということを意味しているのです。

一七世紀はデカルトの世紀です。デカルトはスウェーデン女王クリスティーナの度重なる招聘を断ることができずにストックホルムに赴き、極寒の地で風邪をひいて一六五〇年に亡くなりました。ストックホルムに赴かなければもっと長生きすることができたでしょう。この一七世紀の後半を過ぎたころ、デカルトの思想を体現するような庭園がフランスでつくられました。国王ルイ十四世（在位一六四三〜一七一五）がル・ノートル（一六一三〜一七〇〇）に命じてつくらせた有名なヴェルサイユ宮殿の庭園です。図22はその平面図です。庭園は主軸を中心として対称的で、基本的には幾何学的

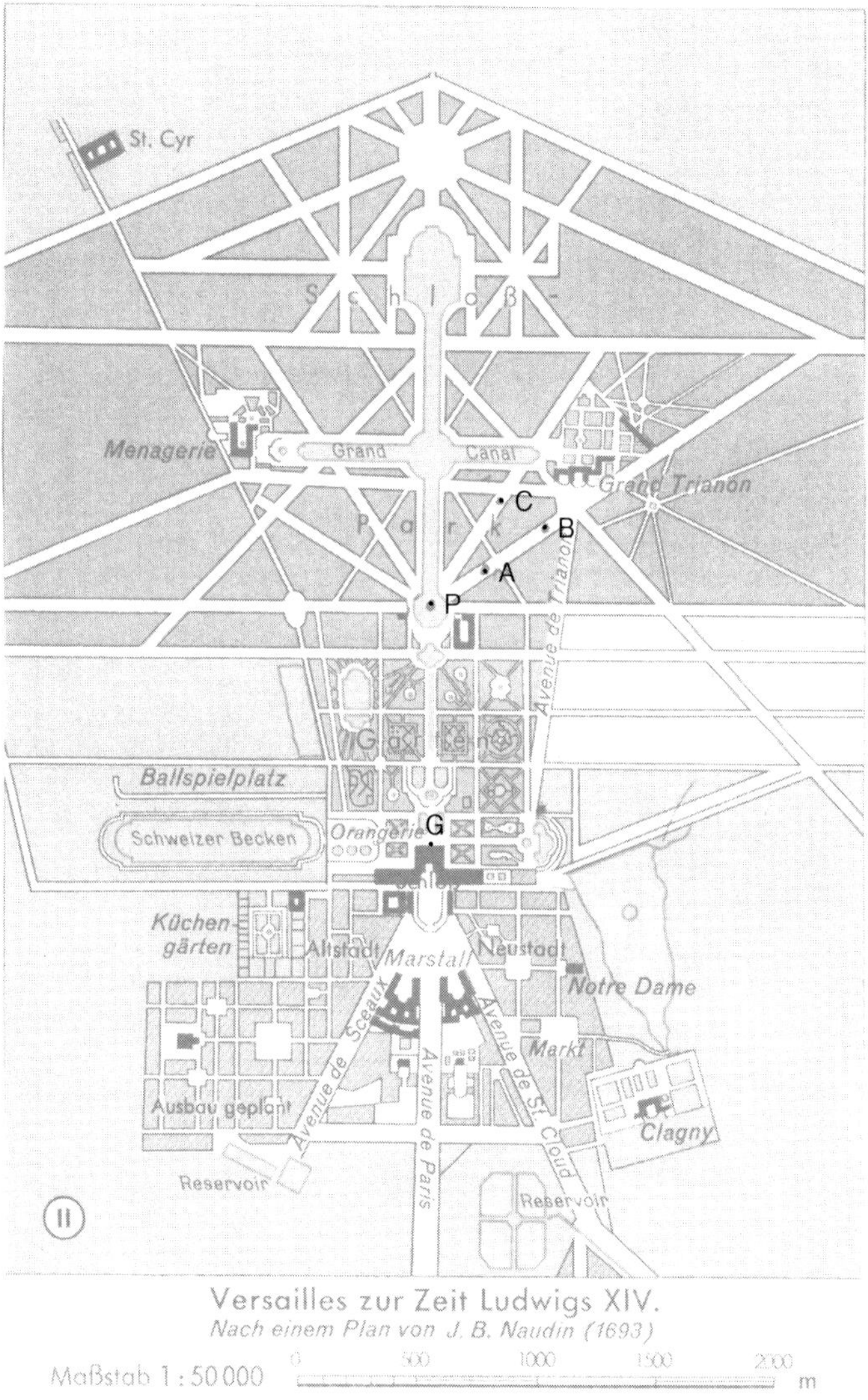

図 22　ヴェルサイユ宮殿の庭園の平面図

な直線と円で構成されています。直線や円による対称性は自然のなかに存在するものではありません。自然はそのままでは粗野で無価値なものにすぎない、人為にこそ価値がある、というのが近代ヨーロッパの伝統的な自然観です。散策路、樹木の成形や配置、池の形や水路の描く線などにみられるように、自然は素材にすぎず、人為が強調されています。庭園のなかに数多くつくられている噴水は象徴的です。西洋のバレーのダンサーは、あたかも重力など存在しないかのように軽やかに飛翔します。自然を軽々と超える人間の営為を視覚的に強調している噴水の水の飛翔を見ているとバレーのダンサーの飛翔を見るような思いがするのではないでしょうか。

庭園の散策路は直線が交差するようにつくられており、路の両側の樹木は垂直な壁のように裁断されています（図23）。八九頁の平面図（図22）を見てください。たとえば、図のA地点からB地点へ、B地点からC地点へ歩いていくことにしましょう（実際に歩くわけにはいきませんから、想像してみるのですが）。A地点に立っているときB地点は見えています。しかし、C地点は見えません。B地点にいたると、振り返ればA地点は見えますが、C地点は見えません。C地点にいたれば、A、Bの両地点は見えないでしょう。地点間の関係はこのようになっていますが、A地点とB地点はもちろん、B地点とC地点、C地点とA地点を関係づけることはできます。それは、

図23　ヴェルサイユ宮殿の庭園の散策路

基準となる原点（図のG。この地点は宮殿の鏡の間にあります）が存在することによって可能になります。この原点Gを基準にして（実際にここに立つなり、イメージのなかで立つことによって）、補助地点Pを媒介点にして三つの地点を関係づけることができます。

もう、おわかりかもしれませんが、この基準となる原点というのは、現代ならば誰もが知っている、座標軸の原点のことです。デカルトは解析幾何学を発見した数学者としても有名です。「解析幾何学」について、『広辞苑』は、「幾何学的図形を座標によって示し、図形の関係を代数方程式により明らかにする数学の一部門。デカルトの創始」と説明しています。解析幾何学が成立するためには、座標の存在、つまり、座標軸の原点の存在が不可欠です。この原点を発見したのは、ほかならぬデカルトです。デカルトが懐疑を開始するにあたって、この宇宙に不動の点がどこにも存在しないのであれば、人間がそれを定めなければならない、と決意したこと、そして、懐疑を徹底した結果発見した確固不動の点を、「アルキメデスの点」とよんでいるという話をしました。解析幾何学は、数学者でもあったデカルトが、この「アルキメデスの点」を数学に適用することによ

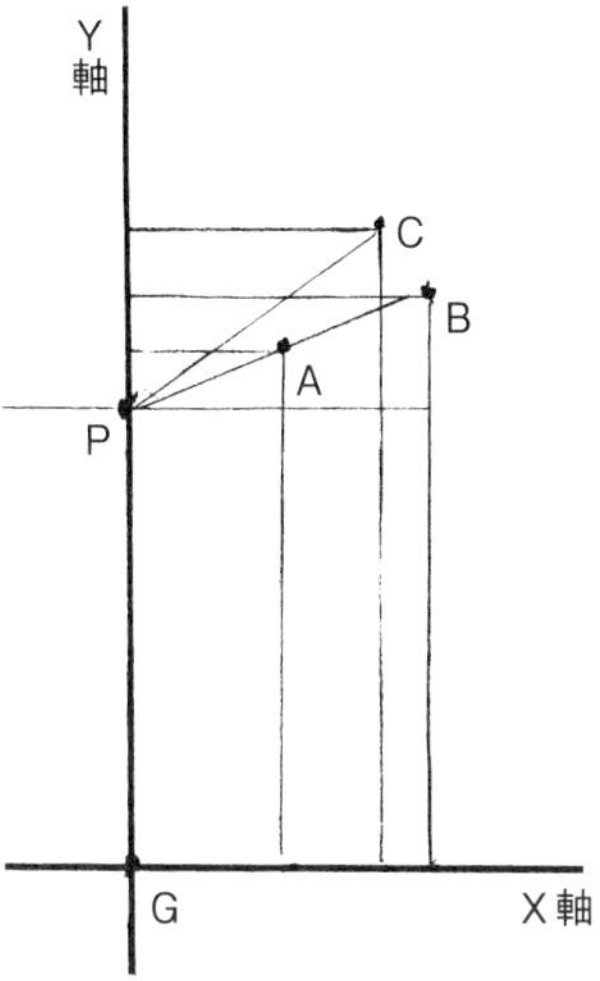

図24　ヴェルサイユ宮殿の庭園の座標

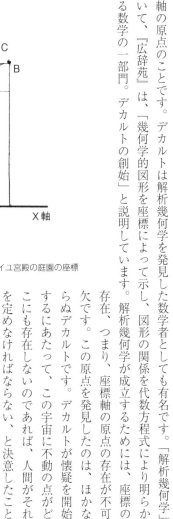

って生みだしたものです。
ヴェルサイユ宮殿の庭園は、原点Gを基準とする座標を想定することによって、原理上すべての地点を相互に関係づけることができるような構成をもつ庭園です（図24）。庭園内の各地点は、そのことによって、連続した関係を保っています。つまり、いま、ある地点に立っているときの〈わたし〉の視点と別の地点に立っているときの〈わたし〉の視点の関係が成立することによって、それぞれの地点に立っている〈わたし〉の視点は連続するのです。ヴェルサイユ宮殿の庭園における〈わたし〉の自己同一性《アイデンティティ》は、このような視点の連続性によって成立します。

ここで論理ということについて述べておくことにします。「論理」というのは、『デジタル大辞泉』によれば、「①考えや議論などを進めていく筋道　②事物の間にある法則的な連関」と

図25　カールスルーエ宮殿の庭園の写真

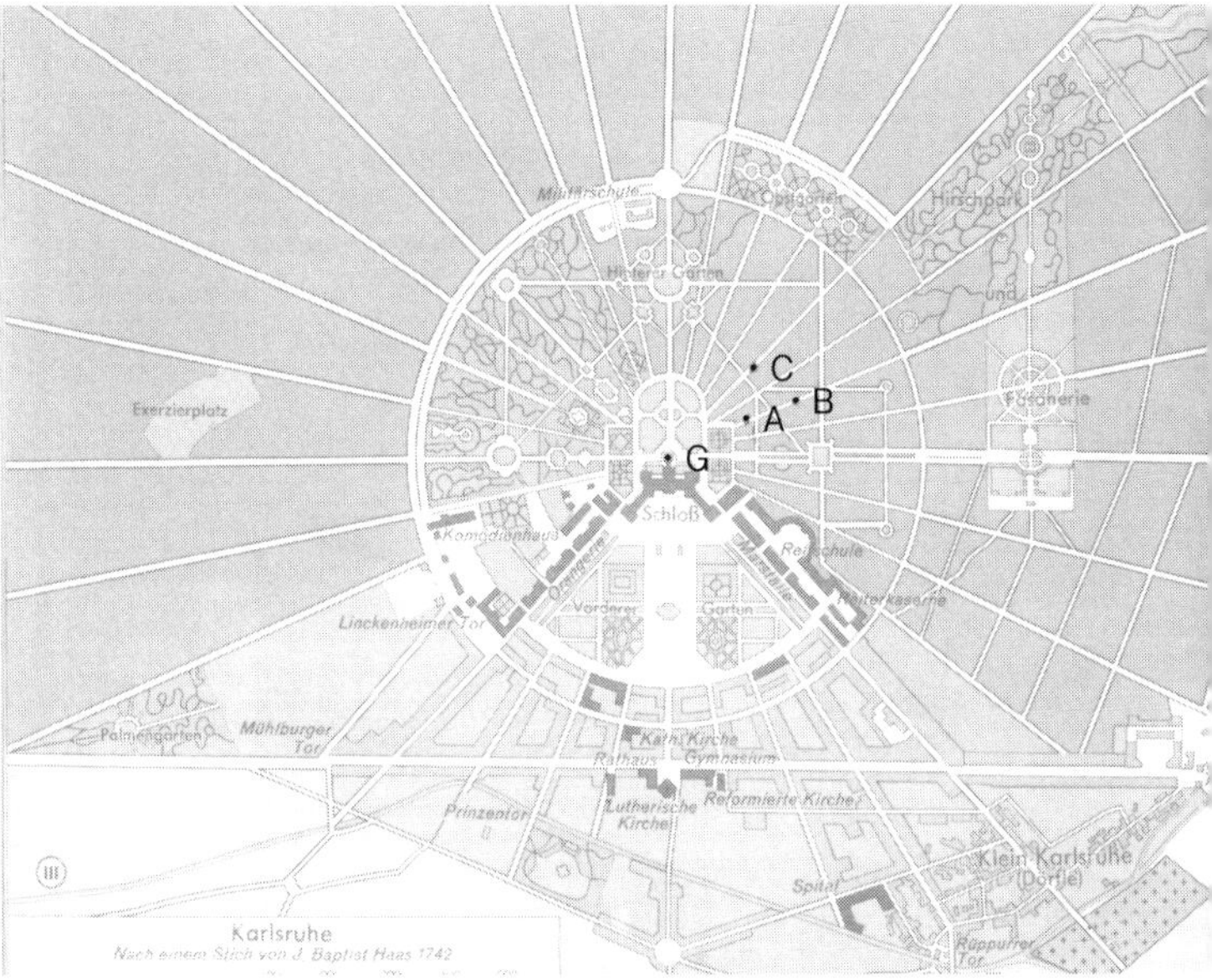

図26　カールスルーエ宮殿の平面図

説明されています。「事物の間に法則的な連関」が存在するから、その連関をたどって「筋道」立って「考えや議論を進めていく」ことができるのです。論理を成立させるために不可欠な「法則的な連関」は、中心となる視点（座標軸の原点）が存在することによって可能になります。そういう意味でヴェルサイユ宮殿の庭園の構成は論理的であるということができるのです。

　ヴェルサイユ宮殿の庭園を模倣した庭園はまたたくまにヨーロッパ中に広まりました。ドイツのカールスルーエ宮殿の庭園は、半世紀ほど後につくられたものですが、ヴェルサイユ宮殿の庭園の理念を最も純粋なかたちで表現している庭園として有名です（図25、図26）。この庭園の基準となる原点Gは宮殿に接続する塔にあります。この塔を中心にして、放射状の直線の散策路（道路）が、庭園のなかに、そしてまた、宮殿の外の街並みのなかに延びています。ですから、ヴェルサイユ宮殿の庭園のように補助地点Pの必要はなく、この塔に立つことによってすべての地点の関係を直接に定めることができます（図27）。基準となるこの特権的な中心点（ここが座標軸の原点にあたります）からは、庭園（自然）のすべてを、さらには、街並み（人間社会）のすべてを、つまり、全世界を直接に見渡し、見通すことができます。ヴェルサイユ宮殿の庭園やカールスルーエ宮殿の庭園などのフランス庭園は、人間が自然を支配するという発想にもとづいており、また、国王の権威を誇示するためにつくられていますので、庭園の規模は一辺が数キロメートルにもおよぶほど壮大です。

　フランス庭園が成立した時代は絶対主義の時代です。絶対主義というのは、一六世紀から一八世紀にかけての封建制国家から近代国家へ移行する過渡期の時代にヨーロッパで成立した政治体制です。貴族階級はすでに弱体化し、市民階級は未発達で、国王は、貴族階級をとりこんだ強力な官僚機構と直属の常備軍を支柱とする中央集権的統治体制を整備し、絶対的権力をもって国民を直接に支配しました。ヴェルサイユ宮殿の庭園がつくられたルイ十四世の時代はフランス絶対主義の全盛期の時代で

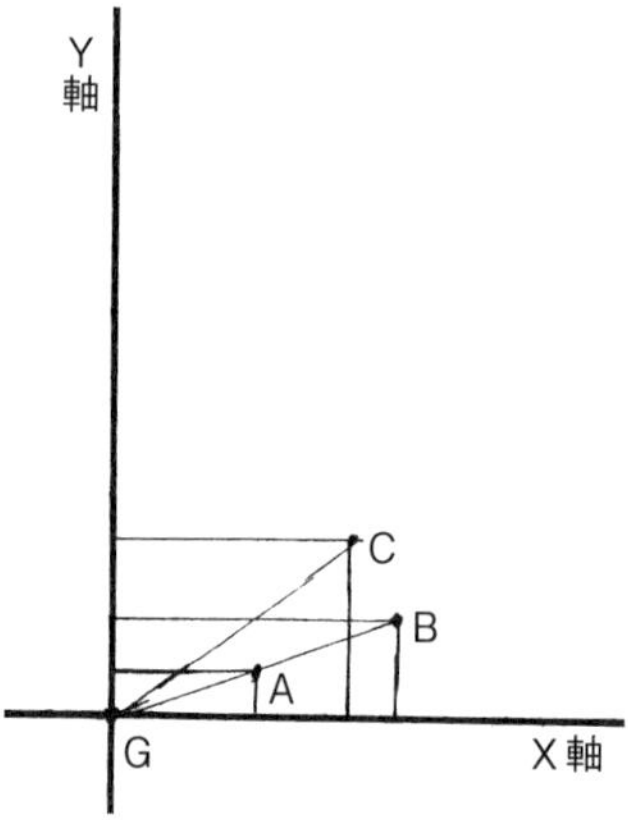

図27　カールスルーエ宮殿の庭園の座標

す。フランス庭園がもつ特権的な中心点——この特権的な中心点を端的に表現しているのはカールスルーエ宮殿の庭園の塔です——に立つのは、政治的には、絶対的な権力者である国王です。世界を見渡し、見通すこの特権的な中心点は、世界観に即していえば、自然や人間にたいして人間が立脚する地点でもあるのです。デカルトの「考える〈わたし〉」という「アルキメデスの点」は、このような特権的な中心点を表現するものであり、世界を超えでて世界を見渡し、見通す確固不動の立脚点となるのです。

これまで西洋文化に照準しながら話をすすめてきました。ここで日本の伝統文化に照準を移すことにしましょう。

ヴェルサイユ宮殿の庭園がつくられたのは一七世紀の半ばすぎです。この時期は日本では徳川幕府の幕藩体制が確立する時代に相当します。この時代に日本でヴェルサイユ宮殿の庭園とはあらゆる点で対照的な桂離宮の庭園がつくられました。この庭園は、後陽成天皇の弟八条宮智仁親王（一五七九～一六二九）とその子智忠親王（一六一九～六二）によって一六二〇年ころから一六六二年ころにかけて段階的に（途中、中断されながら）造営されました。図28は桂離宮の庭園の平面図です。ヴェルサイユ宮殿の庭園とは違って桂離宮の庭園は非対称の曲線によって構成されています。ヴェルサイユ宮殿の庭園では人為が強調されていましたが、桂離宮の庭園で価値あるものは、人為ではなく自然です。これが日本の伝統的な自然観です。散策路、樹木の成形や配置、池の形や水路が描く線など、すべてが自然であるように、つまり、自然であることを損なわないように、人為がくわえられています。人為はくわえるのですが、自然に従属するのです。噴水はもちろんありません。あるのは、重力という自然にしたがって水が流れ落ちる滝です。ヴェルサイユ宮殿の庭園と同様に桂離宮の庭園も歩き回

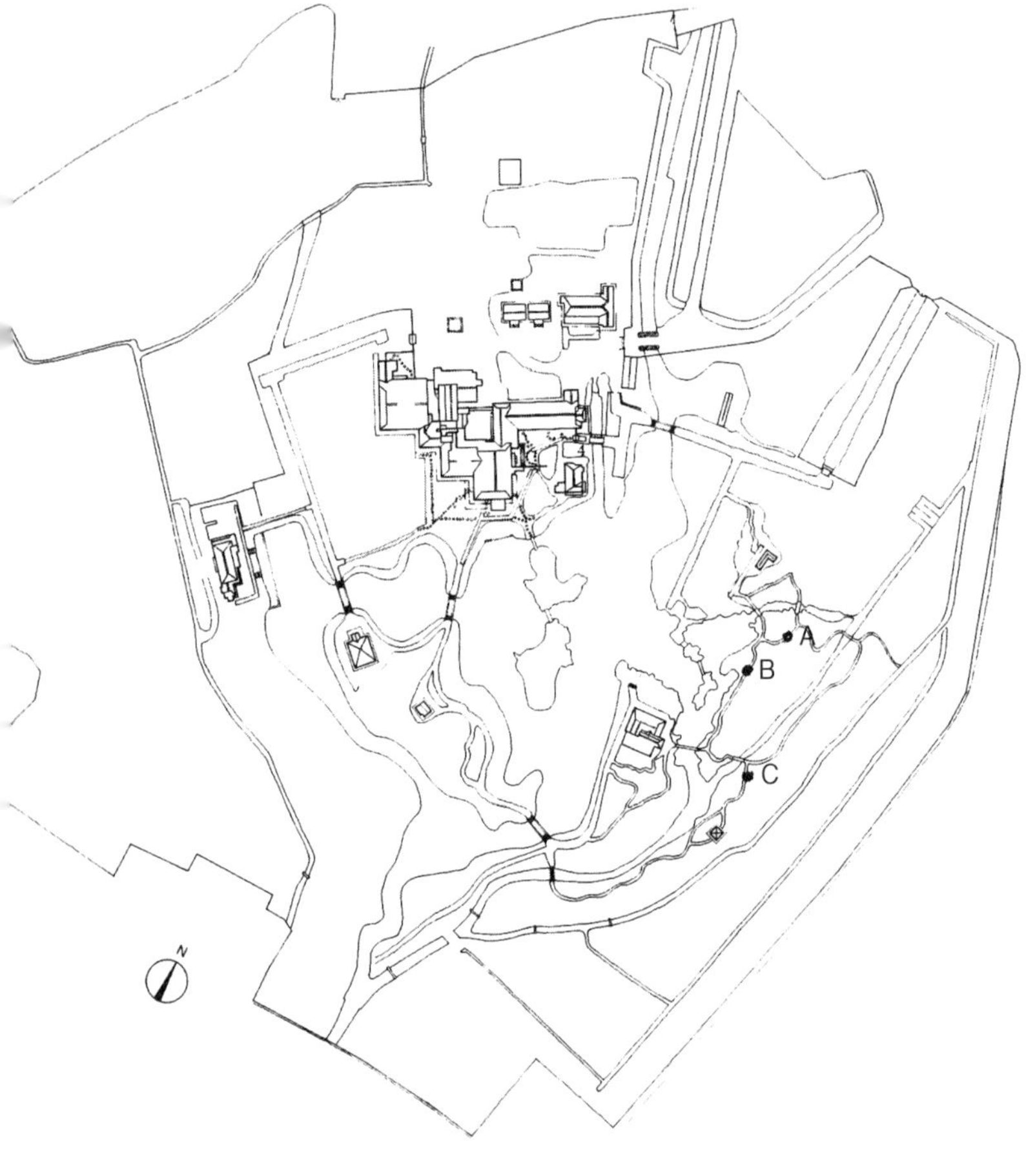

図 28　桂離宮の庭園の平面図

ることができるようになっています。庭園のなかを歩くとき、わたしたちの視点はどのようなありかたをしているでしょうか。

桂離宮の庭園の散策路は曲がりくねっており、路の両側は木立におおわれています（図29）。ですから、通りすぎた路は振り返ってもすぐに見えなくなりますし、これから歩いていく路も見えているのは目の前だけで先のほうはまだ見えません。不意に視界が開けて池や御殿の建物が見えることもありますが、どの地点で見えるのか予想はつきません。図28に示したように、いま仮にA地点に立っているとしますと、B、Cの地点はまだ見えてはいません。B地点にいたると、A地点はもはや見えなくなりますし、C地点はまだ見えてはいません。そして、C地点にいたれば、A、Bの地点はもう見えなくなります。ある地点と別の地点の関係が遮断されるようにつくられているのです。したがって、ある地点に立っているときの視点と別の地点に立っているときの視点の関係は切断されています。こうして視点相互の関係は断片化されて、非連続になります。桂離宮の庭園はこのように、視点相互の関

図29　桂離宮の庭園の散策路

係を排除するようにつくられているのです。

視点相互の関係が排除されている桂離宮の庭園のなかでは、視点の（視点としての）自己同一性《アイデンティティ》は、視点そのものによっては成立しませんので、桂離宮という庭園の同一性に依存することによって成立することになります。ヴェルサイユ宮殿の庭園は基準となる中心点が存在し、その中心点から庭園全体を見渡し、見通すことができるようにつくられていますが、視点相互の関係を排除するようにつくられた桂離宮の庭園には、もちろん、そのような中心点は存在しません。さきほど、ヴェルサイユ宮殿の庭園は論理的であるといいましたが、桂離宮の庭園の構成は非論理的であり、論理は成立しないのです。桂離宮の庭園に存在するのは論理ではなく、道理です。

なぜ、視点を断片化して視点相互の関係を排除するようにつくられているのかといいますと、庭園のなかを歩くとき視点が周囲の自然につつまれるようにするためであり、そうすることによって視点は自然に溶けこむことができるのです。このような目的でつくられた桂離宮の庭園には、フランス庭園のような壮大な規模は必要ではなく、庭園の直径はわずか二五〇メートルほどしかありません。ま

図30　四腰掛

図31　天橋立（写真と雪舟の「天橋立図（部分）」）

た、視点が断片化されているということは、言い換えますと、視点が根拠をもたないということです。根拠をもたない視点は、正視する、あるいは、正視されることに耐えられません。桂離宮の庭園には山の途中に四腰掛《よつこしかけ》という待ち合わせのためのベンチがあります（図30）。このベンチは腰掛の部分が卍型に配置されており、腰を降ろした人たちが互いに眼を合わせずにすむようになっています。日本文化は互いに正視し合うことを回避する文化ですが、このベンチはその構造を見事に体現しているのです。

　桂離宮の庭園にかんして、お話ししなければならないもう一つ重要なことがあります。それは「見立て」にかんしてです。桂離宮の庭園の池は大海に見立てられています。また、池の岸辺には砂利石

図32　洛中洛外図（右隻）（上杉家本）

が敷かれていますが、これは州浜に、そして、池のなかに突き出た松が植えてある土と石の構築物は天橋立に見立てられています（図31）。人間は二重のしかたでものを見ています。一つは肉眼で感覚的に、もう一つは心の眼で、見ているのです（普段は、あまり意識することはありませんが）。見立てというのは、肉眼で庭園の池を見ながら、心の眼で大海を見る、肉眼では砂利石が敷かれた池の岸辺を見ながら、心の眼では州浜を見る、肉眼で池のなかに突き出た松が植えてある土と石の構築物を見ながら心の眼では天橋立を見るというものの見かたです。つまり、肉眼で見る池や、砂利石が敷かれた池の岸辺や、池のなかに突き出た松が植えてある土と石の構築物は、心の眼で見る大海や州浜や天橋立を見るきっかけをなすのです。肉眼で池や、砂利石が敷かれた池の岸辺や、池のなかに突き出た松が植えてある土と石の構築物を見ながら、心の眼は肉眼の見えを離れて

大海や州浜や天橋立へ飛翔するのです。言い換えますと、心の眼は、池や、砂利石が敷かれた池の岸辺や、池のなかに突き出た松が植えてある土と石の構築物を正視（直視）しないのです（もし、心の眼が、肉眼とともに、これらのものを正視（直視）すれば、心の眼は、これらのものを離れて飛翔（移行）しなくなります）。見立てというのは、このようなものの見かたです。したがって、見立てが成立するためには、心の眼の視点がフランス庭園のように連続的で固定しているのではなく、非連続で断片的でなければならないのです。桂離宮の庭園における視点が非連続で断片的であることと、庭園が見立ての手法によってつくられていることとは、関係しているのであり、両者は符合しているのです。見立ての成立の要件を整理しておきましょう。まず、肉眼と心の眼と、二つのものの見かたが乖離していること、心の眼が肉眼で見ているものを正視（直視）しないこと、および、心の眼の視点が断片的で非連続である（視線が自由に飛翔（移行）できる）こと、この三つの基本的な要件が存在します。

見立ての問題については、また、六章と七章で、詳しくお話しすることにします。ここでは、断片的な視点について話を続けることにします。日本文化において、視点の断片性は、桂離宮の庭園ばかりではなく、さまざまな領域で見られる現象です。

たとえば、絵画の「洛中洛外図」をとりあげてみましょう。洛というのは京の都のことで、京都の市中と市外の建物や人々の生活を屏風絵に仕立てたものです。室町時代の末から江戸時代の初めにかけて盛んに描かれました。図32はその一例です。一見すると、全体はどこかの高みに立って京都の市中と市外を南から北へ俯瞰して見下ろすような体裁をとっています。しかし、子細に見ると、俯瞰する地点は固定した一点ではないのです。一つひとつの光景は他の光景から遮断するために金雲で仕切られており、周囲を金雲で隠すことによってそれぞれの光景は独立しています。周囲から独立したそれぞれの光景はその光景の正面手前の高みから俯瞰して描かれているのです。つまりそれぞれの光景の視点はその光景の正面手前の高みにあり、ある一つの光景の視点と別の光景の視点は金雲によって切断されていますので互いに無関係です。ですから、屏風絵全体の視点は、金雲で仕切られた光景の数だけ存在していることになります。金雲は、このようにそれぞれの光景の視点の関係を切断し、断片化する働きをしているだけではなく、また、一つひとつの断片化された非連続の光景をつなぐ働きもしています。屏風絵は、いわば、それぞれ別々の断片化された非連続の視点によって描かれた（見られた）光景を金雲でつないだモザイク画なのです。

いま述べたことは、それぞれの光景を眺めるときに、視線を、上から下へ、下から上へ、右から左へ、左から右へ、あるいは、斜め方向に、動かしていくときの視点間の関係が断片的で非連続であるということです。さらに、同じ一つの光景においても、視点は奥行き方向に（手前から画面に接近する方向に）向かい、そしてまた、手前の方向にもどるというようにも動きます。図33は図32の右から三つ目の区画、下から三分の一の部分の拡大図です。祇園祭の山鉾を眺めている、たとえば、女性たちの着物の詳細な模様は、俯瞰して見下ろす地点（視点）を離れて女性たちのすぐそばまで接近しなければ描けない（見えない）はずです。視点は手前にある俯瞰する地点から移動して女性たちのすぐそばまで接近しているのです。このように描く（見る）ときの視点が、断片的で非連続で、決して固定されることなく自由自在に動くというのが「洛中洛外図」が持つ視点の特徴です。このことは「洛中洛外図」に限られることではなく、日本の伝統的な絵画全体に共通する特徴です。日本画では影を描くことはありません。なぜでしょうか。影を描けば、光線の方向とのかねあいで、それを描いている人間の視点（位置）が確定してしまうからです。影を描くことは絵のなかに固定した視点を描きこむことを意味します。影を描かないというのは、固定した視点を拒否することなのです（北斎や広重の版画に影を描いたものがあるではないかと反論する人がおられるかもしれません。たしかにそのとおりですが、西欧の影響を受けた実験的な試みだっ

図 33　拡大図（祇園祭）

たのでしょう、彼らはすぐにやめてしまいました)。

「洛中洛外図」は絵の全体のなかに数多くの光景を金雲でつないでモザイク画のように配置していますから、視点のありかたを、いま述べましたように、分析して取りだすことが比較的に容易です。しかし、画家の断片的で非連続な視点が一枚の絵のなかで自由自在に動いている場合はどうでしょうか。たとえば、菱田春草(一八七四〜一九一一)の「落葉」(一九〇九年)のような(特に、個性的な画家の)日本画では視点がどのようなありかたをしているのかを取りだすのが難しくなることがあります。その結果、日本画では(西欧の絵画とは違って)鑑賞者にとって不思議な空間によって構成された画面ができあがるということになります(また画家そのものに自分の視点のありかたの自覚がないということさえもありうるのです)。

さきほど、日本画では固定した視点を拒否するといいました。その理由を理解するには山水画の例をあげるのが適切だと思います。図34は雪舟の「四季山水図　夏景」です。山水画を鑑賞するというのは、描かれた絵を画面の外から見るだけではなく、画面の絵の世界のなかに入っていき、そこで遊ぶことを意味します。絵のなかに描かれている人物に寄り添い、周りの光景を一緒に眺める、描かれている情景のところに居合わせてその情景を味わうのです。描いている画家が最初の鑑賞者になります。描く視点を固定してしまうと、絵の世界のなかに入っていくことができなくなり、自由に動けなくなります。日本人の伝統的な心性は、絵画においても視点の自由な動きを要求するわけですが、そのように自由に動くことによって視点は必然的に断片的で非連続になるのです。

絵画(という)空間において日本人の視点は断片的で非連続であるという話をしました。続けて、時間においても日本人の視点は断片的で非連続であるという話に移ります。日本には年号（元号）というものがあります。年号は中国から入ってきたもので、天子（天皇）が時間を支配するという思想にもとづいています。日本の年号は、最初の年号である大化から江戸時代の終わりの慶応まで数えてみると約一二二〇年間に二四三あります。平均すると、ほぼ五年で別の年号に替わっている計算にな

図 34　雪舟「四季山水図 夏景」

ります。昔は、対馬より金が献上された、めでたい、武蔵より銅が献上された、めでたい、天変地異があった、不吉だ、疫病がはやった、不吉だ、などとそのたびに年号を改めたりしていたのです。ある年号のなかで生きている人にとって過去の年号は過ぎ去ったものとして忘れられ、未来はまだ存在しません。存在するのは、平均すればわずか五年しか続かない、現在の年号だけです。大化の昔から日本人はこのような断片化された時間のなかで生きてきたのです。年号は現在でもあります。明治になって、日本が近代国家として世界のなかで生きるようになると、一世一元制になりました（明治元年の改元の詔）。一代の天皇に年号は一つにするというわけです。昔のように年号をたびたび改めていては外国とのつきあいをやっていけなくなったのです。しかし、一世一元制でもやはり不便です。日本国内だけで生活していれば、あまり不便を感じないかもしれませんが、外国で生活すると不便さを痛感することになります。歴史的な時間が問題になるとき、いつも西暦に換算しなければならないからです。

日本には、過去を振り返って見渡そうとするとき、年数を計算するための物差しは存在しません。そのかわりにどうしたのでしょうか。所功の『年号の歴史』（雄山閣）という本があります。この本で、歴代の年代年号の暗誦歌があることを知りました。その一部をあげてみます。「文武十一　先四年、大宝三年、慶雲四。元明七年　これ和銅。……」（文武天皇の在位は十一年で、在位四年を経て、大宝という年号が三年、慶雲という年号が四年続いた。つぎは元明天皇で在位は七年、その年号は和銅である）。こういうふうです。このやりかたで最初の年号である大化から当代にいたるまで、天皇の名前および在位年数と年号を延々と暗誦したというのです。過去を全体として見渡す物差しが存在しないということは、過去を連続的に眺めるという見かたが存在しないということです。そのかわりに、日本人は年号の断片的な名前を非連続なしかたで、延々と暗誦したのです。

時間の意識のしかたが断片的で非連続であれば、歴史意識はどのようなものになるでしょうか。評論家の小林秀雄は、歴史は思い出である、と言っています（『私の人生観』）。日本人の歴史意識をいいあてた至言ではないでしょうか。消え去った過去は断片的な思い出（記憶）として心に残るだけです。思い出は、個人的な経験ですから狭い範囲にしかとどきませんし、過去に経験されたことは、忘れられない、あるいは、忘れてしまいたい記憶として残ります。大切な思い出や美しい思い出は忘れずにいたい、しかし、いやなことは早く忘れてしまいたい。それが思い出というものです。そして、大部分の記憶は忘却の淵に沈むことになるでしょう。

年号（元号）に関連して、ここで、ある総理大臣の断片的な思考についてお話しすることにします。キリスト教世界では西暦二〇〇〇年はミレニアムにあたる記念すべき年でした。この西暦二〇〇〇年のミレニアムを目前にした当時の日本の総理大臣が記念の二千円札をつくることを思いつきました。それよりも一〇年ほど前のことですが、一九八九年に昭和天皇が亡くなりました。そこで、次代の天皇の元号（年号）が審議され、「平成」に決まったのです。この総理大臣は当時官房長官を務めていましたが、新しい元号である「平成」という文字が書かれた紙を捧げ持って、テレビの画面のなかで、にこやかな笑顔を浮かべていたのをよく覚えています。昭和天皇が亡くなる一〇年前の一九七九年二月に国会で「元号法」が強行採決によって成立しています。（太平洋戦争（第二次世界大戦）の敗戦後も用いられてきた「昭和」という元号は、戦前の法律が廃止されて存在の根拠を失っていたので、法律的な裏付けなしに用いられていました。昭和天皇も高齢化して、死後の新しい元号を定めるための根拠となる法律の制定が急がれたのです。強行採決によって成立した「元号法」は、わずか数行の短いものですが、附則で、昭和の元号はこの法律にもとづき定められたものとする、と遡及適用がなされています。この「元号法」をめぐって議論が交わされていたころ、元号は不便だから西暦に変えてしまおうという意見もありましたが、日本はキリスト教の国ではないのだから、日本の伝統である元号を用いるべきだという反論が声高に主張されていました）。

「元号法」が成立した経緯によれば、公務員は元号を用いる義務を負っています。総理大臣も公務員のはずですが、この人は、ミレニアムというキリスト教の記念行事にちなんで、日本でも二千円札紙幣を発行することを思いついたのです。西洋では、たとえば、ユーロで、一と五だけではなく、二という数字を統一的に組み込んだ制度があります（セントでは、一と五だけではなく、二セントを、一〇と五〇だけではなく二〇セントを、ユーロでは、一と五だけではなく、二ユーロを、一〇と五〇だけではなく、二〇ユーロを、というように。これは便利な制度です）。ところが、この総理大臣は、統一的な制度を導入しようとしたのではなく、二千円紙幣だけをつくろうとしたのです。その思考は断片的で非連続そのものです。二千円紙幣の発行は実現しました。しかし、その影響は甚大でした。すでに使用されている現金自動支払機や自動券売機などなど、膨大な数の自動機械の改造を必要としたのです。改造しようとすれば、その金額は莫大な額になります（ですから、改造しないままに済ませようとする事例が頻出しました）。結局、二千円紙幣の流通は広まらず、現在ではほとんど目にすることもなくなりました。

刊行案内

No. 58

（本案内の価格表示は全て本体価
ご検討の際には税を加えてお考え

ご注文はなるべくお近くの書店にお願い致
小社への直接ご注文の場合は、著者名・書
数および住所・氏名・電話番号をご明記の
体価格に税を加えてお送りください。
郵便振替　00130-4-653627 です。
（電話での宅配も承ります）
（年齢枠を超えて柔軟な感受性に訴える
「8歳から80歳までの子どものための」
読み物にはタイトルに＊を添えました。ご
際に、お役立てください）
ISBN コードは 13 桁に対応しております。

総合図書

未知谷
Publisher Michitani

〒 101-0064　東京都千代田区神田猿楽町 2-5-9
Tel. 03-5281-3751　Fax. 03-5281-3752
http://www.michitani.com

リルケの往復書簡集二種完結

詩人」「女性」からリルケ宛の手紙は本邦初訳

き詩人への手紙

詩人F・X・カプスからの手紙11通を含む

ナー・マリア・リルケ、フランツ・クサーファー・カプス著
ーリッヒ・ウングラウプ編／安家達也訳

208頁 2000円
978-4-89642-664-9

き女性への手紙

女性リザ・ハイゼからの手紙16通を含む

ナー・マリア・リルケ、リザ・ハイゼ 著 ／ 安家達也 訳

176頁 2000円
978-4-89642-722-6

8歳から80歳までの

岩田道夫の世界

子どものためのメルヘン

田道夫作品集　ミクロコスモス ＊

フルカラー A4判並製 256頁 7273円
978-4-89642-685-4

は天才だよ、作品が残る。生きた証も人柄も全てそこにある。
はそれでいいんだ。」（佐藤さとる氏による追悼の言葉）

のない海＊

192頁 1900円
978-4-89642-651-9

靴を穿いたテーブル ＊

200頁 2000円
978-4-89642-641-0

れテーブル！　全37篇＋ぷねうま画廊ペン画8頁添

楽の町のレとミとラ＊

144頁 1500円
978-4-89642-632-8

の町でレとミとラが活躍するシュールな20篇。挿絵36点。

ァおじさん物語　春と夏 ＊

978-4-89642-603-8 192頁 1800円

ァおじさん物語　秋と冬＊

978-4-89642-604-5 224頁 2000円

あらあらあ　雲の教室 ＊

ュールなエスプリが冴える！　連作掌篇集　全45篇
下に出ている椅子は校長先生なの？　苦手なはずの英語しか喋れない？　空
ら成績の悪い答案で出来た紙飛行機が攻めてくる！　給食のおばさんの鼻歌
いろんな音に繋がって、教室では皆が「らあらあらあ」と笑い出し……

192頁 2000円
978-4-89642-611-3

ふくふくふくシリーズ　フルカラー64頁　各1000円

ふくふくふく **水たまり＊** 978-4-89642-595-6

ふくふくふく **影の散歩＊** 978-4-89642-596-3

ふくふくふく **不思議の犬＊** 978-4-89642-597-0

ふくふく　犬くん　きみは一体何なんだい？　ボクは　ほんとはきっと　風かなにかだと思うよ

イーム・ノームと森の仲間たち ＊

128頁 1500円　978-4-89642-584-0

イーム・ノームはすぐれた友だちのザザ・ラパンと恥ずかしがり屋のミーメ嬢、そして森の仲間たちと毎日楽しく暮らしています。イームはなにしろ忘れっぽいので　お話しできるのはここに書き記した9つの物語だけです。「友を愛し、善良であれ」という言葉を作者は大切にしていました。読者のみなさんもこの物語をきっと楽しんでくださることと思います。

次は、生活のなかの断片的な視点の例をとりあげてみましょう。現在の日本の街並みは雑然としています。西洋式のマンションのビルの隣に和風の一軒家が立っていたり、ビルとビルが思い思いのたたずまいで互いに何の統一もなく並んで建っています。建物の並びかたは雑然とした断片の寄せ集めにすぎません。西欧の都市の整然とした街並み——その代表例はパリでしょう（図35）——とは対照的です。どうしてそうなるのかといえば、もちろん、法律の問題や都市計画のありかたが基本にあります。しかし、日本のビルの完成予想図を見るとよくわかります。完成予想図というのは、工事中の敷地の目隠しの塀に掲げてある、このビルが完成するとこのようになりますという外観図のことですが、その視野に入っているのは当該ビルだけで、隣接する建物や街並み全体との関係には無関心です。西欧では、建物や街並みが戦争などで破壊されると、人びとはそれらを忠実に再現しようとします。現在の自分たちの存在は過去に由来すると考えるので、過去に執着をもつのです。歴史的な街並みのなかの建物を改築しようとして、通りに面した外壁だけを外側と裏側からクレーンのような機械で両側から挟んで残して工事している光景を見かけることがあります。建物の後ろの部分は撤去されているので通りに面した正面の外壁だけがかろうじて立っているのです。外壁をクレーンで支えながら裏側に新しい建物をつけたすという、日本人なら、なんと面倒なことをするのだろうと思えるような、工事を行うのです（建物の外観は変えずに、内部はすっかり新しいものになるわけです）。こうして街並みを維持しようと努めるのです。こんなこともありました。もう数十年も前のことですが、パリの中心部に電話の交換機が入る建物をつくる必要が生じたときのことです。どうしたのかといいますと、その大きな建物をルーブル博物館の隣のチュイルリー公園の地下に埋め込んだのです。費用は地

図35　パリ　凱旋門とエトワール広場

上に建てるときの何倍もかかったでしょうが、そうすることによって、もとの景観を維持したのです。日本では違います。古いものを次々に壊しては、新たに建て替えます。過去にたいする執着がないのです。それは、さきほど述べた、時間が断片的で非連続であるという日本人の歴史意識から生じているものです。日本人の断片的な時間意識についてもう少し述べておきます。「森友・加計問題」で公文書が改ざんされたり、廃棄されたりしていたのは記憶に新しいところです。証拠を残さない、隠すというやり方で追及を逃れようとするのです。重要な審議会で議事録をつくらない、首相官邸や内閣府では記録を残さない、廃棄するなどのことが行われています。ないものはしかたない、なくなったものはどうしようもないではないかというわけです。最近では、合憲違憲が争われた戦後の重要な民事憲法訴訟の記録の八割超を全国の裁判所が既に廃棄処分してしまったと新聞が報じています（『東京新聞』二〇一九年八月五日朝刊）。そのことによって歴史的裁判の審理過程の検証が不可能になったというのです。欧米では考えられないことです。関係する訴訟に提訴した原告の一人は、自分のなかの何かが捨てられたと感じていると語っています。時間意識が断片的で、歴史を大切にする意識が希薄な国民を見透かすように権力者は現在や過去の行為の追跡を封じようとします。

ちなみに、市街地図のことをドイツ語では Stadtplan といいます。Stadt は都市や町を意味します。Plan というのは英語と同じで、計画、設計図を意味することばです。ドイツ人は、都市（町）というのは人間が集中的に住む領域であり、計画的に設計すべきものであると考えるのです。ですから、Stadtplan というのは、日本語では市街地図と訳されますが、都市（町）の（計画）図くらいの意味をもつことばです。ドイツ（や、西洋）の街路には名前がつけられており、番地のつけかたは、街路の左右の一方は奇数、他方は偶数で、中心部に近いほうから順番に数字がうたれています。ですから、索引で街路名を調べて、その街路に行けば目的の番地はすぐに捜しだせます。日本語の市街地図（市街の地図）の「地図」というのは地面の図という意味です。地（面の）図を手にして初めて訪問する家を探すのは大変です。何丁目、何番地までは行き着いても、その下の号にたどり着くのは容易ではありません。号の数字は、ある一つの番地であった土地を分筆した順番につけられており、あちこち飛んで、整然とは並んでいないからです。数字のつけかたに計画性がなく（計画のしようがないのです）断片的で非連続です。

最後に、ほかの著書でもふれたことをくりかえすことになりますが、日本とヨーロッパを比較した乗り物の歴史の話を紹介します。『日本人の科学観』（講談社学術文庫）の著者である都築卓司がずっと昔に新聞の学芸欄に書いていたものです。

日本の牛車は中国から入ってきました。牛車というのは、「牛にひかせた乗用の屋形車」（『広辞

図36　復元したローマ時代の馬車

苑』)で、高貴な人が乗ったものです。ところが、ガタガタ揺れて乗り心地が良くないというのですぐにすたれてしまいました。つぎに登場したのが輿《こし》です。これは、牛にひかせるのをやめて、車輪を取り去り、屋形部分の底辺の左右に長い棒状の材木を取りつけてその前後を複数の人間が担ぐ乗り物です。しかし、それでもよく揺れるというので、人が乗る屋形の部分を担ぎ棒の下につるせば乗り心地が良くなるだろうと考えて、いわゆる駕籠《かご》ができました。担ぎ棒は一本になったわけです。大名から庶民にいたるまで、西洋文化を知るまで、日本人はこの乗り物を利用していたのです。

ヨーロッパでは牛車ではなく馬車です。ガタガタ揺れて乗り心地が良くないというので、車輪がころがる道路をなめらかにしようと、ギリシャでは平たい石を敷き詰め、ローマでは土を掘り起こして舗装しました。また、車輪の振動が乗用部分に直接に伝わらないように車軸と乗用部分を切り離し、皮製のサスペンションをつけました(図36)。やがて、産業革命の時代になると、けん引するのは馬ではなく蒸気機関にかわり、現在の自動車や汽車の原型が誕生しました。

日本の乗り物の歴史は、日本人の視点が統一的な視点を欠いており、断片的であることを雄弁に物語るものです。牛車の乗り心地を問題にするとき、車輪や道路のことが視界に入らなかったのです。一般的な言い方をすれば、あるものごとを考えるとき、全体のなかに位置づけるということをしなかったということになります。このような断片的な思考は、現在の日本の様々な領域においても見うけられるのではないでしょうか。

日本人の短所についてお話ししました。短所を指摘されると、あまりいい気持ちがしないという人がおられるかもしれません。しかし、大切なのは、事実を事実としてまず自覚することです。そうすることによって、短所であればその短所を克服する方策を考えることができます。すべてのものごとには長所と短所があります。長所ばかりであるとか、短所ばかりであるというようなものごとは存在しません。ここで断片的で非連続な視点の長所についてお話しすることにします。

桂離宮の庭園の話をしたときに、見立てについてふれました。見立ては、そこで述べましたように、視点が断片的で非連続でなければ成立しません。日本には盆栽というものがあります。樹木を小さな鉢に植えたものですが、枝や幹は針金などを使って強制的に曲げて、枝ぶりや幹の姿が自然にそうなったように年月をかけて整えてあります（この場合も人為は自然に従属しています）。日本人は目の前にある鉢に植わった小さな盆栽を、大自然のなかにそびえる大木に見立てるのです。肉眼では小さな盆栽を見ているにすぎませんが、心の眼は自然のなかにそびえる大木のところに飛翔（移行）して安らぎを覚えるのです。西洋的なものの見かた、すなわち、鉢植えの小さな盆栽を肉眼でただ対象としてしか見ないという不自由なものの見かたと比べてみれば、その自由でのびやかなものの見かたは際立っています。もう四〇年ほど前のことですが、ドイツのハイデルベルクに「ヨーロッパ盆栽協会」が設立されました。その傘下に各国の盆栽協会ができており、現在、加盟国は二〇か国に達するという盛況ぶりで、毎年、異なる国で展示会や国際会議が開催されています。俳句の流行とならんで、このような現象は現代のジャポニスムといっていいかもしれません。ジャポニスムは一九世紀後半以降にフランスを中心に流行しましたが、その根底には、浮世絵の鮮明な色彩とならんで何よりも視点の問題が存在しています。日本の絵画の自由な視点のありかたを見て、ルネサンス以来の固定した視点に呪縛されていた西洋の画家たちは開放的な新鮮さを覚えたのです。現在の盆栽や俳句の流行の根底にも自由な視点のありかたが存在しており、視点が自由に移行して自然と親密にかかわることができるということに西洋の人たちは新鮮な解放感を感じるのではないでしょうか。

桂離宮の庭園は、庭園の池は大海に、岸辺の砂利石は州浜に、池のなかに突き出た松が植わった土と石の構築物は天橋立に見立てられています。肉眼で、それらのものを見ながら、心の眼は、大海へ、州浜へ、天橋立へ移行（飛翔）するわけですが、このことを言い換えますと、心の眼で見る大海を、州浜を、天橋立を、庭園のなかに取りこんでいるのです。直径がわずか二五〇メートルほどの円のなかに収まってしまうほどの大きさしかない桂離宮の庭園は、そのような感性に支えられたイメージの世界で、肉眼による実測値が一辺、数キロメートルという規模をもつフランス庭園とは比較にならないほどの壮大な規模の自然を庭園のなかに実現しているのです。

これまで、視点ということばを使って話を進めてきましたが、これからは重点を移して、視点から発するものとしての視線（あるいは、眼差し）ということばを使いたいと思います。日本文化における視点が、これまでお話ししてきましたように、断片的で非連続であるというのは視点が自由自在に動くようにするためなのです。つまり、視線（眼差し）が自由自在に動こうとする結果、視点が断片的で非連続になるのです。そうであれば、なぜ、視点が断片的で非連続であろうとするのか、その積極的な理由、について検討してみる必要が生じることになります。

まず日本の伝統文化としての武術を代表するものとして剣術をとりあげてみたいと思います。ここでは宮本武蔵（一五八四～一六四五）、柳生宗矩（一五七一～一六四六）、沢庵（一五七三～一六四五）の三人の人物をとりあげますが、三人は、いずれもフランスの哲学者デカルトの同時代人です。

宮本武蔵は日本の剣術の歴史においてもっとも有名な剣豪の一人です。武蔵は、十三歳のときから二十九歳までの間に六〇回以上の試合を行い、一度も負けたことがなかったということです。最後の試合が有名な佐々木小次郎との巌流島の決闘でした。宮本武蔵は死の直前に『五輪の書』（一六四五年）を書いています。五輪というのは、仏教で、万物の構成要素である五大（地、水、火、風、空）を象徴した、地輪、水輪、火輪、風輪、空輪の五つの輪のことをいいます。それを積み上げて塔をつくり、死者の供養塔や墓標として用いました（五輪塔）。武蔵の『五輪の書』は書名そのものが仏教に由来するものです。

この書は宮本武蔵が兵法の極意を述べたものです。兵法というのは、一人または複数の敵との太刀による生死をかけた戦いかたを意味します。そのための、太刀の持ちかた、構えかた、足の踏みかた、眼のつけかた、など、様々なことが語られています。ここでは、そのうちの眼のつけかたについて語られていることをとりあげてみたいと思います。

宮本武蔵がまず語っているのは、眼を普段の眼より少し細めるようにということです（「水の巻」）。このことは、外に向かう視線を抑制することを意味するでしょう。さらに、「目を見合わせざるようになし」と説いています（「火の巻」）。相手と眼を合わせることによって、相手に気をとられる、それを避けよというのです。そして、「水の巻」のなかで、「兵法の目付といふ事」という項目をもうけて、「目のつけよう」（眼のつけかた）について、つぎのように語っています。

観見《かんけん》二つのこと、観の目つよく、見の目よはく、遠き所を近く見、ちかき所を遠く見る事、兵法の専《せん》也。敵の太刀をしり、聊《いささ》かも敵の太刀を見ずといふ事、兵法の大事也。（渡辺一郎校注『五輪の書』岩波文庫、四六頁。以下同書の頁数を記します）

観というのは心の眼でみること、見というのは（視覚的に）肉眼で見ることを意味します。このような二つの見かたがある、そのうちの「観の目」を強めて、「見の目」を弱めるように、そうすることによって、遠くを近くに、近くを遠くに見ることができる。これが兵法の「専」（専念すべき第一のこと）である。敵の太刀は見えている、しかしその太刀を正視して見ないということが大事である、というのです。

「敵の太刀を見ず」というのは、敵の太刀は見える（「敵の太刀をしり」）、しかし、敵の太刀を見ることをしない（敵の太刀を正視しない）ということです。敵の太刀を見ることをしない（敵の太刀を正視しない）というのは理にかなったことです。西洋文化のルネサンスの話をしましたが、正視して見るというのは、網膜の中心窩を使って見るということです。人間は中心窩を使って対象をはっきりと見ることができますが、中心窩によって見るというのは対象を静止させて見るということです（中心窩にはそのような働きがあります。走行中の列車のなかから窓の外の風景を眺めるとき、網膜の周辺部に見えている風景は流れていきますが、中心窩によって眺める風景は静止して見えます）。ですから、中心窩は運動する物体の知覚にはむいていないのです。対象の運動（相手の切り込んでくる太刀の動きや飛んでくるボールの動きなど）の知覚は、網膜の周辺部のほうがずっと鋭敏です。敵の太刀を正視すれば、つまり、敵の太刀を中心窩によって見るならば、太刀の動きを知覚するのに後れをとり（気をとられる）、対応が遅れることになります。相手の太刀が正視せずに見える状態にあれば、つまり、中心窩を離れた周辺部で見るならば、瞬時の対応が可能になるでしょう。さきほどの「目を見合わせざるようになし」というのも同様です。相手の眼を正視する、すなわち、相手を中心窩によって見るならば、相手の働きの知覚がおろそかになります（相手に気をとられる）。そのことを避けよというのです。

『五輪の書』の最後の巻は「空の巻」です。「空」というのは「無形の心」（無心）を意味します。この巻で武蔵は次のように語っています。

心意二つの心をみがき、観見二つの眼をとぎ、少しもくもりなく、まよいの雲の晴たる所こそ、実の空としるべき也。（一三八頁）

「観見二つの眼をとぐ」についてはすでに述べましたが、「心意二つの心をみがく」というのは、「意のこゝろかろく、心のこゝろおもく、心を水にして、折にふれ、事に応ずる心」（『兵法三十五箇条』、一四四頁）に到達するということです。「意のこゝろかろく」というのは、「意を用いる」というときの「意」（意志）で、それを軽視せよ、ということであり、「心のこゝろおもく」というのは、「心」を重視せよということです。そうすることによって、「心」は、「水」がどのような容器に入れられてもその容器に順応することができるように、「折にふれ、事に応ずる」ことができるようになるというのです。『金剛経』に「応無所住而生其心」（まさに住する所なくしてその心を生ずべし）ということばがあります。武蔵は、『金剛経』のこのことばが意味することと同じことを語っているのです。空、すなわち、無心とは、「少しもくもりなく、まよいの雲の晴たる」心境であると武蔵は言います。宮本武蔵にとって、剣術の修行は修身の道でもありました。剣術における生死を賭ける対決の場は生死を超える（つまり、空へといたる）修行の場でした。宮本武蔵の仏教への接近はそのようにして生じているということができます。

宮本武蔵の兵法の目のつけようについてお話ししました。目のつけようにおいて大切なのは、相手の太刀や相手の目を正視しない、中心窩によって見ることをしないということでした。中心窩を離れて見る（中心窩の見えをはずす）というのです。このことと武蔵が最後に到達した無心の境地とはどのような関係にあるのでしょうか。続けて柳生宗矩の話をする順番ですが、この問いに答える準備をするために、ここで少し回り道をしたいと思います。

どこの国の人でも相手の人と出会ったときには挨拶をします。挨拶というのは人と人との出会いかたを定める基本的な儀礼です。挨拶は人と人との関係を滑らかにするたんなる潤滑油であって、特別な意味はないのだと主張する人もいます。しかし、日本人の挨拶と西洋人の挨拶のしかたは明らかに違っています。そこには、それぞれの文化における意味の違いが存在するはずです。その違いのなかにそれぞれの文化における人と人との出会いかたの基本的な違いを見てとることができるのです。

朝、知人に出会った西洋人、たとえば英語圏の人は、お互いに相手の目を見つめ（正視し）ながら、にっこり笑って「Good morning!」といいます（このとき、もちろん、相手を中心窩で見ているのです。図37）。「Good morning!」は、英和辞典を引くと「お早うございます」という日本語訳が出ているでしょう。これは、対応する日本語を示したもので、直訳すれば、「良い朝を」（直接目的語）です。その背後には、「I wish you」（「〈わたし〉はあなたに願っていますよ」）という省略された文脈がかくれています。そのような気持ちを伝えたくて相手の眼を見ながらにっこり笑うのです。ですから、そのとき相手から眼をそらすのは礼を失することになります。ちなみに、「Good morning!」は、二番目の訳語として、「さようなら」と出ています。なぜ、「さようなら」になるのかといいますと、これからさきも「良い朝（であること）を〈わたし〉はあなたに願っていますよ」という別れのことばとしても使うことができるからです。

　日本人の場合はどうでしょうか。わたしたち日本人は、朝、出会った人に「お早うございます」と言いながら頭を下げます（図38）。このとき、わたしたちは、ことばとしぐさによって何を表現しようとしているのでしょうか。

「お早うございます」というのは「（朝）早いですね」という意味でしょう。そう言いながら頭を下げるのです。すると相手（の眼）は視界から消えて見えなくなります。そのことによって、相手を見ていた〈わたし〉も消滅して、後に残っているのは「（朝）早い」という状況だけになります。この時、相手の眼の前から消えた〈わたし〉は、この状況のなかに向かうのです。こうして、お互いの〈わたし〉が「（朝）早いですね」といいながら状況のなかに溶けこむことによって、お互いにこの状況

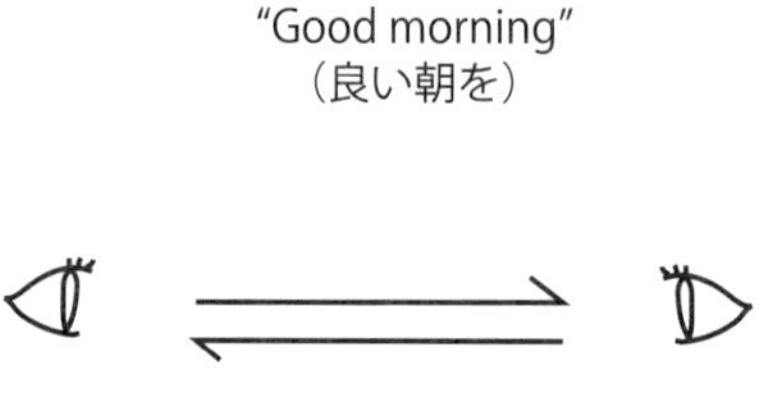

図37　英語圏の人の挨拶

のなかで触れあい、同調（調和）するのです（ですから、このとき、お互いは、中心窩で正視し合っているのではなく、中心窩の見えをはずしているのです）。ちなみに、「挨拶」という日本語はどういう意味かご存じですか。「挨」という文字も「拶」という文字も同じような意味で、身体をすり寄せ（て、押しあい圧《へ》しあいす）るという意味です。それが日本人の挨拶なのです。神社のお祭りで神輿《みこし》を担ぐ行事が日本中で見られます。担いでいる人たちは、文字どおり、身体をすり寄せて押しあい圧しあいしています。あれは挨拶をしているのではないでしょうか。担いでいる神輿には神霊がやどっています。身体をすり寄せて押しあい圧しあいしている場に神霊が顕現しているというこの構図は、日本人の神聖なものとの交わりかたを象徴的に示しているように思われます。

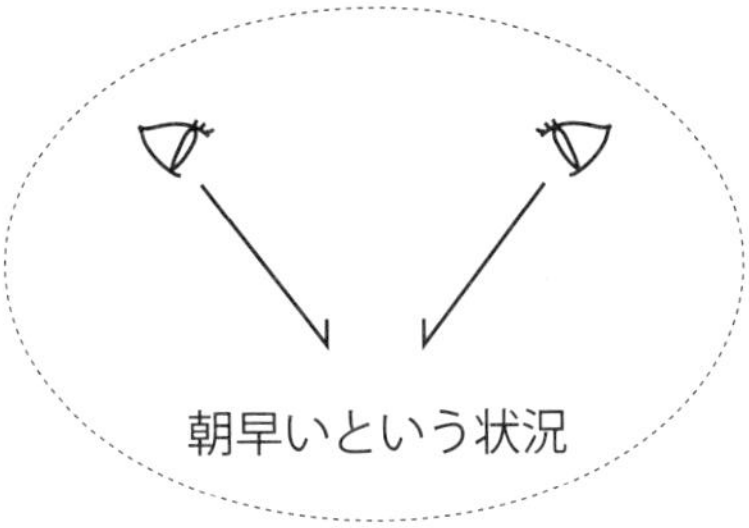

図 38　日本人の挨拶

　挨拶という日本文化のなかに、相手から眼をそらす（中心窩の見えをはずす）という伝統的な形が存在するという話をしました。宮本武蔵の「目を見合わせざるようになし」、つまり、相手を中心窩によって見ることをしない、ということや、「敵の太刀を見ず」、すなわち、敵の太刀を中心窩によって見ることをしない、ということには、網膜の感受性に根拠をおく合理的な理由があるばかりではなく、日本の伝統的な形にもとづくしぐさなのです。つまり、この形が、空、すなわち、無心の境地と関係しているということになります。そのことを確認したうえで柳生宗矩の話に移ることにします。

柳生宗矩《むねのり》は徳川将軍（二代将軍秀忠、三代将軍家光）の初代の兵法師範でした。宗矩以降、徳川将軍の兵法師範は柳生家の子孫が代々ひきつぐことになります。宗矩は兵法師範をうけつぐ子孫のために『兵法家伝書』（一六三二年）を書き残しています。この家伝書のなかから、兵法の眼のつけかたについて語られている個所をひろいだしてみましょう。

宮本武蔵は「目を見合わせざるようになし」と語っていました。柳生宗矩は「みる様にして見ず、見ぬようにして見る」と語っています（渡辺一郎校注『兵法家伝書』岩波文庫、四〇頁。以下、同書の頁数を記します）。この見かたについて校注者が注釈をつけていますが、これは「ぬすみ見に見る」ことであると書かれています。この見かたは、中心窩によって見る（正視する）ことを避けるということですが、さきほどの挨拶のときの見かたでもあり、また、一般的に日本人の視線のありかたでもあります（「流し目」という日本独特の見かたもあります）。

柳生宗矩は、宮本武蔵と同じく、「目に見るをば見と云ひ、心に見るを観と云ふ」と語っています（七六頁）。見と観のどちらが重要であるかといえば、もちろん、観のほうです。宗矩はそのことをつぎのように述べています、「心にて見るを根本とす。心から見てこそ目もつく［目にとまる］べき物なれ。然れば、目にて見るは心の次也」（七九頁）。「心から見てこそ目もつく［目にとまる］べき物なれ」という指摘は、さきほども述べましたように、道理にかなった指摘です。では、心で見るという見かたはどのように修練して身につければよいのでしょうか。そのことについて柳生宗矩は、「常の心にて無心に見る」ように勧めよ、と説いています。「常の心」というのは「平常心」（何の造作もせず、あるがままの心）のことであり、「無心」というのは「無形の心」のことです。宮本武蔵はそれを「空」とよんでいます。柳生宗矩が説いていることは宮本武蔵と同じなのです。これは偶然ではありません。偶然ではないというのは、二人の間に思想の交流があったという意味ではなく、兵法における生死を賭ける修行の場が生死を超える修行の場でもあったという事情にもとづいているということです。生死を超える修行というのは、伝統的な仏教の修行であり、二人の剣術の修行は必然的にそこに帰趨しているのです。

さて、最後は沢庵の番です。沢庵は沢庵漬けの名前のなかにいまでも生きつづけていますが、江戸時代初期の傑出した禅僧です。沢庵は、三代将軍家光の深い帰依をうけましたが、権力にとりいることを潔しとせず、権力から距離を保とうと心がけました。そのため将軍がいる江戸に住もうとはしませんでしたが、家光は沢庵を江戸に招きたい一心で品川に東海寺を創建し、沢庵をその住職として招聘することに成功したというエピソードが残っています。

沢庵はまた柳生宗矩とも知己の仲でした。その著『不動智神妙録』（一六三六年）は友人である柳生宗矩のために書かれたものです。禅僧が剣術の達人にあたえた書を読んでみることにしましょう。

貴殿の兵法にて申し候はゞ、向ふより切太刀を一目見て、其儘《そのまま》にそこにて合はんと思へば、向ふの太刀に其儘に心が止まりて、手前の働きが抜け候て、向ふの人に斬られ候。是を止ると申し候。打太刀を見る事は見れども、そこに心をとめず、向ふの太刀の拍子合わせて、打たうとも思わず、思案分別を残さず、振上ぐる太刀を見るや否や、心を卒度《そつど》止めず、其ま丶付入て向ふの太刀にとりつかば、我を斬らんとする力を、我が方へもぎとりて、却《かえ》って向ふを切る刀となるべく候。（『高僧名著全集』第十一巻、平凡社、一七五頁。以下、同書の頁数を記します）

「貴殿」というのは柳生宗矩を指しています。沢庵は柳生宗矩に語りかけているのです。打とうと思ってもいけない、思慮分別が残っていてはいけない、どこにも心を止めない、それが肝要なことだと沢庵は述べています。さらに沢庵は仏教の不動智について説いています。

不動とはうごかずといふ文字にて候。智は智恵の智にて候。不動と申し候ても、石か木かのように無性なる義理［生命なきもの、の意］にてはなく候。向ふへも左へも右へも、十方八方へ心は動き度《た》きように動きながら、卒度も止らぬ心を不動智と申し候。（一七六頁）

図 39　不動明王座像（東寺）

この不動智を「右の手に剣を握り、左の手に縄を取りて、歯を喰出し目を怒らし、仏法を妨げん悪魔を降伏せんとて、突立て居られ候姿」に具象化したのが不動明王（図39）であると述べた後で、沢庵は次のように続けます。

然れば不動明王と申すも、人の一心の動かぬ所を申し候。亦《また》身を動転せぬことにて候。動転せぬとは、物毎に留まらぬ事にて候、物一目見て其心を止めぬを不動と申し候。なぜなれば、物に心が止まり候へば、いろ〳〵の分別が胸に候間、胸のうちにいろ〳〵に動き候。止れば止る心は動きても動かぬにて候。

譬へば、十人して一太刀づゝ我へ太刀を入るゝとも、一太刀を受流して跡に心を止めず、跡を捨て跡を拾ひ候はゞ、十人ながら働きを欠《か》かさぬにて候。十人十度心は働けども、一人にも心を止めずば、次第に取合ひて働きは欠け申間敷《もうすまじく》候。若《も》し又一人の前に心が止り候はゞ、一人の打太刀をば打流すべけれども、二人めの時は、手前の働抜け可申《もうすべく》候。（一七七頁）

図40　千手観音立像（唐招提寺）

千手観音（図40）は、と沢庵はさらに話を続けます。手が千本あるので、弓を取る手に心が止まれば、残りの九百九十九の手はすべて用をなさなくなる、一ヵ所に心を止めぬことによってすべての手が働くのであるというのです。千手観音は、不動智が開けるならば、身体に手が千本あっても、すべてが用をなすことができるということを示すために造られたものである、と沢庵は述べています。

一本の木に向ふて、其の内の赤き葉一つを見て居れば、残りの葉は見えぬなり、葉ひとつに目をかけずして一本の木に何心もなく打向ひ候へば、数多の葉残らず目に見え候。葉一つに心をとられ候はゞ残りの葉は見えず、一つに心を止めねば、百千の葉みな見え申し候。（一七八頁）

沢庵が語っていることは、一枚の葉だけを中心窩によって正視するな、ということです。正視すれば、残りの葉が見えなくなる。中心窩を離れて見るならば、すべての葉を一挙に見ることができるというのです。沢庵は「心を一方に置かざれば十方にある」とも語っており（一八五頁）、『金剛経』の「応無所住而生其心」（まさに住する所なくしてその心を生ずべし）という句を——この句のことはさきほどふれましたが——、つぎのように解釈しています。「萬の業をするにせう［しよう］と思ふ心が生ずれば、其のすることに心が止まるなり」、だから、「止まる所なくして心を生ずべし」というのである、と（一八七頁）。沢庵も宮本武蔵や柳生宗矩と同じように無心であれと語っているのです。

五章　仏像の眼差し、臨済録、ゴシックの大聖堂と浄瑠璃寺

前章でお話ししたことを確認するために仏像の眼差しについて話をすることにします。

現在、東大寺戒壇堂の東西南北の四隅に安置されている四天王像は、八世紀前半、奈良時代の作品だといわれています。そのうちの広目天像に注目することにしましょう（図41）。この像は四体の天王像のなかでも最も抑制のきいた作品です。左手に巻物を持ち、身体に沿って下にたらした右手で筆を持つこの像は、腰をわずかにひねって、重心をかけた左足で邪鬼の首のつけ根を、もう一方の右足で邪鬼の腰を踏みしめながら、左正面をむいて立っています。その姿体の動きは、一見すると静かですが、ちょうど急速で回転する独楽が静かに見えるように、静謐さのなかに緊張した激しい躍動感を秘めています。

仏像彫刻の要諦はその眼にあります。広目天像の眼はどのようになっているでしょうか（図42）。注意して見るとわかるように、細められた左眼と右眼の黒い瞳は左右のバランスが僅かにくずしてあり、眼差しは同じ一つの方向に向かってはいないのです。そのことによって、二つの目の動きも静止しているのではなく、運動のなかにあることを示していますし、視線が外の何か特定の対象に向かっているのではなく、より強く内部に向かっていることがわかります。このような二つの眼は何を見つ

めているのでしょうか。また、この像の姿体の動きは二つの眼とどのような関係にあるのでしょうか。

広目天像の顔の表情をもう一度子細に見てみましょう。左右の眉毛の二つの線は、両端がつり上がり、左右の両端から中央へ向かって鋭い傾斜を描いて急激に下降し、眉間の肉を押し上げています。顔の眼から上の部分の動きは明らかに上から下へ、二つの眼に向かって収斂しています。眼から下の部分はどうでしょうか。中央が上方へ反ったへの字形をした唇に発し、横から見ると端正な鼻は、正面から見ると尾翼が微かに開き、動きは今度は下から上に、やはり眼に向かっています。そして広目天像の顔の表情の動きの中心にある二つの眼は、外界にたいして開かれてはいますが、すでに述べましたように、瞳の左右のバランスは微妙にくずしてあり、眼差しが外界の特定の対象に向かっているのではないことを示しています。眼差しは、外に向かうよりも、より強く内部に向かっているのです。そして、像の姿体の動きを見ると、上下から眼に集中していく顔の表情の動きと緊密にバランスをとるように、表情の動きを支え、それに呼応するように腰をわずかにひねって左足に重心をかけ、身動

図41　広目天像

きすることもできずに苦吟する邪鬼を足下に、静かに、しかし、力強く、踏み据えています。内部に向かう眼差しはこのような身体の動きを伝わって足下の邪鬼にまで達しているのです（ここでいう眼差しは、もちろん、心の眼差しのことです。肉眼の眼差しであれば、像は首を曲げて眼差しを下に向けて足下の邪鬼を見つめているでしょう）。そしてまた、二つの眼は、細められてはいますが、閉じてはおらず、外界に向かって開かれています。眼差しは、今度は、足下の邪鬼に発して、ふたたび身体を伝わって、眼から外の方向にも流れているのです。しかし、それは外界の何かある特定の対象を見つめているのではありません。特定の対象を超えて、無限の彼方（＝此方）を、はるかに仏法を見つめているのではないでしょうか。

図 42　顔の部分の拡大

四天王は天界のはじまる地点に位置します。広目天像が踏みしめる足下の「邪鬼」とは、「人を悩害する邪悪の鬼魅」「邪気」つまり「邪悪の気」（望月信亨『仏教大辞典』）のことであり、仏法へいたる妨げをして悪に誘惑するもののことです。みずからの内なるこのような邪悪の気（放恣なる感性）をしかと見つめて、それを足下に踏みすえて立つときにはじめて、天界（精神的なる世界）は開けます。仏法はこの天界の中枢に位置するでしょう。現代に生きるわたしたちが、たんなる空間的な表象を捨てるならば、広目天が天界の始まりに位置し、仏法を護持する四天王の一人であるということの意味を了解することができるはずです。

作者は奈良時代に、このような構造をもつ仏教の深い真理を、東洋の写実的な眼で見つめ、この像の眼、顔の表情、身体の動き、そして邪鬼のなかに視覚的に形象化したのです。奈良時代にいたって、仏像表現の内面化が一つの頂点に達するといわれます。仏教の受容が進み、しかも社会のいたるところに「邪悪の気」が満ち満ちていたこの時代に、仏像の表現もまた内面化していくのは理由のないことではありません。邪気が深化するにつれて、仏像の眼差しはますます深く、遠くを見つめることになるでしょう、作者は広目天像のなかに、一つの時代を、また時代を超える普遍的な人間の真理を表現することに成功しています。作者の名は知られていませんが（おそらく僧侶だったでしょう）、残された作品は千二百年以上の時の隔たりを超えて現代の私たちに強く訴えかける力をもっています。

広目天像の眼差しが、内部に向かって足下に踏みしめている邪鬼にまで達し、邪鬼からまた、外の世界へ向かっているという話をしました。すると、広目天像の眼差しは内部に向かっていると同時に外の世界にも向かっているということになりますが、その視点（眼差しが発している起点）はどこにあるのでしょうか。ルネサンスの時代に確立された西欧のパースペクティヴの視点は網膜の中心窩のところにあるという話をしました。網膜の中心窩のところにある視点と比較してみたいのです。念のために申し上げておきますが、視点の位置というのは生理学的なものではありません。メスで切り開けば、網膜の中心窩のところに視点なるものがあるというのではなく、眼差しの精神的な拠点のことです。

広目天像の眼差しが、内部に向かいながら、外の世界にも向かっているのであれば、眼差しを発する視点は、内部と外の世界を同時に見ることができるような地点にあるということになるでしょう。このこと、つまり、仏像の眼差しの視点について考えてみることにします。そのためには、仏教そのものについて知る必要があります。禅に臨済宗という宗派がありますが、その宗派の根本経典とされている『臨済録』をとりあげて説明します。『臨済録』は、臨済宗の開祖である中国の唐の時代の臨済（?～八六七）という禅僧の一代の言行を記録した仏書です。東洋の根本的な思想について語っていることの『臨済録』は、西欧のデカルトの『方法序説』や『省察』に匹敵する比類のない著作です。デカルトの『方法序説』や『省察』が西欧のものを見る眼の視点のありかたを表明している書物であるとするならば、『臨済録』は東洋のものを見る眼の視点のありかたを表明している書物なのです。

この書のなかで臨済が語っている最も肝要な事柄は、たとえば、つぎのようなことばで表現されています。「心法無形、十方に通貫《つうかん》す。……一心既に無なれば、随所《ずいしょ》に解脱《げだつ》す」。現代語にすると、「心は形がなくて、しかも十方世界を貫いている。……根本の一心が無であると徹底したならば、いかなる境界《きょうがい》に入ってもとらわれることはない」となります（岩波文庫の『臨済録』からの引用です。現行の入江義高訳註ではなく、その前の朝比奈宗源訳註を用います。四四～四五頁。以下頁数だけを記します）。このこと自体は、特に臨済が新たに語っているというものではありません。これは仏教の教えの核心を表現したもので、同様のことは、さまざまな経典のなかで語られています。さきほども引用しました『金剛経』の「応無所住而生其心」（まさに住する所なくしてその心を生ずべし）という句は、臨済が語っているのと同じことを語るものです。臨済が説いたことで新しいのは、心の眼の視点（といっておきますが）にあります。『臨済録』から引用しながら、そのことをみてみましょう。読み下し文は、必要な個所だけ引用することにして、現代語訳を示します。

今日、仏法を修業する者は、なによりも先ず真正の見解を求めることが肝要である。もし真正の見解が手に入れば、もはや生死に迷うこともなく、死ぬも生きるも自由である。……このごろの修行者たちが仏法を会得できない病因がどこにあるかと言えば、信じきれない処にある。お前たちは信じきれないから、あたふたとうろたえいろいろな外境《げきょう》［外の対象］についてまわり、万境《ばんきょう》［あらゆる対象］のために自己を見失って自由になれない。お前たちがもし外に向かって求めまわる心を断ち切ることができたなら、そのまま祖師［禅宗の祖である達磨のこと］であり仏［仏陀のこと］である。お前たち、祖師や仏を知りたいと思うか。お前たちがそこでこの説法を聞いているそいつがそうだ。（四〇頁）

訳文の最後に「お前たちがそこでこの説法を聞いているそいつがそうだ」という文章があります。この部分の読み下し文は、「儞が面前聴法底是れなり」です。「儞が面前」という部分は「お前たちがそこで」と訳されています。文字どおりに訳せば「お前たちの面前（で）」となるでしょう。「そこ」と訳されているこの「面前」というのはどこのことでしょうか。臨済は、「仏道修行者の究極の安心の場」は「諸仏の本源」にあるとも説いています。「面前」とはこの「仏道修行者の究極の安心の場」

としての「諸仏の本源」のことです。そのような「面前」はどこに存在するのでしょうか。別の個所を引用します。

お前たちの肉体が説法を理解するのでもなく、お前たちの五臓六腑が説法を理解するのでもなく、また虚空が説法を理解するのでもない。では、いったい何が説法を理解するのか。お前たちの目前にはっきりと存在し、これという形はないが、自ら明らかにその存在を意識しているもの、そいつが説法を理解するのだ。もし、このように見極めたならば、その人は祖師や仏と同じである。（四三頁）

訳文のなかほどに「お前たちの目前に」という個所があります。この個所の読み下し文は「儞が目前」です。この「目前」はさきほどの「面前」と同じものを指しています。臨済はこの「目前」ということばを度々使っています。何カ所か例をあげてみます。

「修行者が少しでも眼をきょろつかせたならば、もういけない。ああかこうかと心をかまえたらひっ違い、念を動かしたらそむく、ここが呑込めたら、無依《むえ》の道人《どうにん》はいつも目の前にいる」（一〇一頁）。「無依《むえ》の道人《どうにん》」というのは、「何ものにもとらわれない修行者」（中村元『広説佛教語大辞典』）のことです。「いつも目の前にいる」という個所の読み下し文は「目前を離れず」です。臨済は「目前」を離れるな、と諭しているのです。

「求めようとすれば却って遠くなり、求めなければ自然に目の前にある」（一〇二頁）「目の前にある」の部分の読み下し文は「目前にあり」です。また、「お前たちの目前で、はっきりと見たり聞いたり照り輝いているもの」（一一七頁）とあり、この「お前たちの目前で」の部分の読み下し文は「儞が目前」です。

また臨済は次のようにも語っています。

お前たち、時は惜しまねばならぬ、それだのに、お前たちは外に向かってせかせかと、それ禅だそれ仏道だと、名相や言句を覚え、仏を求め祖師を求め、善知識を求めようと努力する。間違ってはいけない。お前たちには立派なひとりの本来の自己がある。この上に何を求めようとするのか。お前たち、自らの上に取って返して見よ。（四七頁）

臨済は、「本来の自己」に「取って返して見よ」と語っています。それは、本来仏である自分自身に出会うことを意味します。この「本来の自己」というのは「目前」のことであり、臨済は、そこを離れるな、そこへ帰れというのです。「目前」は「目」の「前」と書きます。ですから、目の前方（の何か）を意味するとよく誤解されますが、この「前」というのは、現在普通に使われている意味の「前方」ということではありません。「前」は、もともと「ま（目）へ（辺）」を意味する語です（『大辞林』）。「目前」は、つまり、「まのあたりにする」というときの「まのあたり」を意味します。

では、この「まのあたり」というのはどこのことでしょうか。

それは仏像に表現されています。左右の眼の中間の少し上にある白毫《びゃくごう》の位置がそれです。白毫とい

図 43　白毫と第三の眼

うのは光明を放つといわれる白い巻き毛のことです。さきほどの臨済の「お前たちの目前で、（はっきりと見たり聞いたり）照り輝いているもの」ということばを思い出してください。普通の仏像は白毫ですが、ある種の明王などはこの位置に白毫の代わりに第三の目（一隻眼）が縦長についています（図43）。また、東大寺の不空羂索観音像や唐招提寺の千手観音像などの場合は、白毫のすぐ上にさらに第三の眼がついています。この位置、そこが臨済の語っている「目前」を具象的に表現している位置です。

ところで、白毫や第三の眼をもつ仏像の眼は、半分閉じて、半分開いています。その眼を仏の半眼といいますが、仏像はなぜこのような眼をしているのでしょうか。わたしたちが、ふだん、外の対象を見ているとき、視線は内部のある地点（中心窩のあたり）から外に向かっていますが、続けて、今度は自分の内面を見ようとすると、視線を外界から内部に反転させねばなりません。つまり、ふだんは、ものを見る視線は、そのような（＝反転させねばならないような）視点から発しているわけです。まぶたを全部閉じると、外界は消えて何も見えなくなり、暗闇だけが見えます。そのようにして外界の影響を排除すると、暗闇を見ている視点が意識されるようになります。この視点からは、さきほどのように視線を反転させなくても、そのままで内面がよく見えます（わたしたちが熟考するとき、目を閉じるのは、そのためではないでしょうか）。

ところが、仏像の眼は、半分閉じて、半分開いています。実際にやってみるとわかりますが、こうすることによって、外界の半分が暗闇になるだけではなく、外界は、眼を全部閉じたときと同じ視点から見えるようになります（もちろん、眼を全開していても、半眼の場合の視点と同じ視点から、外界の対象に眼を注ぎながら、同時に、内面を見るということもできるわけです）。わたしたちは、肉眼で見る視線と心の眼で見る視線と、二つの視線でものを見ているのですが、ふだんは、肉眼で見る視線に、心で見る視線が従属して見ているのです。この二つの視線のうち、心で見る視線に肉眼で見る視線を従わせた見かたをするときの視点が、いまお話ししている視点なのです。すでにお話ししました、西欧のルネサンスのパースペクティヴの視点は、肉眼に基礎をおく視点、すなわち、網膜の中心窩で見る視点なのです。それにたいして、仏像の視点は心の眼に基礎をおく視点です。写実とは実を写すということですが、見る眼差しの視点の違いによって、何を実とみなすか、見える実の内容は異なっています。ギリシャ彫刻やルネサンスの彫刻と仏像彫刻との写実の質の違いは、このような視点のありかたの違いによるものです。ギリシャ彫刻やルネサンスの彫刻を見ると、素材として使われている白い大理石の効果もあるのでしょうが、眼がくらむような輝きに満ちた美しさを感じます。それにたいして、日本の仏像彫刻は、ギリシャ彫刻やルネサンスの彫刻にはない内面性を形象化したものです。ギリシャ彫刻やルネサンスの彫刻もすばらしいものですが、深い精神性を帯びた日本の仏像彫刻も違ったしかたですばらしいものです（視点のありかたの違いの自覚がなければ、仏像彫刻を西洋彫刻の基準で評価することしかできなくなるでしょう）。仏像の眼差しは心の眼に基礎をおく視点から発しているのであり、その視点が位置するところが、「まのあたり」、すなわち、「目前」であり、それを仏像に具象的に表現したものが白毫であり第三の眼なのです。

この視点は独特の視点です。ここからは内面も外界もすべてが、同時に、しかも、一挙に、見えます（内と外を同時に、しかも、一挙に見るこの点は、中心窩からはずれていますので、この視点から見る対象は鮮明ではありません。天平時代や鎌倉時代の一部の作品を除いて、仏像彫刻が、ギリシャ彫刻やルネサンス彫刻と比べて一般的にどこか輪郭がぼやけた感じがするのはそのためです）。そして、この視点から、内も外もすべてを同時に一挙に見ることができるためには、〈わたし〉がなんの「造作」（「ああこうと求めるところがあってするはたらき」朝比奈宗源註）もしない必要があります。臨済は言っています。「無事是れ貴人、但、造作すること莫れ、ただ是れ平常なり」（「自己が本来の自己であることが最も貴いのだ。だから、絶対に計らいをしてはいけない。ただ、あるがままがよい」（五〇頁））。見る〈わたし〉は存在しても、その〈わたし〉は、「無事」（作為なく自然のままであること）でなければならず、「造作」してはならず、「平常」（あるがまま）でなければならない。〈わたし〉は、無に等しく、鏡のように、すべてを映すだけの存在であれというのです。

ここに語られているのは、日本の伝統文化で重視されてきた「無我」ということにほかなりません。たとえば、一三世紀前半に道元は、「仏道をならふといふは、自己をならふ也。自己をならふといふは、自己をわする丶なり。自己をわする丶といふは万法《ばんぽう》に証せらる丶なり。万法に証せらる丶といふは、自己の身心および他己の身心をして脱落《とつらく》せしむるなり」(『正法眼蔵』)と語っています。「無我」というのは道元のいう「自己を忘れる」ということです。「万法に証せられる」というのは、臨済が説いていた、「心は形がなくて、十方世界を貫いている」という表現に相当します。「身心の脱落」というのは解脱の意味です。道元は臨済と同じことを語っているのです。

また、西田幾多郎は、「自己が自己を越えることによって超越的自己にいたる」と語っています。この「超越的自己」に対置されているのは「意識的自己」です。「意識的自己というのは何処までも見られた自己にすぎない」、「真に自己自身を見る」ということ、「それは見られる自己がなくなることである。自己が絶対に無なることを見ることである。故に、我々は真に自己自身を忘じた所に真の自己があると考えるのである」と西田は語っています(『一般者の自覚的体系』)。これが西田のいう「無我」です。西田は道元と同じことを語っているのです。

無我、すなわち、見る〈わたし〉が無であれば、〈わたし〉は生じたり消滅したりすることはありません。臨済は、「真正の見解が手に入れば、もはや生死《しょうじ》に迷うこともなく、死ぬも生きるも自由である」と語っています。こうして、いわゆる「生死《しょうじ》を解脱《げだつ》する」のです。「一心既に無なれば、随所《ずいしょ》に解脱《げだつ》す」(「根本の一心が無であると徹底したならば、いかなる境界《きょうがい》に入ってもとらわれることはない」)というのは、そういうことですし、そのとき、「心法無形、十方に通貫《つうかん》す」(「心は形がなくて、しかも十方世界を貫いている」)のです。中心窩から発する肉眼の眼差しと目前から発する心の眼の眼差しの違いについて述べてきました。続けて、二つの眼差しの違いが、西という方角のありかたの違いに反映しているという話をすることにします。

洋の東西を問わず、太陽は東から昇り、西に沈みます。朝、東から昇った太陽は、夕方、西に沈んで姿を消しますが、次の朝にはまた東に姿を現します。それで、古代から東は誕生・復活の明るい方角であり、西は死・消滅の暗い方角であるとみなされてきました。キリスト教では、ゴシックの時代になると、このような東西軸が特に強く意識されるようになります。仏教の阿弥陀信仰は最初から東西軸を意識して成立しています。まず、キリスト教のことから話をはじめることにします。

ゴシックの時代は一二世紀半ばにはじまり、ルネサンスの時代にいたるまで続きました。西欧の古代都市は、ローマ帝国が滅びるとともに崩壊しましたが、一一世紀になると現在の都市の原型（旧市街とよばれる部分）が成立します。一二世紀、一三世紀になると都市は大いに繁栄するようになります。都市が繁栄するというのは、住民である商人や手工業者（親方、職人）たちが、支配者（王侯貴族や大司教・司教などの高位聖職者たち）に対抗する力をもつようになるということを意味します。ゴシックの大聖堂が建設されたのはこのような時代でした。ですから、それまでのロマネスクの時代とは違って、都市の市民たちも資金を寄進することによって大聖堂の建設に参加したのです。

そういう意味でゴシックの大聖堂は都市の市民たちのものでもありました。日本の仏教が一三世紀の鎌倉時代に一般の民衆の宗教になったように、キリスト教はゴシックの時代に都市の市民の宗教になったといえるのです。キリスト教には、東が誕生・復活の方角であり、西が死・消滅の方角であるという考え方はすでに古代からあったのですが、ゴシックの時代になって一般の市民に自分たちの宗教であると改めて自覚されるようになり、東西軸の意識がよみがえったように思われます。由緒あるゴシックの大聖堂のほとんどが正確に東西軸に沿って建設されているのはそのためではないでしょうか。

ゴシックの大聖堂の例としてドイツのケルン大聖堂（図44）をとりあげてみます。砂岩で建造されているこの大聖堂は全長一四四メートル、中央部の身廊の天井の高さが四五メートル（世界最大の木造建築といわれる東大寺の大仏殿の屋根の高さが四七、五メートルです）、西の正面にある二つの尖塔の高さは一五七メートルという壮大なものです。一二四三年に着工され、途中で中断し、完成したのは一八八〇年、完成までに実に六〇〇年以上の歳月を経ています（ちなみに、図45のケルン大聖堂の平面図と次の図46の浄瑠璃寺境内図は同じ縮尺で示してあります。この石の建造物は浄瑠璃寺の境内を覆うほどの大きさです）。壮大な大聖堂は神の壮麗さを地上に実現したものです。天に向かってそびえ立つ尖塔の足もとに立つと、天上の神をめざしてそびえ立つ尖塔のもとで、人間の卑小さが実感として迫ってきます。

ゴシックの大聖堂の正面の入り口は西を向いています、信者は西を背にして大聖堂のなかに入り、

図44　ケルン大聖堂

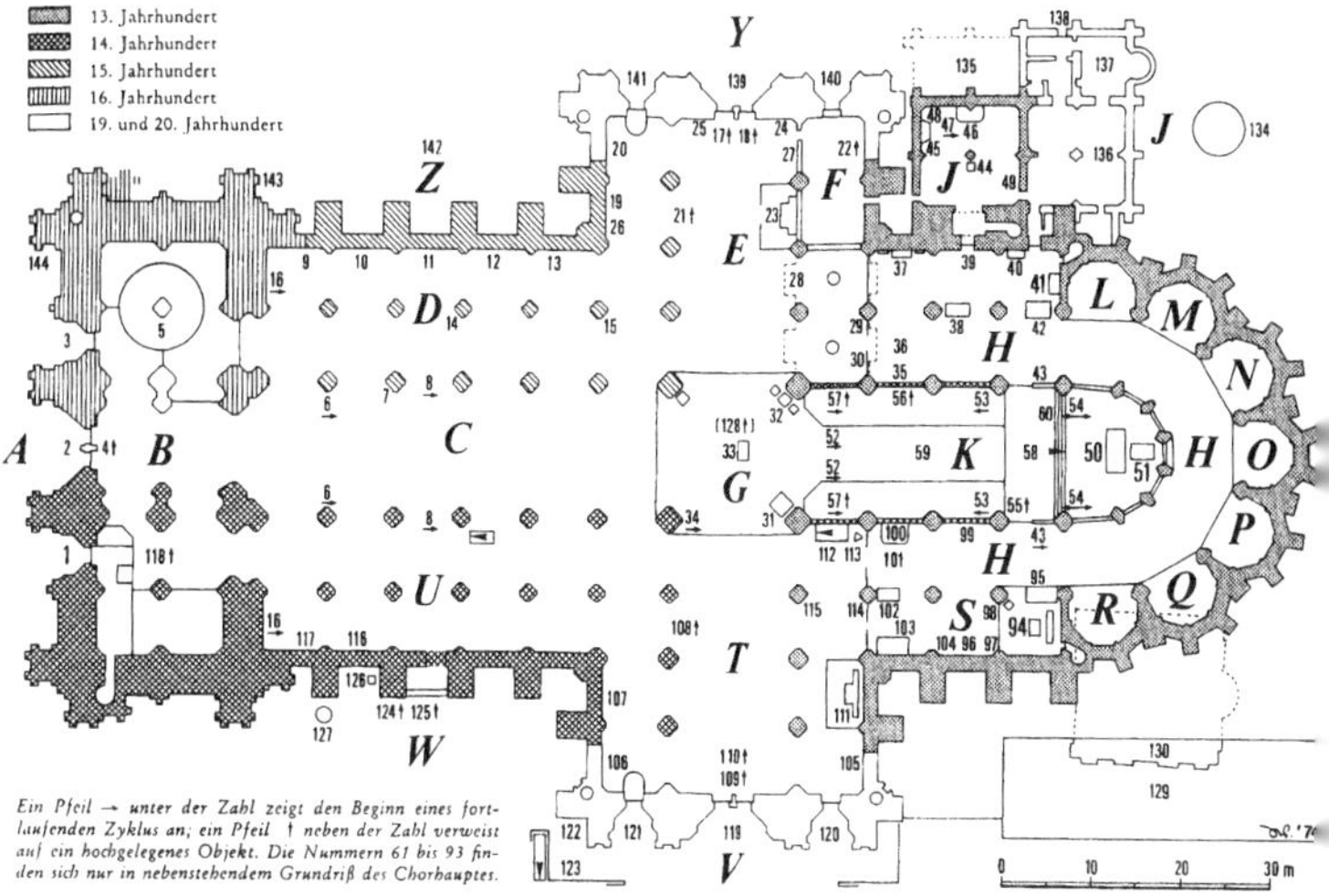
13. Jahrhundert
14. Jahrhundert
15. Jahrhundert
16. Jahrhundert
19. und 20. Jahrhundert
Ein Pfeil → unter der Zahl zeigt den Beginn eines fortlaufenden Zyklus an; ein Pfeil † neben der Zahl verweist auf ein hochgelegenes Objekt. Die Nummern 61 bis 93 finden sich nur in nebenstehendem Grundriß des Chorhauptes.
0 10 20 30 m

図45　ケルン大聖堂の平面図

内陣に向かって祈りをささげます。内陣には十字架上のイエス・キリスト像が立っています（ケルン大聖堂のような大きな教会では、十字架のキリスト像は、壇上に立っているのではなく、針金で天井から吊るしてあります）。十字架のキリスト像は東を背にして西を向いて立っています。そのキリストに向かって信者は祈るのです。イエス・キリストというのは、歴史上のイエスという人物が、人類の罪を贖うために神が遣わしたキリスト（メシア、救世主）であるということを意味します。イエスは十字架上に死に、三日後に復活したといわれています。キリスト教を信じるというのは、イエス・キリストを信じるということ、つまり、イエスがキリストであると信じることなのです。大聖堂のなかで、西を背にして、つまり、死を背負いながら信者は祈ります。祈りの対象であるイエス・キリストは、東を背にして、つまり、復活を背後に控えて、西を向いて、つまり、死を正面に見すえながら、立っています。信者は、キリストとともに死を超克して永遠の生を生きるために復活を願って祈るのです。

仏教のほうは阿弥陀信仰（浄土信仰）をとりあげてみましょう。具体例として浄瑠璃寺をとりあげます（図46）。浄瑠璃寺の本堂は一二世紀のはじめに造られたといわれていますが、本堂のなかには本尊の九体の阿弥陀如来像が置かれています（図47）。本堂の配置はやはり東西軸に沿っており、阿弥陀如来像は西を背にして、東を向いて坐っています。信徒は、この阿弥陀如来像に向かって、つまり、西に向かって、祈るのです。キリスト教の大聖堂の場合とは方向が逆です。これはどういうことなのでしょうか。

西は死・消滅の暗い方角です。阿弥陀如来が主宰する西方極楽浄土は西の無限のかなた（十万億の仏国土を過ぎたところ）にあるといわれます。阿弥陀仏は無量光仏あるいは無

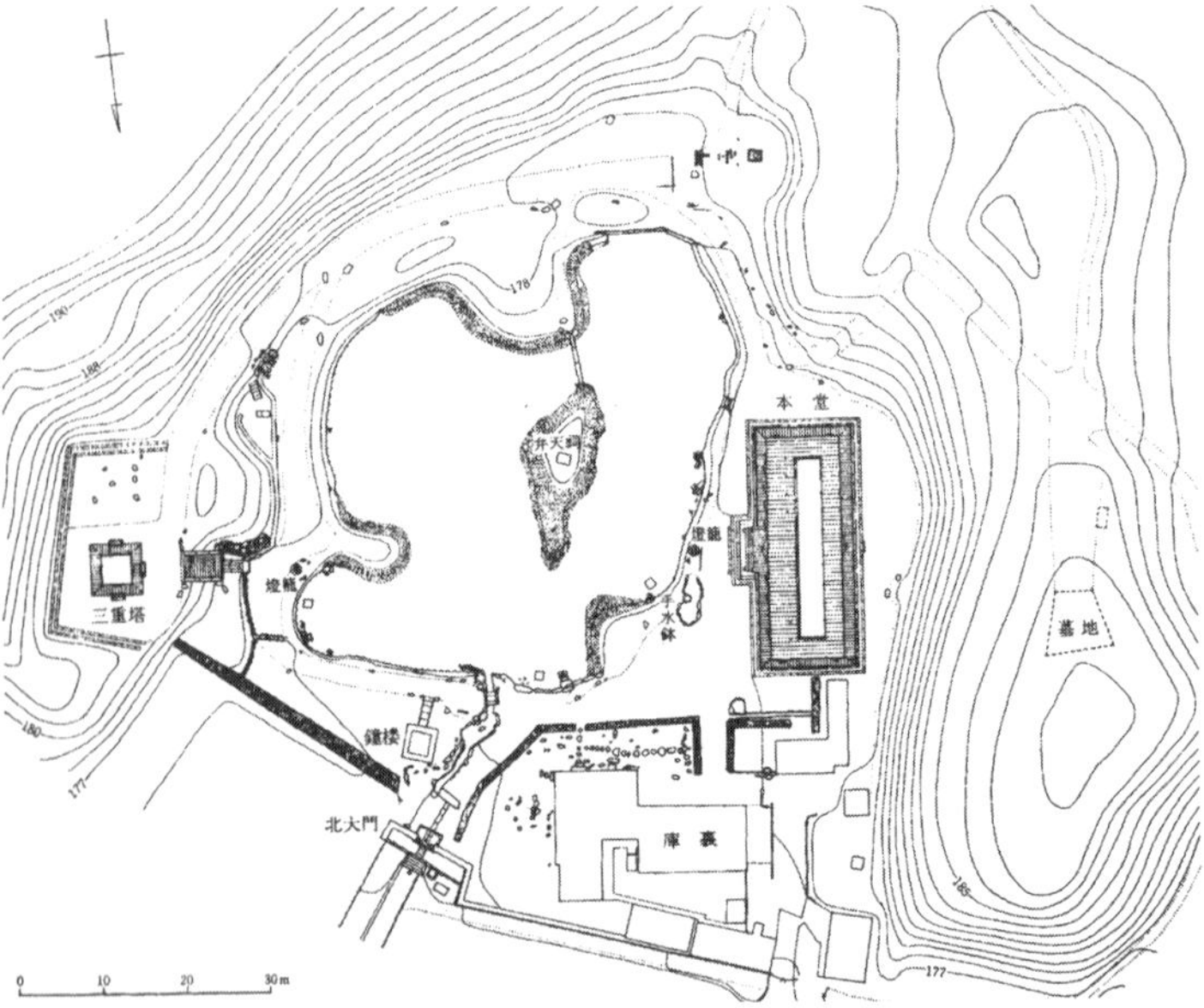

図46　浄瑠璃寺平面図

図47　浄瑠璃寺本堂内部の写真

量寿仏ともよばれます。阿弥陀というのは、アミターバないしはアミターユスの音訳（サンスクリット語の音に漢字をあてた訳語。文字に意味はありません）です。アミターバは意訳（音ではなく、意味をとった訳語）して無量光（無限の光明をもつ）と、アミターユスは意訳して無量寿（無限の寿命をもつ）となります。阿弥陀如来が主宰する西方極楽浄土は無限の光明に満ちた、永遠の世界なのです。そのような世界が西という死・消滅の暗い方角にあるというのです。

なぜ、西が明るいのでしょうか。答えは簡単です。固定した地点に立って肉眼で西を眺めると、太陽は沈んで姿を消し、西はやがて暗くなります。しかし、固定した地点から肉眼で見るのではなく、沈んでいく太陽を心の眼で追いかけるならば、西はいつまでも明るいでしょう。浄土宗や浄土真宗の根本経典とみなされているものに浄土三部経（『無量寿経』、『観無量寿経』、『阿弥陀経』のことです。法然がこの三つの経典をそう名づけました）とよばれる経典があります。そのうちの『観無量寿経』は、名前が示すように、無量寿を観るための方法を述べた経典です。この経典には、無限の光明に満ちた永遠の西方極楽浄土を完全な姿で見（観）ることができるようになるために修業すべき十三の観想（冥想）法が語られています。最初は「太陽の観想」、第二は「水の観想」、第三は「大地の観想」というように、次々に観想を重ねていき、すべての観想を体得し終えたときに、燦然と輝く極楽浄土の全体が現前に顕現するというのです。（全体像を描いたものに、たとえば、「当麻曼荼羅」があります）。このような観想の最初に行うべきものが「太陽の観想」です。世尊（釈迦）は西に沈んでいく太陽を追いかける方法をつぎのように語っています。

あなたと、そして、生ける者どもは、心を一筋にし、思念を一処に集中して西方を観想するのだ。……正座して西に向かい、はっきりと太陽を観るのだ。心をしっかりと据え、観想を集中して動揺しないようにし、まさに沈もうとする太陽の形が天空にかかった太鼓のようであるのを観るのだ。すでに太陽を観終わったならば、その映像が眼を閉じているときにも、眼を開いているときにもはっきりと残っているようにするのだ。これが〈太陽の観想〉であり、〈最初の冥想〉と名づけるのだ。

（『浄土三部経（下）観無量寿経・阿弥陀経』中村元・早島鏡正・紀野一義訳註、岩波文庫、一七頁）

太陽は西に没して、西の方角は暗闇につつまれます。しかし、没する太陽をイメージの世界で追い続けるのです。そうすれば、肉眼で見る西の方角は暗闇におおわれても、心で見る西の方角は明るく輝き続けることになります。極楽浄土は西方十万億土（十万億の仏国土を過ぎた西の彼方）に存在すると説かれています。十万億土というのは、この現世を超越するほど無限のはるか彼方の距離です。しかし、『観無量寿経』に語られているように心の眼で見るならば、極楽浄土は眼前に現出するというのです。ですから、西方十万億土という距離は空間的なものではなく、精神的なものであり、肉眼で見るこの世界とは異なった次元に存在する浄土の世界の遠さを表現しているのです。

話を浄瑠璃寺にもどします。浄瑠璃寺の本堂には九体の阿弥陀如来像が西を背にして坐っています。『観無量寿経』には、極楽に往生するさいに九段階の等級の違いがあると説かれています。等級は上《じょう》品《ぼん》、中品《ちゅうぼん》、下品《げぼん》と三つの品《ほん》に分かれ、それぞれの品が上生《じょうしょう》、中生《ちゅうしょう》、下生《げしょう》の三種類に区分されています。すべての衆生が往生できるのですが、生前における行為に対応する阿弥陀如来が決まっており、それぞれの如来に導かれて極楽に往生するというのです（また、等級に応じて、極楽浄土における待遇も異なると書かれています）。極楽浄土が眼前に顕現するのは、心の眼で見ながら十三の観想（冥想）を感得することによるのです。最初の観想は、沈みゆく太陽を肉眼で眺めながら、心の眼に太陽を焼きつけるという太陽の観想でした。それ以下の観想のことは省略しましたが、第二の観想は肉眼で見る水を心の眼に焼きつける、第三の観想は肉眼で見る大地を心の眼に焼きつけるというふうに、十三すべての観想は、心の眼で見ながら、遂行されます。そして、すべての観想を成し終えたときに眼前に顕現する極楽浄土の世界は、肉眼で見る世界とは無限の距離によって隔絶された世界なのです。わたしたちは、桂離宮の庭園の話をしたときに、見立てについてふれました。そのさい、見立てが成立するための三つの基本的な要件について述べました。もう一度繰り返してみますと、肉眼と心の眼と、二つのものの見かたが乖離していること、心の眼が肉眼で見ているものを正視(直視)しないこと、および、心の眼の視点が断片的で非連続である(視線が自由に飛翔(移行)できる)こと、この三つです(一〇三頁)。三番目の「心の眼の視点が断片的で非連続であること」という個所は、今は、視点ということばではなく、視線ということばを用いているわけですから、カッコのなかの「視線が自由に飛翔(移行)できること」のほうに着目することにしましょう。こうしてみますと、阿弥陀如来が主宰する西方極楽浄土はまさに見立てによって成立する世界であるということができます。わたしたちは、極楽浄土の話をしながら、ふたたび見立ての話にもどってきたことになります。

六章　見立てについて（一）

「AをBに見立てる」という見立ては、日本の和歌、連歌、俳諧、戯作、浮世絵、歌舞伎、茶の湯、庭園など、さまざまな領域で広く見られる現象であると数多くの識者が指摘しています。そのような現象をとらえて多くの識者たちが、「日本文化は見立ての文化である」と述べています。高階秀爾との対談のなかで山口昌男は、「「見立て」というのは、日本の文化のあらゆる局面で、言葉やイメージに動きや弾力性を与えるものとして存在する。本来のものと離して、距離をおいて見る」ものである、と語っています（「「見立て」と日本文化」『日本の美学』第二四号所収）。山口のことばの「本来のものと離して、距離をおいて見る」という個所の、「本来のもの」を見る視点は、わたしたちの見解によれば、肉眼で見る視点（中心窩に位置する視点）であり、そこから離れて「距離をおいて見る」視点というのは、心の眼で見る視点（臨済がいう「目前」に位置する視点）であるということになります。この二つの視点の間には「距離」が存在するのです。さきほど、再提示しました三つの要件をそなえている見立てのことを、「典型としての見立て」とよぶことにします。山口昌男のことばは、この「典型としての見立て」に典型的にあてはまります。それにたいして、満開の桜を雪のようだと、あるいは、「おから」を「卯の花」と、また、「塩」のことを「波の花」と言うような見立て、つまり、

「なぞらえる」、「みなす」、「たとえる」などの見立てのことを「類型としての見立て」とよぶことにしますが、山口昌男のことばは、この「類型としての見立て」にもあてはまるわけです。

さきほど、日本文化は見立ての文化であるといいました。これは、日本文化のさまざまな領域において見立ての現象が見られるということをいったものですが、ある一つの領域においても生活が集中的に見立てによって成り立っているという事象が見られます。たとえば、京都などにある由緒ある寺院には枯山水の庭園があります。枯山水の庭園は、素材として石と砂を用いて、自然の山水の風景に見立てた庭園です。庭園に面した部屋の襖には、障壁画が描かれています。部屋のなかでは障壁画に描かれた自然のなかに溶けこみ、部屋の外を眺めると枯山水の庭園があり、心の眼で見立てられた自然の山水の風景のなかに浸るのです。このような生活のありかたは日本文化を典型的に示すものであるといえるでしょう。

典型としての見立ては、桂離宮の庭園の池を大海に見立てる、岸辺の砂利石を州浜に見立てる、池のなかに突き出た松が植わった土と石の構築物を天橋立に見立てる、というように、A「を」B「に」(場合によっては、B「と」)見立てるという構造をしています(ちなみに、類型としての見立てでは、「に」なぞらえる、「と」みなす、「に」たとえる、という構造です)。たとえば、庭園の池を大海に見立てるという場合、A(庭園の池)を肉眼で見て、B(大海)を心の眼で見るということです。しかし、極楽浄土の見立ての場合は、そうではありません。肉眼で見るAは存在せず、心の眼でB(極楽浄土)を見るという構造をしています。個々の観想においては、たとえば、最初の太陽の観想では、肉眼で太陽を見る、第二の水の観想では、肉眼で水を見る、第三の大地の観想では、肉眼で大地を見る、というように、肉眼で見るAは存在しますが、しかし、肉眼で見るA（太陽や水や大地）を何かに見立てたのではなく、それらを心の眼に焼きつけた（＝感得した）だけなのです。そして、完成した全体の姿としての極楽浄土には、心の眼で見るB（極楽浄土）に対応する肉眼で見るAは存在しないのです。ですから、Aなしに、B（極楽浄土）を心の眼で見るという構造をしていることになります（Bを見立てる）。桂離宮の庭園の場合は、B（大海）を心の眼で見ることを、B（大海）「に」見立てると表現するという構造になり、極楽浄土の場合は、B（極楽浄土）を心の眼で見ることの表現が、B（極楽浄土）「を」見立てる、という構造になります。この格助詞「に」と「を」の違いは、どういうことなのでしょうか。

万葉学者の新垣幸得は、国語学者の湯沢幸吉の説を引用しながら、普通、「――に別る」の形で用いられる言い方は、古くは「――を別る」の形も用いられたとして、次のような例をあげています（「万葉集における格助詞「を」をめぐって」『帝京短期大学紀要』一九六六）。

たらちねの母を別れて（万葉、二〇、四三四八）／悔しくは妹を別れ来にけり（万葉、一五、三五九四）／逢坂にて人を別れける時（古今集、八）／音羽山のほとりにて、人を別るとて（古今集、八）／いにし年、京をわかれし時（源氏、須磨）

新垣は、格助詞「を」と格助詞「に」との違い、および格助詞「を」が格助詞「に」に変化する用法の意味について、専門的な議論を丁寧に展開していますが、わたしたちにとっては、格助詞「を」

が格助詞「に」に変わるという事実が歴史的に存在するということ（格助詞「と」にかんしても格助詞「に」の場合と同じです）、および、格助詞「を」が格助詞「に」の古い形であること、を確認できれば十分です。

『観無量寿経』には、極楽浄土「を」見立てることが語られているわけですが、『観無量寿経』が日本に伝わったのは天平時代のことで、大和の当麻寺に伝わる当麻曼荼羅は天平時代に藤原豊成の娘の中将姫が蓮糸で織ったといわれています。浄土信仰が盛んだった平安時代になると『観無量寿経』の研究が広まりますが、やがて、浄土宗を開いた法然（一一三三～一二一二）が出現することによって、『観無量寿経』は本格的に受け入れられるにいたったということができるでしょう。

わたしたちは、A「を」B「に」見立てるという構造、すなわち、A「を」肉眼で見て、B「に」見立てる（＝B「を」心の眼で見る）という見立てを、典型としての見立てとよぶことにしました。この典型としての見立ての構造において、「に」見立てる（＝「を」心の眼で見る）という部分が、古くは、端的に、「を」見立てる（＝「を」心の眼で見る）という構造をしていたのではないかと、考えているわけです。そこで、この、「を」見立てるという構造の部分を、これからは、「に」見立てるという構造の部分の原型とよぶことにします（「に」見立てる（＝「を」心の眼で見る）の原型は「を」見立てる（＝「を」心の眼で見る）である、ということです）。『観無量寿経』の事例がそういう構造をしているわけですが、『観無量寿経』の例だけで、この構造を一般化して原型とよぶのは早計であると受けとられるかもしれませんので、この原型、すなわち、「を」見立てる（＝「を」心の眼で見る）という構造についてさらに別の事例を示すことにしましょう。

奈良県桜井市にある三輪山は奈良盆地の南東に位置し、標高四六七メートル、なだらかな円錐形の美しい山です。神社の説明によれば、あるいは、一般に受け入れられている理解もそうですが、この山は大神《おおみわ》神社の神体とされ、本殿は設けずに、拝殿があるだけで、拝殿奥にある三ッ鳥居を通してご神体の三輪山を拝するようになっています。本殿が存在しないのは大神神社の神体が古来、三輪山という山自体であったからであるということです。しかし、西田長男はそうではないと述べています（「日本の自然観と見立て」（対談　西田長男・斉藤正二）『いけ花龍生』72号所収、および、「「見立て」の民族論理——折口信夫博士の偉大さ」『國學院雑誌』69巻）。西田は言います。「三輪山には昔から禁足地というのがありまして一反ばかりの場所があけてあるんですね。石の牆《かき》でかこってありまして、その場所にはりっぱな神さまをお祭りした社殿が建っているのだというふうに見立てたわけですね」。「神社の古いところは、ただ場所があけてあるだけで、建物が建っていないのが多かったのです。……三輪山には神殿がないというけれども、ちゃんと建っているというふうに見立てて、それをおがんでおったので、何も山をおがんだり、そこの木や石をおがんだりしたのじゃないと思うんです。……三輪山の山自体が御神体であると考えられるようになるのは、鎌倉時代になってからだと思いますね」（以上「日本の自然観と見立て」）。引用文は、続けて、なぜ鎌倉時代になってからだと考えるのかについての説得的な根拠が語られていますし、「「見立て」の民族論理——折口信夫博士の偉大さ——」では、さらに詳細な根拠が示されていますが、省略します）。

　西田はさらにつぎのようにも語っています。すなわち、「社《やしろ》」を「やしろ（屋代）」と訓《よ》むのは、「社」（「屋代」）というのは社殿のかわりということを意味するからである。そこは「土地があけてあるだけで何もないのだけれど、そこにちゃんと家屋があるというふうに見立てるのですね。それが日本の自然観の基礎になってくるのだと思います」（同）。社殿を作らないで、拝殿だけを建てている神社は三輪山の大神神社だけではないと西田は言います。奈良県天理市にある石上神宮《いそのかみじんぐう》もそうです。現在は社殿がありますが、それは大正二年に新しく建てられたものです。それまで、社殿はなく、拝殿の奥に石造りの牆《かき》に囲まれた禁足地があるだけでした。西田はまた、折口信夫が奈良の春日大社について語っている見解をとりあげています。万葉集に「ちはやぶる、神の社《やしろ》し、なかりせば、春日の野辺に、粟蒔かましを」（万葉集四〇四）という歌があります。この歌について折口は、「神の社といふのは、今見る社ではなく、昔は所有地を示すのには、縄張りをして、野を標《シ》めた。其処には、他人が這入る事も、作物を作る事も出来なかった。神のやしろといふのも、神殿が出来てゐるのではなく、空地になってゐながら、祭りの時に、神の降りる所として、標の縄を張って、定めてあるところを言ふ」（「古代人の思考の基礎」）と述べています。現在の春日大社には、もちろん、神殿（社殿）が存在しますが、上記の万葉の歌が詠まれた当時は神殿（社殿）は存在せず、社《やしろ》（屋代）、すなわち、縄張りをした空き地があるだけだった、と折口信夫は語っているのです。だから、神の社《やしろ》でなかったならば、粟を蒔くのに、と歌ったというのです。

西田長男は折口信夫の説の妥当性を証明しています。西田によれば、「東大寺山堺四至図」という図面が正倉院に所蔵されていて、「天平勝宝八歳（七五六年）六月九日」の銘が記されているそうです。この図面の「御蓋山」付近を見ると、山頂の真西に当たる麓に「神地」と記した一郭がある。この図には方眼が記してあり、その一辺は平城京の一坊を四等分した四十五丈に当たり、この長さを単位として現在の地図の上に同様の方眼を記入して見ると、春日大社はその「神地」と記した一郭と符節を合するかのように一致する。また、一辺が四十五丈の大きさから推測すれば、「神地」は方二十丈ぐらいとなるが、これも現在の春日大社の南門を含む廻廊によって囲まれている治承以前の瑞垣内の土地と完全に一致している。その位置も、その大きさも、天平勝宝の図面の「神地」と現在の春日大社とはピッタリと一致しているのである。とすると、先の万葉集の一首は、まだ「神地」だけで、神殿が建てられていなかった春日大社の「神のやしろ」を歌ったものであると考えてよい（「「見立て」の民族論理――折口信夫博士の偉大さ」）。

西田長男と折口信夫の説を考察することによって明らかになったのは、桜井の大神神社では鎌倉時代まで、天理の石上神宮《いそのかみじんぐう》では大正二年まで、そして奈良の春日大社の場合は天平勝宝八歳（七五六年）の段階では、「ただ場所があけてあるだけ」のところに「神さまをお祭りした社殿が建っているのだというふうに見立てた」、すなわち、空地になっているところに社殿（神殿）を見ていたということです。大神神社と石上神宮は『古事記』や『日本書紀』に記述が載っているほど古い神社ですが、『古事記』や『日本書紀』が書かれたころには、「ただ場所があけてあるだけ」の空地に「神さまをお祭りした社殿が建っているのだというふうに見立て」ていたのです。春日大社の場合は、神社のホームページによれば、今からおそ千三百年前、奈良時代の初めに、遠く鹿島神宮からタケミカヅチノミコトを神山御蓋山山頂浮雲峰《うきぐものみね》に迎えてお祀りした。やがて七六八年（神護景雲二年）に社殿を造営した、と書かれています。西田長男が指摘する「東大寺山堺四至図」に記されている「神地」はこの神さまを拝むための平地にある「神のやしろ」だったのではないでしょうか。この図面の製作は七五六年（天平勝宝八歳）ですから、まだ社殿は存在しなかったのです。

ついこの間のことですが、故郷の福岡（博多）に帰郷したとき、最近世界遺産に指定されたばかりの宗像《むなかた》大社を訪れる機会がありました（若いころは興味がなかったので、訪れたのはこれが初めてでした）。宗像大社は『古事記』や『日本書紀』にも登場する古社ですが、境内の社殿の背後に、奈良時代に社殿が建造される以前の露天の神域（高宮祭場）が保存されていました。宗像大社の沖《おき》ノ島（沖津《つ》宮《ぐう》）では四世紀後半の古代から露天で祭祀が行われていたのは有名です（その遺跡から発掘された八万点におよぶ、その量はもちろんですが、その質に圧倒される思いがする遺物が国宝として神宝館に展示されています）が、九州の本土にある辺津宮《へつぐう》では、この高宮祭場で同様の祭祀が行われていたというのです。宗像大社の神々はこの高宮祭場に降臨すると、古代から（現在に至るまで）考えられているのです。宗像大社の高宮祭場は、現在もそのまま残っており、社殿は別の場所に建てられています（その点、春日大社とは違います。恐らく、離れた所にある沖ノ島（沖津宮《おきつぐう》）が祭祀の場として用いられていたことと関係があるのでしょう）。しかし、しめ縄によって囲まれたこの神域を目にすると、社殿が建造される前の春日大社の「神の社《やしろ》（屋代）」を目の当たりにする思いがしました。

「見立てる」という語が初めて登場する文献は『古事記』です。『古事記』は奈良時代の初め、七一二年（和銅五年）に太安万侶によって編纂され元明天皇に献上されました。そのなかに、イザナギ・イザナミの二神がオノゴロ島に天降って結婚したときに、二神が、「天の御柱を見立て八尋殿を見立てたまいき」と書かれています。この記述をめぐって、「天の御柱」や「八尋殿」というのはどのようなものであるのか、そして、一番の問題は、二神が「見立てたまいき」とあるが、「見立てる」

とはどのようなことであるのかということについて江戸時代から現代にいたるまで専門家の間で様々な議論が交わされており、いまだに決着がついていないようです。わたしたちは、「天の御柱」というのは、天にまでとどくような柱、また、「八尋殿」というのは壮麗な神殿である、と単純に考えておくことにします。問題は「見立てる」というのがどのようなことであるかという、その内容です。これまで述べてきましたように、『古事記』が書かれた時代には、古い神社の神域では、「ただ場所があけてあるだけ」のところに「神さまをお祭りした社殿が建っているのだというふうに見立て」ていた、言い換えますと、空地になっているところに（心の眼で）社殿（神殿）を見ていたという「神のやしろ（屋代）」の存在はごく普通のことでした。『古事記』が書かれたときに、イザナギ・イザナミの二神が「神のやしろ」の場合と同じようなしかたで「天の御柱」と「八尋殿」を心の眼で見たのである（＝見立てた）と考えるのはごく自然なことです。折口信夫と西田長男の見解も専門家の間で交わされてきたさまざまな議論のうちの一つですが、わたしたちは二人の見解にもとづいて、二神が「天の御柱」と「八壽殿」を見立てたというのは、それらを二神が心の眼で見たのだと考えたいと思います。

これまで、見立てるというのは心の眼で見ることであると説明してきました。『古事記』の時代において「見立てる」ということがどのようなことであるのか、もう少し検討してみたいと思います。

『古事記』には、「見立てる」という表現と並んで「見れば～見ゆ」という、国見の歌とよばれる、いいまわし（構文）が登場します。「見立てる」という表現は『古事記』の上つ巻に登場しますが、「見れば～見ゆ」という表現は中つ巻の応神天皇の歌のなかで使用されています。

千葉の　葛野《かづの》を見れば、／百千足《ももちだ》る　家庭《やには》も見ゆ。／国の秀《ほ》も見ゆ。（歌謡番号四一）

（葉の茂った葛野《かづの》を見れば、／幾千も富み栄えた家居が見える、／国の中での良い所が見える。）

（『新訂古事記』武田祐吉訳注、角川文庫）

また、下つ巻の仁徳天皇の歌のなかでも使用されています。

おしてるや　難波の埼よ／出で立ちて　わが国見れば、／粟島　淤能碁呂島《おのごろしま》、／檳榔《あぢまさ》の　島も見ゆ。／佐気都島《さけつ》見ゆ。（歌謡番号五四）

（海の照り輝く難波の埼から／立ち出でて国々を見れば、／粟島や淤能碁呂島《おのごろしま》／檳榔《あじまさ》の島も見える。／佐気都《さけつ》島も見える。）（同上）

イザナギ・イザナミの二神が上つ巻に語られているような「見立てる」という行為を行ったのは、二神が天降った淤能碁呂島《おのごろしま》においてでした。その淤能碁呂島《おのごろしま》を下つ巻で国見をしている仁徳天皇が眺めているのです。これは偶然ではないと思われます。古事記の研究者によれば、淤能碁呂島《おのごろしま》は所在不明の島であるということです。現代の人間に、そして、たぶん、当時の（普通の）人間にも、肉眼では見えなかったであろう神話の島、淤能碁呂島《おのごろしま》を、国見をしている仁徳天皇は、たまたま見ているのではなく、「見れば〜見ゆ」というしかたで眺めているのです。所在が不明であるということは、肉眼には見えないということであり、神話的に存在する、心の眼に見える島であるということです。古事記が語っているのは、現在の人間に、そして、たぶん、当時の（普通の）人間にも、肉眼では見えない神話の島、淤能碁呂島《おのごろしま》で、イザナギ・イザナミの二神は島々を生み、神々を生んだのであり、天皇（神）である仁徳はその淤能碁呂島《おのごろしま》を眺めているということではないでしょうか。

そうであれば、イザナギ・イザナミの二神が「天の御柱」と「八尋殿」を見立てた淤能碁呂島《おのごろしま》を、天皇（神）である仁徳は「見れば～見ゆ」という神的な国見の行為において見立てているのであると言い換えることができます。仁徳が見立てている島で所在不明（つまり、神話的存在）の島は、檳榔《あぢまさ》島や佐気都《さけつ》島など他にもありますが、イザナギ・イザナミの二神が見立てを行った淤能碁呂《おのごろ》島が重要です。このように考えると、イザナギ・イザナミの二神と天皇（神）としての仁徳は淤能碁呂島《おのごろしま》を介して結びついています。この結びつきは、「見れば～見ゆ」と「見立てる」という行為の同一性によって可能になっているのです。『古事記注解2』のなかで、「見立」（文語、ミタツ）について、神野志隆光は、「見る契機による「立」なのであり、見ることがなければなりたたない。［中略］実質は「見る」ことなのだ」と指摘しています（九六頁）。一見、何でもない当たり前のことのように思えますが重要な指摘です。「見立てる」（口語で表記することにしますが）という語は「見る」という語と「立てる」という語が合わさったことばです。「立てる」というのは、多くの識者がいうように、「立ち現れる（立ち現わす）」ということでしょう（＊一〇八頁）。それが「見る」ことによって生じるわけです。問題は「見る」とはどのようなことであるのかということにあります。「見れば～見ゆ」といういいまわし（構文）においても、見える内容のことではなく、「見る」ということそのものにかんして何が語られているのかといいますと、「「見える」（「見ゆ」）のは、「見る」ことによってであるということだけです。

「見る」と「立てる」が合成した「見立てる」ということばは、「見る」ことによって「立ち現れる」ということを意味します。また、「見れば〜見ゆ」という構文は、「見る」ことをきっかけにして「見える」（「見ゆ」）ことを意味します。「見立てる」における「立ち現れる」ということと「見れば〜見ゆ」における「見える」こととは同じ事態を意味します。「立ち現れる」と「見える」ことが同じ事態を意味するばかりではありません。両者における「見る」のありかたも共通しているのです。「見立てる」のほうでは「見る」ことによって「立ち現れる」のであり、「見れば〜見ゆ」のほうは、「見る」ことをきっかけにして「見える」わけです。つまり、両者における「見る」ことは、「立ち現れる」ことや「見える」ことを可能にする手がかりやきっかけとなる「見る」なのです。言い換えますと、両者における「見る」は、「見える」光景あるいは「立ち現れる」光景《もの》を対象として「見る」、すなわち、明確な主体（主語）が存在していて能動的な意味でその光景《もの》を「見る」ということではないのです。「見立てる」ということばと「見れば〜見ゆ」という構文は、このような二重の意味で同義的であるということができます。

さらに両者に共通する「見る」のありかたには見逃すことができない重要な事柄があります。「見る」というのは本来的には行為することであり、人間の意志にかかわる事柄です。ですから「見たい」とか「見よう」ということができるのです。しかし、「立ち現れる」や「見える」はそうではありません（いうまでもないことですが、「立ち現れたい」、「立ち現れよう」とか「見えたい」、「見えよう」ということはできません)。「見立てる」や「見れば~見ゆ」において本来的な出来事は「立ち現れる」や「見える」のほうであり、「見る」は、そのような出来事を可能にする手がかりやきっかけをなすにすぎません。言い換えますと、「見る」がそのようなありかたをしているのは、人間の意志の介在を可能にする「見る」という行為から意志の介入を遮断しようとするからです。こうして「見る」ことから人間の意志の介入を遮断することによって、「立ち現れる」光景や「見える」光景は、人間の意志に依存する世界に属するのではなく、人間の意志を離れた別のリアルな世界に属する出来事であるということになります。光景の「立ち現れる」ことや光景の「見える」ことを可能にする「見る」に込められた意志は、そのような出来事の出現をうながす手がかりやきっかけをなす限りにおける意志にすぎないのです。

桂離宮の庭園は自然であるようにつくられているという話をしました。自然であるために排除しようとした人為(作為)は人間の意志にもとづくものです。ですから、桂離宮の庭園がめざした自然というのは、人間の意志を排除して意志から離れるということを意味します(そのように意志したということですが)。つまり、人為を排するというのは、行為する人間が消滅する(=無我)ということなのです。そうすることによって人間の意志に依存する世界ではなく、人間の意志を超えた、人間の意志に依存する世界とは別のリアルな自然な世界を実現することができるのです。それが自然(あるがまま)であるということです。また、哲学において、日本の伝統文化に根ざした独創的な哲学を展開した西田幾多郎の哲学の出立点となったのは純粋経験です。純粋経験というのは「すべての人工的仮定を去る」あるいは「全く自己の細工を棄てて、事実にしたがう」ことによって、簡単にいえば、いっさいの人為を排除することによって到達することができる「未だ主もなく客もない、知識とその対象が全く合一している」という原事態です（その事態は、別のことばでいえば、「あるがまま」ということです）。このような純粋経験にもとづく哲学において、思考（西田は思惟ということばを使っていますが）は、どのようなありかたをしているでしょうか。西田のことばを引用してみます。

思惟を進行せしむる者は我々の随意作用ではない、思惟は己自身にて発展するのである。我々が全く自己を棄てて思惟の対象即ち問題に純一となった時、更に適当にいえば自己をその中に没した時、始めて思惟の活動を見るのである。思惟には自ら思惟の法則があって自から活動するのである。我々の意志に従うのではない。（『善の研究』）

なかほどに、「思惟の対象即ち問題に純一となった時、更に適当にいえば自己をその中に没した時」と言われていますが、「思惟の対象即ち問題」というのは、純粋経験のことです。純粋経験こそが「思惟の対象」であり、「思惟の問題」であるというのです。「自己を棄てる」というのは、自己つまり思考する主体を棄てるということ、みずからの思考を「意志」のもとから追放するということです。そうすることによって、完璧に「思惟の対象即ち問題」、つまり、純粋経験に到達することができるというのです。それは、「自己をその中に没する」ということです。思考というのは、普通の場合、ものごとを（意志的に）対象化して行われるものですが、西田の思惟《しい》は、思考とよぶよりも、むしろ、京都の広隆寺の弥勒菩薩に表現されているように、ものごとのなかに沈潜していく集中的な心の働き、すなわち、思惟《しゆい》とよぶほうがふさわしいものです。西田の思考は、「我々の随意作用」によって働くものではありません。最後にもう一度くりかえされる「我々の意志に従うのではない」という文章は、その「活動」を「我々の意志」に従わせようとしてはならないということを意味します。思考するときには、思考を「随意作用」すなわち「意志」から切り離すことが必要だというのです。そうすることによって、思考は自らの思考の法則にしたがって、自から活動するのであり、己自身で発展するというのです。

思考を「意志」から切り離すとどうなるでしょうか。思考は意志の支えを失って、対象に吸引されて、そのなかに没して消滅するでしょう。これが、西田のいうところの「思惟の活動」です。引用文において西田は、人間は自らの意志を離れることによって「あるがまま」の真の実在としてのリアルな純粋経験に出会うことができると語っているのです。

ここで夢についてふれておきたいと思います。西郷信綱が「昔の人たちは、夢は人間が神々と交わる回路であり、そこにあらわれるのは他界からの信号だと考えていた」と述べています（『古代人と夢』平凡社選書）。「夢を見る」という言い方をしますが、夢は「見える」ものであり「立ち現れる」ものです。古代の人たちは、夢（のなか）に見えるものは、人間の意志を超えた彼方からやってくるものであると考えたのです。人間にとって「他界」や「神々の世界」は人間の意志を超えたところに存在するリアルな世界であるように思えたのでしょう。

さて、「見れば〜見ゆ」の話にもう一度もどることにします。「見れば〜見ゆ」といういいまわし（構文）は『古事記』に登場するものです。『古事記』と時代が重なる『万葉集』では、「見れば」と

「見ゆ」は切り離されて別々に登場します。「見れば」の例を一つ挙げてみます。

田子の浦ゆ　うち出でて見れば　眞白にぞ　富士の高嶺に　雪は降りける　（巻第三、三一八）

山部赤人の有名な歌ですが、「見れば」だけが用いられていて、「見ゆ」ということばはありません。しかし、後で述べるように、「見ゆ」ということばはなくとも、「富士の高嶺に　雪は降りける」（という光景）が「見ゆ」（見える）とうたっているのであり、「見ゆ」（見える）ということばが表現に表れていないだけなのです。「見ゆ」ということばだけが単独に使用されている例はいくらでもありますが、その一つを挙げておきます。

朝霧に　しののに濡れて呼子鳥　三船の山ゆ　鳴き渡るみゆ　（巻第十、一八三一）

こちらも、もちろん、呼子鳥を「見れば」（見ると）、三船の山を鳴き渡っている。「見ゆ」（見える）と歌っているのであって、「見れば」が表現に表れていないだけであるということができるでしょう。

「見れば〜見ゆ」の「見る」（「見れば」の「見る」）のありかたについてはすでに必要なことを述べておきました。「見る」ということば自体は万葉集のなかに、もちろん、頻繁に登場することばですが、「見れば〜見ゆ」といういいまわし（構文）――万葉集では、いま述べましたように、表現としては、「見れば～（見ゆ）」と、あるいは「（見れば）～見ゆ」と、（　）のなかのことばは表現には表れない形で使用されていますが――の推移を考察することによって、日本人の〈わたし〉のありかたの基本的な動向を明らかにすることができるように思われます。考察を進めるうえで手がかりにするのは佐竹明宏の貴重な鋭い着眼です。これから佐竹の着眼に指針をえながらわたしたちの考察を進めることにします（考察の過程で佐竹の見解に同意できない場合には佐竹を離れることにします）。

佐竹明広は『万葉集』には注目すべき二つの大きな特徴があると語っています。一つは「全般的に万葉集は「われ」という語の使用のはなはだ顕著な歌集である」（「萬葉・古今・新古今」『万葉集抜書』岩波現代文庫）ということ、もう一つは、「万葉集をひもといて、われわれが直ちに気づくことは、「見ゆ」という語の使用がきわだって多いという事実である」（「「見ゆ」の世界」同文庫）ことです。そして両者には「密接なかかわりがあると思われる」（「萬葉・古今・新古今」）というのです。佐竹のこの二つの指摘を「見れば～見ゆ」のいいまわし（構文）と結びつけてみると、どのようなことが言えるか考えてみたいと思います。

佐竹の話は古今集の歌と万葉集の歌の比較からはじまります。古今集からは、まず次の歌が挙げられています。

思ひきや　鄙の別れに　衰へて　海人の縄たき　漁りせむとは　（巻十八、九六一）

また、万葉集からは、次の歌が挙げられています。

心ゆも　我は思はずき　また更に　我が故郷に　帰り来むとは　（巻四、六〇九）

比較されているのは、ほぼ同じ内容を意味する古今集の「思ひきや」の句と万葉集の「心ゆも　我は思はずき」の句です。前者は一句五音節の疑問文、後者は五七の上二句を使った平叙文です。この所要句数の差異は残りの部分の「――とは」で結ばれる被倒置句の句数を制約し、前者は後者よりも一句七音節分だけ表現にゆとりを持つということになります。また、歌全体が倒置法という感動的・詠嘆的な手法にもとづいて構成されている両歌において、冒頭の句に疑問文を据えるのと平叙文を据えるのとでは、前者が「ゆたかな余韻をただよわせている」のにたいして、後者が「具体的ではあるが、平板で冗長な叙述」であるという、いちじるしい効果の違いがでてきます。佐竹は、このような違いを具体的に示すために、さらに古今以降の歌人たちから「思いきや」の句を使用している歌を引用し、それにたいする万葉の歌人たちの「平板で冗長だ」とされる歌を対比していますが、ここでは省略することにします。

佐竹が続けて提示するのが「万葉集は「われ」という語の使用のはなはだ顕著である」という事実です。このことは、さきほどの古今集の歌と対比された万葉集の歌に、「我は思はずき」、「我が故郷に」と「我」が二回用いられていることにすでに表れているわけです。佐竹が挙げている他の事例を引いておきます。

我が背子を　大和へ遣ると　さ夜ふけて　暁露に　我が立ち濡れし（巻二、一〇五）
みやびをと　我は聞けるを　やど貸さず　我を帰せり　おそのみやびを（巻二、一二六）
我ゆ後　生まれむ人は　我がごとく　恋する道に　あひこすなゆめ（巻十一、二三七五）
我が背子に　我が恋ひ居れば　我がやどの　草さへ思ひ　うらぶれにけり（巻十一、二四六五）

第四首の歌には「われ」は三回登場します。万葉集の「われ」を主題にして佐佐木幸綱は一冊の本を書いていますが、佐佐木の本には「われ」が三回登場する短歌がもう三例挙げられています（『万葉集の〈われ〉』角川選書）。

今は我は　死なむよ我が背　生けりとも　我に依るべしと　言ふといはなくに（巻四、六八四）
さす竹の　世隠《よごも》りてあれ　我が背子が　我がりし来ずは　我れ恋ひめやも（巻十一、二七七三）
我が心　焼くも我れなり　はしきやし　君に恋ふるも　我が心から（巻十三、三二七一）

いったいどのくらいの数の「われ」が万葉集のなかに登場するのかといいますと、佐佐木によれば、四五〇〇首余りの歌のなかにおおよそ一七八〇回ということです。さらに、佐佐木は「われ」という文字が表現には表れてはいなくても、「文脈上〈われ〉のことをうたっているとわかる歌が万葉集にはたくさんある。万葉集は「〈われ〉の歌集」と呼んでもさしつかえない」と述べています（同上）。
佐竹も、同様に、表現には表れていない「われ」の歌がたくさん存在すると述べています。表現に表れていないのは、「日本語は、いちいち主語の提示を必要としない言語」であり、「主語の省略は万葉集においてもごく普通のことであった」からであると言うのです。そして、「万葉集における「われ」の頻用は、彼らの自己中心性係数の高さを暗示する」ものであり、「彼らが、すべての対象を自己との関係において主体的に把握するこころの持ち主だったことを意味する」と述べています。つまり、別の言い方をすれば、「「われ」に固着したこの狭小性こそ、実は万葉びとの「われ」意識にほかならなかった」と考えられると言うのです。

佐竹は、「われ」という語の使用がはなはだ顕著であるという指摘に続けて、もう一つの特徴である「「見ゆ」という語の使用がきわだって多いという事実」をとりあげています。佐竹は、「見ゆ」が万葉集独特のしかたで使用されていると述べていますが、佐竹が挙げている例を引用してみます。

朝霧に　しののに濡れて　呼子鳥　三船の山ゆ　鳴き渡る所見《みゆ》　（巻十、一八三一）
天の海に　雲の波立ち　月の船　星の林に　漕ぎ隠る所見《みゆ》　（巻七、一〇六八）
稲日野も　行き過ぎかてに　思へれば　心恋しき　加古の島所見《みゆ》　（巻三、二五三）
しらぬひ　筑紫の綿は　身に着けて　いまだは着ねど　暖けく所見《みゆ》　（巻三、三三六）
春日野に　煙立つ所見《みゆ》　をとめらし　春野のうはぎ　摘みて煮らしも　（巻十、一八七九）

さらに佐竹は、「「見ゆ」は、終始「われ」を離れることのない言葉である。「見ゆ」とは、誰に見えるものでもない、ただ「われ」に「見える」ことなのである」と言うのです。

妹があたり　今そ我が行く　目のみだに　我に見えこそ　言問はずとも（巻七、一二一一）
国遠み　直には逢はず　夢にだに　我に見えこそ　逢はむ日までに（巻十二、三一四二）

この二首はそのことを直接に示す例として佐竹が挙げているものです。続けて佐竹は、次のような注目すべきことを語っています。

彼らは、外部世界に存在するものをすべて「われ」に「見える」ものとして受け止めた。万葉の外景は、したがって、多くの場合「われ」に「見える」ものとして把握された。たとえ「見ゆ」の語を用いなくても、「見ゆ」という心で把握されていると考えられる。

ここで佐竹が語っていることは重要です。どのように重要であるかを語る前に、佐竹の説明の続きを聞いておくことにしましょう。佐竹は、次の歌の「雁鳴き渡る」は「雁鳴き渡る見ゆ」のこころであるし、また「月立ち渡る」は「月立ち渡る見ゆ」のこころであると言っています。

葦辺なる　萩の葉さやぎ　秋風の　吹き来るなへに　雁鳴き渡る（巻十、二一三四）
この夜らは　さ夜ふけぬらし　雁が音の　聞ゆる空ゆ　月立ち渡る（巻十、二二二四）

また、

ひさかたの　天の香久山　この夕《ゆうへ》　霞たなびく　春立つらしも　（巻十、一八一二）
古の　人の植ゑけむ　杉が枝に　霞たなびく　春は来ぬらし　（巻十、一八一四）
児らが手を　巻向山に　春されば　木の葉しのぎて　霞たなびく　（巻十、一八一五）
玉かぎる　夕さり来れば　猟人《さつひと》の　弓月が岳に　霞たなびく　（巻十、一八一六）

などの「霞たなびく」も、万葉びとのこころでは、たしかに「霞たなびく見ゆ」だったことになるし、

春すぎて　夏来るらし　白たへの　衣干したり　天の香久山　（巻一、二八）

の「衣干したり」も、「衣干したり見ゆ」のこころだったと理解しなくてはならない、と言うのです。ですから、ここに謡われている「叙景は徹頭徹尾、作者である持統天皇の「われ」に「見え」た外景把握であって客観的普遍的な叙景歌ではなかったことに留意しよう。自己中心的心性の持主であった万葉歌人に、客観的普遍的な外景描写はほとんど考えられないことであった」と佐竹は結論づけています。

さきほど、山部赤人の「田子の浦ゆ　うち出でて見れば　眞白にぞ　富士の高嶺に　雪は降りけ

る（巻第三、三一八）」という歌をとりあげて、「見ゆ」ということばはないけれども、「富士の高嶺に雪は降りける」（という光景）が「見ゆ」（見える）とうたっているのであり、「見ゆ」（見える）ということばが表現に表れていないだけなのですと言いました。わたしたちの見解は、佐竹の見解と完全に一致しているのであり、佐竹のほうがより一般化して語っていると言うことができます。

ここで再び「見ゆ」（「見える」）に焦点を当てながら話を進めることにしましょう。『古事記』のなかで二か所用いられている「見立てる」ということばは、「見ることのなかに立ち現れる」という意味であると述べました。『万葉集』のなかにも「見立てる」ということばが一ヵ所だけ使用されています。

赤駒《あかごま》が　門出《かどで》をしつつ　出《い》でかてに　せしを見立てし　家の子らはも（巻十四、三五三四）

この歌の「出《い》でかてに　せし」（『新潮日本古典集成』では「しきりに出渋る」と説明）のを「見立てし」というのは、「見送っていた」という意味であると専門家の意見は一致しているようです。「見立てる」が「見送る」という意味になるのは、思いをこめて見送るというのが、見送る思いのなかに去っていく相手が立ち現れ（てい）る、すなわち、思いをこめて立ち現れるからであろうと思われます。つまり、『古事記』の二例の「見立てる」も『万葉集』の「見立てる」も「立ち現れる」という意味で通底しているのです。言い換えますと、「見立てる」というのは「立ち現れる」ことによって「見える」ことであり、「見える」ことによって「立ち現れる」ことであるということになります。つまり、「見える」もの（「見え」）が「立ち現れる」いうことです。もっと簡単にいえば、「見立てる」というのは「見える」ということなのです。『古事記』と『万葉集』に、わずかに三回だけですが、登場する「見立てる」ということばは、『万葉集』のなかで多用されている「見ゆ」という語と共通する基盤をもっています。すでに述べましたように佐竹明広は「「見ゆ」という語の使用がきわだって多いという事実」をとりあげながら、「見ゆ」という語が用いられていなくとも、歌われている叙景の背後には「見ゆ」という心が隠れていると述べていました。

「見ゆ」が多用されている歌、あるいは、「見ゆ」という語が用いられておらず単なる叙景の歌に見えるけれども、実は「見ゆ」の心を帯びている『万葉集』のなかの歌を検討することによって、現在用いられている、「なぞらえる」という意味の「見立てる」がどのようにして誕生したのか目撃することができます。話の前提として、すでに述べたことですが、人間は二重のしかたでものごとを見ているということを確認しておきたいと思います。この事実を最初に指摘したのは聖アウグスティヌス（三五四〜四三〇）でしょうか。『告白』のなかでアウグスティヌスは感覚としての見ると認識の見るとを区別してつぎのように語っています。

「見る」ということは本来目の仕事であるが、わたしたちはこの「見る」という語を他の感覚についても、それらを認識のために用いるときには使うのである。……わたしたちは……いかなる音がするかを見よとか、いかなるにおいがするかを見よとか、いかなる味がするかを見よとか、いかに硬いかを見よとかいう。（『告白（下）』第十巻第三十五章、『岩波文庫』服部英次郎訳。た

だし訳文は一部変えた個所があります）

引用文の二つ目の「……」（中略記号）以下の個所は、それぞれ、「聞いて見る」（聴覚）、「（においを）嗅いで見る」（嗅覚）、「味わって見る」（味覚）、「触って見る」（触覚）ということです。他の感覚のことではなく視覚そのものにかんしてはどうなるのかといいますと、「見て見る」ということになります。前半の「見て」（「見る」）は感覚としての肉眼で見ることであり、後半の「見る」は認識の見るです。アウグスティヌスは、「見る」を二重化して、感覚としての「見る」と認識の「見る」を区別しているのです。わたしたちは、アウグスティヌスの「感覚としての見る」を「肉眼で見る」と、「認識の見る」を「心の眼で見る」とよんできました。

さて、もう一度、山部赤人の「田子の浦ゆ　うち出でて見れば　眞白にぞ　富士の高嶺に雪は降りける」をとりあげてみましょう。この歌において、「田子の浦をうち出でて見る」の「見る」は肉眼で見るという意味です。すると、「真っ白に、富士の高嶺に雪が降り積もっている」という光景が「見える」わけですが、見えているのは、肉眼に見えているのです。心の眼はどうしているのかといいますと、肉眼のこのような見えに感動しながらよりそっているのです。では、大伴家持の「振り放《さ》けて　三日月《みかづき》見れば　一目見し　人の眉引《まゆび》き　思ほゆるかも」（巻第六、九九四）はどうでしょうか。「三日月《みかづき》を見る」の「見る」は肉眼で見るのです。しかし、「一目見た人の眉」が見えるのは、「思われる」といわれているように心の眼に見えているのです。「三日月《みかづき》」を肉眼で見る（＝「三日月《みかづき》」が肉眼に見える）、すると、「一目見た人の眉」が心の眼に見える、つまり、肉眼が見る（＝肉眼に見える）「三日月《みかづき》」が心の眼には「一目見た人の眉」に見えるということです。定式化してみますと、肉眼でAを見る（＝肉眼にAが見える）、すると、Bが心の眼に見える、ということですが、この「Bが」が「Bに」に移行することによって、「（心の眼に）Bに見える」ということになります。このようにして、「なぞらえる」という意味の「見立て」が成立します。（これまで述べてきたことを整理しますと、『古事記』に登場する「見れば〜見ゆ」といういいまわし（構文）は、『万葉集』では、「（見れば」）〜見ゆ）、「見れば〜（見ゆ）」のように用いられています。このいいまわし（構文）において、肉眼でAを見ると、A'が肉眼に見えるという言い方をしていたのが、肉眼でAを見ると、Bが心の眼に見えるという意味で用いられるようになったということです。ちなみに、日本語の見立ては西洋の比喩にあたると主張する人がいます。それは、「典型としての見立て」についてではなく、「なぞらえる」「みなす」「たとえる」という意味の「類型としての見立て」）について言えるかもしれません。しかし、その成立の構造は異なっています。「見立て」が、肉眼でAを見ると心の眼にBが見えるという構造をしているのにたいして、「比喩」は、肉眼でAを見て、Bを心の眼で見るという構造をしています。両者には「見える」と「見る」の違いがあるのです。その違いはヨーロッパ語には主語（主体）が存在することによって生じるわけです。）

梶裕史は、「和歌に「見立て」の技法が顕著に成立するのは『古今和歌集』の時代である」が、「ある物を他の物になぞらえて表現する（「見立て」の）技法は既に『万葉集』にも見える」と語っています（「上代和歌における「見立て」についての考察」『法政大学教養部紀要』一九九八年）。梶が取り上げている例を二つだけ（で十分だと思われますので）示します。まず大伴旅人の歌。

わが園に　梅の花散る　ひさかたの　天《あめ》より　雪の　流れ来るかも　（巻五、八二二）

続けて柿本人麻呂の歌。

天《あめ》の海に　雲の波たち　月の舟　星の林に　漕《こ》ぎ隠《かく》るみゆ　（巻七、一〇六八）

旅人の歌では、肉眼は「梅の花」を見ており（＝肉眼には「梅の花」が見えており）、心の眼には「雪」が見えています。「見ゆ」という語は登場しませんが、後半部は、佐竹の言い方にしたがえば、「天《あめ》より雪の流れ来る見ゆ」の心で把握されているのです。このようにして「梅の花」が「雪」に見えるのであり、「梅の花」を「雪」に見立てている（なぞらえている）のです。また、人麻呂の歌では、肉眼が見ているのは（＝肉眼に見えているのは）「天」であり、「雲」であり、「月」であり、「星」の群れです。そして、心の眼にはそれぞれ、「海」、「波」、「舟」、「林」が見えています。こうして、「天」、「雲」、「月」、「星」の群れを「海」に、「波」に、「舟」に、「林」に見立てている（なぞらえている）のです。歌の最後の「みゆ」（＝「見ゆ」）という語は肉眼に、そして、心の眼に、二重の意味で「見える」ことを表現しています。そのことによって、「天」、「雲」、「月」、「星」の群れを「海」に、「波」に、「舟」に、「林」に見立てるということが成立しているわけです。「見立てる」というのは「立ち現れる」ことを意味しますが、「立ち現れる」は心の眼に「見ゆ」（＝「見える」）ということです。心の眼に「見える」（「見ゆ」）という意味の「立ち現れる」の起源は『古事記』の「見立てる」にあり、それが『万葉集』の「見ゆ」（「見える」）のなかで、「なぞらえる」という意味の「見立てる」として成立しているのです。このように、柿本人麻呂の「みゆ」は「見立てる」という語の別様の表現に他ならないのです。

梶裕史が、「ある物を他の物になぞらえて表現する（「見立て」の）技法は既に『万葉集』にも見える」と語っているのは正しいのですが、むしろ、『万葉集』において、（「見ゆ」ということばのなかで）ある物を他の物になぞらえて表現するという「見立て」の技法が誕生したと語るべきだったように思われます。

ふたたび佐竹明広にもどることにします。佐竹が、「万葉集は「われ」という語の使用のはなはだ顕著な歌集である」と語っていることについてはすでに述べました。この「われ」を佐竹は「主語」と呼んでいます。また、「われ」が表現に表れていない場合を「主語の省略」とみなしています。佐竹は（『万葉集』をふくめて）日本語に主語が存在し、その主語はしばしば省略されると言うのです。佐竹明広が『万葉集』に頻出する「われ」を「主語」とみなしているのは、三章で述べましたように、英語などのヨーロッパの文法によって日本語を説明しようとしているのであり、あきらかに誤解です。主語というのは、〈わたし〉が二重化している自己意識において、意識する主体の〈わたし〉が、その意識によって意識される客体の〈わたし〉を主語として定立したものです。くり返しますが、主体としての話者の〈わたし〉と主語として定立される意識される〈わたし〉の間には、対象化されることによって生じる距離が存在します。その距離を介して、主体としての〈わたし〉は、対象化されて主語として定立される〈わたし〉に、みずからの見るという行為を委託する、そうすることによって文が成立するのです。

金谷武洋は、日本語と違って、英語では話者がいきなり述語を選ぶことはできず、「話者と述語を結ぶ橋」こそが「主語」であると語っています（『日本語文法の謎を解く』ちくま新書）。述語の形は話者とは距離のある「主語」に応じて決定されるのです。もうおわかりのことと思いますが、英語ではこのようなわけで「主語」がなければ、そもそも文というものは成立しないのです。

金谷は、このような英語にたいして日本語では話者がいきなり述語を選ぶ、と述べています（同書）。「主語」（すなわち、対象化された〈わたし〉）が存在しない日本語では話者は述語に直結するのです。「見れば〜見ゆ」という『古事記』に登場する構文（いいまわし）についてお話ししてきましたが、この構文（いいまわし）における「見る」（「見れば」の「見る」）は、実は、話者の行為なのです。「見れば〜見ゆ」という構文（いいまわし）は、話者の行為である「見る」と、その行為によって生じる「〜見ゆ」（「〜が見える」）という状態を結び付けて表現した構文（いいまわし）なのです。ですから、金谷は、文の成立に不可欠ではなく省略することができる要素は「主語」ではなく「補語」であり、日本語で、（誤解にもとづいて）「主語」とみなされている要素は主格補語とよぶべきだと述べているのです。

『万葉集』において頻出する「われ」を「主語」とみなしている佐竹明広は、「彼ら（万葉歌人たち）が、すべての対象を自己との関係において主体的に把握する心の持主だった」、「自己中心的心性の持主だった」と述べています。佐竹の言いたいことはわかるような気もしますが、核心のところで的を外しているように思われます。そうではなく、（自己意識ではなく）自意識の「われ」が話者として「主格」の形で頻繁に登場するということの事態は、個人の生でいえば思春期特有の現象です。古代の万葉歌人たちの時代は、いわば、日本人にとっての思春期の時期であったと言うことができるのではないでしょうか。思春期の時期をすぎて成熟の時期をむかえるとともに自意識の「われ」の意識は薄れていきます。この話の初めに佐竹が、「心ゆも　我は思はずき　また更に　我が故郷に　帰り来むとは（巻四、六〇九）」という『万葉集』の歌と「思ひきや　鄙の別れに　衰へて　海人の縄たき　漁りせむとは」（巻十八、九六一）」という『古今集』の歌とを比較しているという話をしました。佐竹が言うように『古今集』の「思ひきや」は『万葉集』の「心ゆも　我は思はずき」にたいして和歌として格段の成熟の域に達しています。『古今集』のこの成熟は、人間の個人の成熟がそうであるように、（思春期としての）『万葉集』における自意識確立の時期を経て到達した成熟であると言うことができるのです。

これまで、『万葉集』に頻出する「われ」――佐竹明広によれば、「主語」の「われ」、わたしたちの見解によれば、「主格」の形で登場している話者の「われ」――について述べてきました。この「われ」について佐竹は、さらに、「見ゆ」のなかにも、そしてまた、「見ゆ」の心でうたわれた情景の描写のなかにも「われ」が存在していると語っています。佐竹の言うことを聞いて見ましょう。

「見ゆ」は、終始「われ」を離れることのない言葉である。「見ゆ」とは、誰に見えるものでもない、ただ「われ」に「見える」ことなのである。……彼らは、外部世界に存在するものをすべて「われ」に「見える」ものとして受け止めた。万葉の外景は、したがって、多くの場合「われ」に「見える」ものとして把握された。たとえ「見ゆ」の語を用いなくても、「見ゆ」というこころで把握されていると考えられる。(「萬葉・古今・新古今」)

佐竹が『万葉集』には「「見ゆ」という語の使用がきわだって多い」と語っていることはすでに述べました。また、「たとえ「見ゆ」の語を用いなくても、「見ゆ」というこころで把握されていると考えられる」と指摘していることもすでにふれました。佐竹はそのような見解を踏まえて、たとえ「われ」ということばが、佐竹の言い方をすれば、主語として、用いられてはいなくても、「見ゆ」という語のなかに、あるいは、「見ゆ」の語を用いなくても、「見ゆ」というこころで把握されていると考えられる情景の描写のなかに、「われ」の多用が潜んでいると述べているわけです。

佐竹は、さきほどの引用文にあるように、「「見ゆ」は、終始「われ」を離れることのない言葉である。「見ゆ」とは、誰に見えるものでもない、ただ「われ」に「見える」ことなのである」と語っています。佐竹のこの発言は、一見、至極まっとうなものであり、何の問題もないように思われます。しかしよく考えてみるとそうではないのです。問題は、引用文の「「われ」に「見える」」という個所に潜んでいます。この「われ」のありかたについて、佐竹は何の疑問も感じていないようですが、実はここに問題があるのです。この問題について章を改めて考えてみたいと思います。

＊　詳しい国語辞典には「立てる」（文語では「立つ」ですが、現代語で表記します）と「建てる」は同語源であると書かれています。たとえば、『日本国語大辞典』には、その用例として、万葉集の次の歌が挙げてあります。

橘の　下照庭《したでる》に　殿多弖《とのタテ》て　酒《さか》みづきいます　わが大君かも（巻十八、四〇五九）

殿（御殿）を「立てる」が殿（御殿）を「建てる」ということでありうるならば、「見立てる」は「見建てる」ということになるわけで、殿（御殿）を「見立てる」は殿（御殿）を「見建てる」と解釈することが可能になります。その場合、殿（御殿）を「建てる」が実際に殿（御殿）を建てることであるのにたいして、「建てる」の前に「見る」がついた殿（御殿）を「見建てる」は、実際に建てるのではなく、「見る」ことによって「建てる」、あるいは、「見る」ことのなかで「建てる」という意味になるのではないでしょうか。何を「建てる」のかといえば、御殿や社殿などの構築物です。すると、古事記のイザナギ・イザナミが天の御柱と八尋殿を「見立てた」というのは「見る」ことによって、あるいは、「見る」ことのなかでそれらを「立て（建て）た」ということになります。このようにして立て（建て）られた天の御柱や八尋殿は見ることによって、あるいは、見ることのなかに「立ち現れる」ことになります。「建てる」と「立ち現れる」はこのようなしかたで関連しているということができるでしょう。

七章　見立てについて（二）、中空構造

「見えている」ことと「私」との関係について哲学者の大森荘蔵が興味深いことを語っています（『新視覚新論』（東京大学出版会）。文脈に変化はないと思われますので、大森の文章中の「見えている」ということばは「見える」に、「私」ということばは「わたし」に置き換えて引用することにします。

　大森は、「見える」というのは「わたし」に見えることであるという思いが首をもたげてくる。この思いはおさえてもおさえても立ち戻ってくる、と言います。佐竹は「「見ゆ」は、終始「われ」を離れることのない言葉である」と語っていましたが、大森も、「見える」という「場」から「わたし」なるものを「切り取ることは絶対にできない」と言います。そこで大森は、「わたしに見える」という状況のなかに、この「わたし」はどのように組みこまれ、まきこまれているのだろうか、という問いを立てています。大森の言うことを聞いてみることにしましょう。

「わたしに見える」というとき、「見ているわたし」がいるというのは、何の理屈でもなく、端的な実感であるといわれるかもしれない。しかし、それは勘違いされた実感である。わたしはその五体のすべてをもってここにいる、そして机や樹や自分の手足があそこ、そこ、に「見える」。これがその

実感のすべてなのである。なるほど、それら「見える」事物はすべて「離れて」見える。どこから？わたしの眼からである。だからその視野の中心のところに「見ているわたし」がいるのだ、こう思ってしまうのである。しかし実は、その視野の中心にあるのは「わたしの眼」であって、「見ているわたし」ではない。すでに事物は「見えている」のであって、「わたし」がことあらためて「見る」必要はないのである、このように大森は述べています。

以前にパースペクティヴの話をしました（四四頁）。大森が語っていることは、そのときの話と重なっています。大森は視野の中心にあるのは「わたしの眼」であると言っていますが、わたしたちの話では、視野の中心にあるのは、わたしの眼の網膜、正確にいえば、網膜の中心窩です。大森が言っている「見ているわたし」がいないというのは、「（見ている）わたし」がこの中心窩のところに居合わせているのではないということです。それが「見える」ということであるというのです。もし、「見るわたし」が居合わせているのであれば、それは、「見る」（「わたしが見る」）ということであって、「見える」ということではない、というのです。大森は、そのことを、風景が見えているという状況には、その風景を「見る」見物人としての「わたし」、つまり認識主観としての「わたし」なるものはいないのである、と言うのです。大森はそのことを、また、次のように言い換えています。大森のことばを引用してみましょう（大森の「私」は、「わたし」に置き換えます）。

動作主体としてわたしは空間の中の好む場所に移動できる。また、動作主体としてわたしは好む方向に眼を向ける。そのとき、或る風景が「見えている」。だが、「眼を向ける」と並んで、その風景を「見る」という動作はないのである。動作は唯一つ、眼を向ける動作だけである。……目覚めている限り、わたしはいやでも応でも「見えている」状況の場にある……。わたしは一瞬の中断もなく常時「見えている」風景の「ここ」に居る。しかし、そのわたしはその風景の外から、あるいは、その風景の中心点（視野の中心）から風景を「眺めている」のではない。

（『新視覚新論』四〇頁）

大森は、「目覚めている限り、わたしはいやでも応でも「見えている」状況の場にある……。わたしは一瞬の中断もなく常時「見えている」風景の「ここ」に居る。しかし、そのわたしはその風景の外から、あるいは、その風景の中心点（視野の中心）から風景を「眺めている」のではない。」と語っています。大森が、「見える」について、「わたしはその風景の外から、あるいは、その風景の中心点（視野の中心）から風景を「眺めている」のではない」と語るとき、「風景の外から、あるいは、その風景の中心点（視野の中心）」から風景を眺める西洋の「見るわたし」のことが念頭にあったのではないでしょうか。

二章でお話ししましたマッハの自画像（「自己直観の〈わたし〉」）は、〈わたし〉の身体の一部や部屋のなかの光景や窓の外の風景のところにいる〈わたし〉（大森のことばを使えば、「「見えている」風景の「ここ」に居るわたし」）を、主体である〈わたし〉が対象として眺めて（直観的に）描いたものでした。〈わたし〉は主体である意識する〈わたし〉とその主体によって意識される〈わたし〉に二重化しているのです。二重化した自己意識における意識する主体の〈わたし〉は意識される客体の〈わたし〉をその外から「眺めて」（対象化して）います。

大森は、右の引用文で、「見える」と「見る」にかんしてもう一つたいへん示唆的なことを語っています。それは、前半の「動作主体としてわたしは空間の中の好む場所に移動できる。また、動作主体としてわたしは好む方向に眼を向ける。そのとき、或る風景が「見えている」。だが、「眼を向ける」と並んで、その風景を「見る」という動作はないのである。動作は唯一つ、眼を向ける動作だけである」という個所です。引用文後半の「風景の外から、あるいは、その風景の中心点（視野の中心）から風景を「眺めている」」という箇所は、大森が、西洋の「見るわたし」のありかたであることを念頭に置きながら、日本の「見える」というのは、そうではないと語っている（のであろう）ということはすでに述べました。引用文の前半の部分は、西洋の「わたしが見る」というときの〈わたし〉のありかた（これが、「風景の外から、あるいは、その風景の中心点（視野の中心）から風景を「眺めている」」というありかたですが）にたいして、日本語で「わたしに見える」というときの「わたし」がどのようなありかたをしているのかを明確に語っているように思われます。

人間の眼は、カメラのように視野内の全風景を一瞬のうちに鮮明にとらえることはできません。すでに述べましたように、人間の眼が対象を鮮明にとらえることができるのは、網膜の中心付近にある、わずか一・五ミリほどの直径しかない中心窩とよばれる部分によってです。その視野は、ごく狭い範囲に限られています（六九頁）。

しかし絵画の画面は西洋画であれ日本画であれ、全体が鮮明な姿で描かれています。どのようにして、全体が鮮明な画面ができあがるのでしょうか。描いている画家の眼は、画面に描かれている風景の全体を一瞬のうちに鮮明な姿でとらえることはできないのですから、中心窩の狭い視野によって風景全体の部分、部分を鮮明な姿で確認してたどりながら、全体を鮮明な一つの画面に仕上げているのです（鑑賞者の方も、同様に、中心窩を使って部分、部分を鮮明な姿でたどりながら、全体が鮮明に描かれた一枚の絵として眺めるのです。七一頁のポジション・センサーによる視線の記録の図版でそのことを示しました）。

西洋画の場合（ここで西洋画というのは、ルネサンス以降のパースペクティヴの画法にもとづく西洋の近代絵画のことですが）、マッハの自画像の例で示しましたように、描いている（マッハの）〈わたし〉は、画面のこちら側にいて、風景を画面の外からをはっきりと見定めています（「画面の外から」ということについてはすでに説明しました。四五頁）。西洋画の場合、中心窩を使って視野内の対象のすべての細部を鮮明な姿で見定めたうえで、それらを総合することによって、全体が鮮明な姿で描かれた一枚の絵ができあがっています。集積ということばを使って言い換えてみますと、全体が鮮明な西洋画の画面は、「見るの集積」によって成立している絵画であるということができるでしょう。

日本画の場合はどうでしょうか。日本画のわかりやすい代表的な例として一〇四頁で「洛中洛外図」をとりあげました。この絵は、それぞれの断片的な光景が金雲によって隔てられており、その光景をモザイクのように連ねてできあがっています。金雲は、ひとつの光景を隣の光景から隔てると同時に、結びつける役割を果たしているわけです。この絵を描くときの画家の眼（眺めるときの鑑賞者の眼）の位置は、それぞれの光景の正面手前の高みにあります。その眼は、それぞれの光景が互いに金雲で隔てられていることによって、互いに無関係で非連続となり、恣意的に、上下へ、あるいは、斜め下へ、斜め上へ、または、左右に、のように自由に動くことができます。また、祇園祭の部分的な光景を例に示しましたように、あるひとつの光景においても、眼は手前から画面に接近する方向へ、あるいは逆に、画面に近接した地点から、遠ざかる方向へ、自由に動くのです。ここでさきほどの大森荘蔵のことばを思い出していただきたいのです。大森は、「動作主体としてわたしは空間の中の好む場所に移動できる。また、動作主体としてわたしは好む方向に眼を向ける。そのとき、或る風景が「見えている」。だが、「眼を向ける」と並んで、その風景を「見る」という動作はないのである。動作は唯一つ、眼を向ける動作だけである」と語っていました。このことばは、「洛中洛外図」の場合に見事にあてはまります。好む場所に移動し、好む方向に向ける眼に「洛中洛外図」のある光景が見えています。しかし、ここにある動作（わたしたちは、行為とよびたいと思いますが）は「見る」という動作（行為）ではなく、「唯一つ、眼を向ける動作だけ」なのです。

なぜ、そこには、「見る」という動作（行為）は存在せず、「眼を向ける」という動作（行為）しか存在しないのでしょうか。「見る」の場合、主体の「わたし」の眼（中心窩）は一点に固定しており、意志は眼を動かそうとして働くばかりではなく、対象の細部を見ようとして中心窩のところで（「見る」意志が）働くのです。中心窩は「わたし」の意志によって働くわけですから、この場合の中心窩の働きは能動的であるということができます。しかし、「洛中洛外図」の場合は、意志が働くのは「眼を向ける」という動作（行為）においてであり、中心窩のところで働くのではないのです。なぜなら、主体の「わたし」がそこに存在しないからです。それが「見える」ということであり、「見える」における中心窩の働きは必然的に受動的であらざるをえないのです。このように「洛中洛外図」の全体の総合は、中心窩が受動的に働くことによって行われており、そのような総合によって全体を鮮明な画面に仕上げたものです。「洛中洛外図」を代表例としてとりあげましたが、日本の絵画は基本的にこのようなしかたで描かれています。西洋画の「見るの集積」と対照させていえば、日本画は「見えるの集積」によって成立しているということができるでしょう。

「見える」という場合には、中心窩のところで働く（意志する）「わたし」は存在しない、といいました。では、「わたし」はどこに存在するのでしょうか。「見るわたし」や、事物がそれに対して「見えているわたし」などはありはしないと主張する大森は次のようにいいます。

「わたし」はどこにもいきはしない、「わたし」はここにいる。「わたし」は奥行きのある風景の中で「ここ」に居る。「ここ」に生きて呼吸をし、「ここ」にわたしの五体がある。そして様々のものが連結した風景（わたしの五体を含んで）が「見えている」、それだけであり、それでおしまいなのである。それが「わたしがここに居る」というそのことなのである。

大森の文章はさらに続きます。「わたしはここに居て右に「眼を向け」左に「眼を向け」、上を仰ぎ下に「眼を落す」。「眼をこらし」、また「眼をそむけ」、あるいは「眼を開き」、「眼を閉じる」。つまり、さまざまな姿勢動作をとる。それにつれて、さまざまな異なる風景が見えてくるであろう。……それが「わたしがここに生きている」というそのことなのである」と。

大森が言うことを一言で言い換えれば、「意識がある」ということです。しかも、「わたしはここに居る」と言われているように、この意識はわたしの「自意識」です。この自意識がどのようなありかたをしているのかについて、大森は上の「それが「わたしがここに生きている」というそのことなのである」という文章に続けて次のように語っています。

しかし、ある風景がある姿で「見えている」そのことは「わたし」が見ることではない。そこには何の動作［行為］もなければ、見ると見られるとの関係もない。それはただ、「見えている」という状態であり、場なのである。その場がそのような場であること、それがとりもなおさず「わたし」がその視点のあたりに居る、ということである。

「わたし」は、「ただ、「見えている」という状態」、言い換えれば、「見えている」というその「場」のところに居る、と大森は語っています。「「見えている」という状態」、「「見えている」という「場」」というのは、「見えているもの」と言い換えることができます。これを、さきほど、述べました、わたしの「自意識」と結びつけると、「わたし」は、「見えているもの」の意識のところに居合わせている、ということになります。それが、「わたしに見える」というときの「わたし」のありかたです（この文章を書き終えた後ですが、『季刊 iichiko』一四二号が編集部から届きました。この号には江戸時代の国語学者の本居春庭の著作『詞通路』の原本を現代表記に改めたものが掲載されています。この著作のなかで春庭が「見る」を「ものを然する」と、「見ゆる」を「おのずから然る」と説明していることを知りました。簡潔で実に的確な説明に感心しました)。

さて、最後にもう一度、万葉集の「見ゆ」にもどることにします。佐竹明宏は、「見ゆ」の使用例が多いばかりではなく、「「見ゆ」はその用法においても、しばしばきわめて特徴的なかたちをとっている」と述べています(「「見ゆ」の世界」、『萬葉集抜書』所収)。

「見ゆ」の「用法が特徴的である」というのはどのようなことなのでしょうか(この特徴は、佐竹は、断ってはいませんが、『古事記』などの上代の歌謡にも見られるものです。『万葉集』によって代表させようというのでしょう)。佐竹は、まず、『万葉集』には終止形「見ゆ」で文を結ぶ用法がきわめて多いと述べ、さしあたり八つの例をあげています。そのうちの二つを引用してみます。

稲日野《いなびの》も　行き過ぎかてに　思へれば　心恋《こころこほ》しき　加古《かこ》の島見ゆ　(巻三、二五三)
さ夜中《よなか》と　夜《よ》は更《ふ》けぬらし　雁が音《ね》の　聞こゆる空を　月渡るみゆ　(巻九、一七〇一)

佐竹が言うように、「見ゆ」で文を結ぶこの形式は『古今集』になると姿を消してしまいますが、『万葉集』では、佐竹が挙げている例以外にもいくつも見いだすことができるものです。ここで特に注目すべきことがあります。それはつぎのような歌です。

海人娘子《あまおとめ》　玉求らし　沖つ波　畏《かしこ》き海に　舟出《ふなで》せりみゆ　(巻六、一〇〇三)
印南野《いなみの》は　行き過ぎぬらし　天伝《あまづた》ふ　日笠《ひかさ》の浦に　波立てりみゆ　(巻七、一一七八)

さ夜中《よなか》と　夜《よ》は更《ふ》けぬらし　雁が音《ね》の　聞こゆる空を　月渡るみゆ（巻九、一七〇一）
朝霧に　しののに濡れて　呼子鳥　三船の山ゆ　鳴き渡るみゆ（巻十、一八三一）
ひさかたの　月は照りたり　暇《いとま》なく　海人《あま》の漁《いざ》りは　燈《とも》し合へりみゆ（巻十五、三六七二）

これらの「見ゆ」は、「文を完全に終結させた後で、それを承けている」のであり、このような用法は、後世には存在しない、と佐竹は言います。どのようなことかといいますと、第一の歌の「舟出せり、」第二の歌の「波立てり」、第三の「月渡る」、第四の「鳴き渡る」、第五の「燈し合へり」という「見ゆ」の前に置かれている動詞はすべて終止形であり、文章はそこで終了しています。それにもかかわらず、その後に、さらに「見ゆ」が添えられているのです（「〜する。見える。」となっているということ。第四の歌の「鳴き渡る」は終止形と連体形が同じ形ですが、佐竹が明らかにしているように、連体形ではなく終止形です。第三の歌の「月渡る」も同様です。動詞の終止形の後ろに「見ゆ」をさらに接続して文を終える用法を「見ゆ留」とよぶそうです。たとえば、北原保雄は「〈なり〉と〈見ゆ〉——上代の用例に見えるいわゆる終止形承接の意味するもの——」、『国語学』第六一集、のなかでこの問題を論じています。しかし、わたしたちは、実は佐竹の場合もそうなのですが、国語学的な議論にはできるだけ立ち入ることは控えて、国語学とは別の観点から事柄を考えてみたいと思います）。このような例は、佐竹が挙げている歌以外にも、いちいち挙げるのは控えますが、数多く見られるのです。

その理由にかんして佐竹は次のように述べています。「作者の意識の底には、一つの状景を詠ずるに当たっても、敢えて、「見ゆ」と述べざるを得ない強い欲求があった。動作の進行を「見ゆ」で表現しなければおさまらない潜在的な何かがあった」と。わたしたちは、この地点までは、佐竹の見解に完全に同意することができます。しかし、その「強い欲求」「潜在的な何か」について、佐竹が述べている解釈からは離れなければなりません。

「見ゆ」にかんするこの問題、すなわち、『万葉集』には「見ゆ」という語で文を結ぶ用例がきわだって多い、また、たとえ、「見ゆ」の語を用いなくても、「見ゆ」というこころで把握されている歌が数多く見られるということ、および、直前の動詞が終止形であることによって文は完全に終結しているにもかかわらず、さらに「見ゆ」をつけ加えるという特徴的な用法が見られるということ。この問題について、わたしたちは、以下のように考えます。佐竹が、「萬葉集は「われ」という語の使用がはなはだ顕著な歌集である」と述べていることについてはすでにふれました。また、佐竹は、『万葉集』には終止形「見ゆ」で文を結ぶ用法がきわめて多いとも述べています。さらに、佐竹は、「「見ゆ」は、終始「われ」を離れることのない言葉である。「見ゆ」とは、誰に見えるものでもない、ただ「われ」に「見える」ことなのである」と述べていることについてもすでに検討しました。佐竹のこれら三つの言説は、おのずから一つの方向を指示しているのではないでしょうか。

まず、「われ」ということばが不安定であるという事情があります。佐竹は、「日本語はいちいち主語の提示を必要としない言語であり」、「主語の省略は萬葉集においてもごく普通のことであった」と述べています。このことは、佐竹にならって「主語」ということば使うならば、「われ」が「主語」として自立できないということです。何故、自立できないのかと言いますと、「われ」が自己意識ではなく、自意識の「われ」だからです。自己意識であれば、自己が自己を見ることによって、自己が自己の支えとなることができるのです。

わたしたちは、すでに述べましたように、この「われ」は、佐竹が言うように「主語」ではなく、「主格補語」であると指摘しましたが、ともかく、日本語（萬葉集）の「われ」ということばは、文のなかで安定した地位を占めていることばではありません。わたしたちは、この不安定な「われ」がみずからの行き場を「見ゆ」のなかに見いだし、そこに定着したのだと考えるのです。歌末に用いられている「見ゆ」は、佐竹もいうように、「われに見ゆ」ということですから、「われ」はこの「見ゆ」のなかに安定した居場所を見いだしているのだということができるのです。

このように、「主格補語」として用いられている「われ」が歌末の「見ゆ」のなかへ移行し、そこに居場所を見いだすという事情は、「見れば〜見ゆ」という構文の推移にもうかがうことができます。「見れば〜見ゆ」という構文の例として、すでに『古事記』の二つの歌謡、「千葉の　葛野《かづの》を見れば　百千足《ももちだ》る　家庭《やには》も見ゆ　国の秀《ほ》も見ゆ」と「おしてるや　難波の埼よ　出で立ちて　わが国見れば　粟島　淤能碁呂島《おのごろしま》　檳榔《あぢまさ》の島も見ゆ　佐気都島見《さけつ》ゆ」を挙げましたが、いずれも、「見ゆ」の直前の語は名詞でした（一五八頁）。直前の語が動詞の終止形のものも挙げておきます。

潮瀬《しおせ》の　波折《なおり》を見れば　遊び来る　鮪《しび》が端手《はたで》に　妻立てり見ゆ　（古事記、歌謡一〇九）

『万葉集』には、「見れば」が「見わたせば」になっていますが、

難波潟《なにはがた》　潮干《しおひ》に立ちて　見わたせば　淡路《あはぢ》の島に　鶴《たづ》渡るみゆ（巻七、一一六〇）

我が背子を　安我松原よ　見わたせば　海人娘子ども　玉藻刈る見ゆ（巻十七、三八九〇）

の歌があります。

これらの歌の「見れば」（や「見わたせば」）の「見る」は「われ」が「見る」（「見わたす」）ということです。この「見る」（「見わたす」）は、すでに述べたことですが、「見ゆ」という事態が生じる、きっかけを表現しているだけなのです。大森荘蔵のところでお話ししましたように、この「見る」（「見わたす」）は、大森の言いかたをすれば、「眼を向ける」ということにすぎません。歌の力点は、「見ゆ」の直前に置かれている事物や光景（事物や光景を、ひとまとめにして、見えるものということにします）にあります（「見る」——つまり、「眼を向ける」ということがなければ、もちろん、「見ゆ」（「見える」）ということもありえないわけですが、「見る」（「見わたす」）と断らなくとも、「見ゆ」（「見える」）といえば、当然、「見る」、（「見わたす」）ことは前提されているわけですから、その結果として、「見ゆ」（「見える」）という事態が生じていることがわかるのです。だからでしょうか、「見れば～見ゆ」という構文の「見れば」と「見ゆ」とが分離して、「見れば」や「見ゆ」が別々に用いられている例が『万葉集』のなかでは数多く見られます。そして、「見れば」だけが用いられている例よりも、「見ゆ」だけが用いられている例が圧倒的に多いのです。まず、「見れば」だけが単独に用いられている代表例として、山部赤人の歌をもう一度あげておきましょう。この歌の「見れば」は、もちろん「眼を向ける」の意味で用いられているのです。

田子の浦ゆ　うち出でて見れば　眞白にぞ　富士の高嶺に　雪は降りける　（巻三、三一八）

そして「眞白にぞ」以下の部分は、佐竹が言うように、「「見ゆ」ということころで把握されている」風景です。「見ゆ」が歌末に用いられている例は、すでに多くの歌をとりあげましたので、省略することにします。両者の違い、すなわち、「見れば」（や「見わたせば」）の場合と「見ゆ」の場合との違いは、「見るわたし」が存在するかどうかということにあります。「見れば」（や「見わたせば」）の場合には、もちろん「見るわたし」は存在します。この「見る」というのは「眼を向ける」ということであり、「眼を向けるわたし」は当然、存在するわけです。しかし、「見ゆ」（「見える」）には、すでに大森荘蔵を援用しながらお話ししましたように、「見るわたし」は存在しません。「わたしに見える」という言いかたをしますが、この「わたし」は自意識の「わたし」であって、「見える」を意識している「わたし」にすぎず、「見えるもの」のところに居合わせている「わたし」にすぎないのであり、「見るわたし」ではないのです。

日本語（萬葉集）の「われ」は安定したありかたをしていないと言いました。歌末に用いられている「見ゆ」は、佐竹もいうように、「われに見ゆ」ということです。「われ」はこの「見ゆ」とともに、「見ゆ」のもとにあることによって安定を得るということができるのです。

「作者の意識の底には、一つの状景を詠ずるに当たっても、敢えて、「見ゆ」と述べざるを得ない強い欲求があった。動作の進行を「見ゆ」で表現しなければおさまらない潜在的な何かがあった」と佐竹は述べていますが、わたしたちによれば、「敢えて、「見ゆ」と述べざるを得ない強い欲求」、「「見ゆ」で表現しなければおさまらない潜在的な何か」というのは、「見ゆ」と述べることによって、作者が、この「見ゆ」とともにある「われ」、「見ゆ」のもとにある「われ」のありかを確認（確かめ、認める）しようとする気持であると考えるのです。

「われ」は「見ゆ」とともに、「見ゆ」のもとにあると言いました。これは、言い換えれば、「見ゆ」のところに「われ」が居合わせるということであり、「見えるもの」のなかに「われ」を見いだす、端的にいえば、「見えるもの」、それが「われ」であるということになります。「見ゆ」におけるこのような「われ」のありかたは、日本人の自然（このことばについては、すぐ後に説明します）と「われ」のかかわりかたを決定しているものです。自然のなかに溶けこむという日本人の精神的態度の原型は、この「見ゆ」（「見える」）のなかに見てとることができるのです。

大野晋が、古い日本語にはヨーロッパ語の「自然」（英語でいえばnature）に相当することばはなかった、古代の日本人が「自然」を人間に対立する一つのものとして捉えていなかったからであろう、と述べています（『日本語の年輪』新潮文庫）。現在、わたしたちが用いている「自然」ということばは、明治時代になってヨーロッパ語のnatureを訳してつくられた翻訳日本語（日本語にあった「自《じ》然《ねん》」からの転用語）です。ヨーロッパ語の「自然」（nature）ということばは、対象として眺められた全体として一つの「自然」です（日本には、そういうものの見かたは存在しなかったのです）。このような「自然」観が成立するのは、すでに述べましたように、ヨーロッパのルネサンスの時代です。翻訳された「自然」に相当することばとして日本語に存在していたのは「花鳥風月」や「山川草木」などであり、「自然」の内部の個別のものをつなぎあわせてできたことばです。ちなみに、「山川草木悉皆成仏」ということばがあります。その意味は、「山川草木」（現在は「自然」とよんでいますが）すべてに仏性が宿っており、「山川草木」すべても成仏するということです。何故でしょうか。「わたし」が成仏するのであれば、わたしに「見えるもの」すべては「わたし」なのですから、「見えるもの」（「山川草木」）もまた成仏するということになります。

金谷武洋は、日本人のものを見る視点は「虫の視点」であると言っています（『英語にも主語はなかった――日本語文法から言語千年史へ』講談社選書メチエ）。「虫の視点」というのは、西洋のように「見えるもの」を離れて、その外の高みから「見えるもの」を眺める（対象化する）というのではなく（金谷はこのような視点を「神の視点」とよんでいます）、「見えるもの」につき従ってものを眺める、地を這う虫のような「視点」のことです。「われ」は「見えるもの」のところに、「見えるもの」とともにいるわけですから、西洋のように「見えるもの」を離れて、その外の高みから「見えるもの」を神のように眺める（対象化する）ということをしないのです。「われ」のこのようなありかたから、「われ」の視点は「見えるもの」につき従う「虫の視点」にならざるをえないのです（「われ」はこの視点からものを見るということです。念のためにお断りしておきますが、この「見る」は、「見える」において「われが見る」ということとは存在しないという話とは、別のことです）。

さきほど、「見ゆ」における「われ」のありかたが、日本人の自然と人間（「われ」）のかかわりかたを決定しているものであると言いました。このことは、日本人が自然を描写するというのは「われ」

を描写することですから、より一般化して言えば、日本人が表現する詩歌のありかたを決定しているものであると言うことができるのです。この「見ゆ」は、『古今和歌集』以降、動詞に続けて歌末に置かれることがあっても、直前の動詞は、もはや終止形ではなく、連体形であると佐竹は言います。つまり、『万葉集』のように直前の動詞で歌は終わっているのではなく、「～するのが見ゆ（見える）」と「見ゆ」は歌の文脈全体の一部に組み込まれているということです。『万葉集』の場合は、直前の動詞は終止形であり、歌はそこで終わっているのに、さらに「見ゆ」をつけ加えています。「見ゆ」は文脈を超えて、屹立しているのです。この違いは何かと言いますと、『万葉集』では「見ゆ」を強調して、「見ゆ」とともにある「われ」を確認（確かめ認める）していたのが、『古今和歌集』以降ではその必要がなくなったということにあるように思われます。言い換えれば、「われ」は、「見ゆ」とわざわざ強調しなくとも、「見ゆ」つまり「見えるもの」のなかに定着したということです。その傍証は、佐竹も力説しているように、「見ゆ」の使用が「古今集以後、衰亡の一路を辿って」いったということに見ることができます。その後に残ったのは、佐竹の言いかたをすれば、「「見ゆ」の語を用いなくとも、「見ゆ」というこころで把握されている」情景です。

傍証ではなく、積極的な証拠を挙げることにしましょう。『古今和歌集』の「仮名序」です。紀貫之が書いたと言われる文章はつぎのようにはじまっています。

やまとうたは、ひとのこゝろをたねとして、よろづのことのはとぞなれりける。よの中にあるひとことわざしげきものなれば、心におもふ事を、みるものきくものにつけていひいだせるなり。

『古今和歌集』の「仮名序」は日本で最初の歌論であると言われます。貫之が、ここで語っているように、「やまと歌のもとには人（「われ」）の心がある。それがさまざまなことばとなったものである。こころに思うことを、見えるもの（や聞こえるもの。聞こえる、についてはふれませんでしたが）に託して表現しているのである」というのです。「心に思うこと」（「われ」）を何故「見えるもの」に託することができるのか、その理由は、「心に思うこと」（「われ」）が即「見えるもの」である、言い換えますと、「われ」は「見えるもの」のなかにいる、つまり、「われ」と「見えるもの」は一つだからです。

この「仮名序」は、「われ」（「われの心」、「われの思い」）が「見えるもの」のなかにすっかり根を下ろしていることを語っているのです（「聞こえる」の場合ももちろん同様で、「見るもの」によって代表させました）。

日本の和歌や俳句などの詩歌は、たとえ「見ゆ」（「見える」）ということばを用いることはなくとも、『古今和歌集』の「仮名序」が書かれた時代以降、千百年にわたって「見えるもの」に託して「われ」（「心に思うこと」）を表現してきたのです。二〇世紀になって、万葉びとと同じ「見ゆ」ということばを用いて詠った歌があります。石川啄木の歌です。「見ゆ」にかんする話の最後にその歌をとりあげることにします。

やはらかに　柳あをめる　北上の　岸辺目に見ゆ　泣けとごとくに　（『一握の砂』）

青春時代に見た早春の北上川の岸辺。岸辺に沿って並ぶ柳の木々のやわらかな新芽は朝日を浴びて薄緑色の炎をあげて燃えるように輝いていたでしょう。青年啄木はその光景に眼も心も奪われて感動していたにちがいありません。しかし今、目に浮かぶあの岸辺の光景は、泣けと言っているかのようだというのです。青春のころの輝くような思い出の光景が、何故、泣けと言っているように見えるのでしょうか。それは、啄木が、今、異郷で苦境に打ちのめされて暗い思いに沈んでいるからなのです。啄木は、輝いていた、なつかしい光景を思い浮かべながら、泣きたくなるような気持ちにかられているのです。

「岸辺目に見ゆ」までの句は、啄木の「われ」と心に甦ってきた岸辺の光景が一つであることを詠っています（岸辺の光景（「見えるもの」）に「われの思い」を託しているということです）。ここまでの部分は、万葉びとの思いと共通する伝統的な心情のありかたです。しかし、「泣けとごとくに」の句は、批評的な、言い換えますと、自分の気持ちをつき放して客観的に見つめている表現であり、この表現によって、万葉びととは異なる近代的な抒情性を帯びるものとなっています。この歌は日本人としての伝統的な心情に根ざした近代の詩人石川啄木の力量がさりげなく発揮されている絶唱であるということができるでしょう。

さて、ここで話題を転じて「中空構造」の話をしたいと思います。河合隼雄が日本文化は「中空構造」のありかたをしていると語っています。河合の指摘はたいへん示唆的な見解であり、わたしたちのこれまでの話と密接に関係する興味深い見解です（以下、河合にかんする言及は、「『古事記』神話における中空構造」および「中空構造日本の危機」、いずれも『中空構造日本の深層』（中公叢書）所収、によります）。河合は、『古事記』神話がもつ深層構造は、日本人の存在の様相の深層を反映するものであり、日本人の思想、宗教、社会などの構造の眼に見えぬ支えとして存在し、日本人を基礎づける根底をなしていると語っています。河合の着眼とそのもとになっている『古事記』の分析は独創的なものです。河合の指摘を検討してみることにしましょう。

黄泉の国に妻のイザナミを訪ねてもどってきたイザナギは、アマテラス、ツクヨミ、スサノヲという三貴子を生みます。この同等の重みを持って出現した三神のうち、アマテラスとスサノヲについては『古事記』の中で多くのことが語られているのですが、ツクヨミについてはほとんど何も語られていません。ツクヨミというのは「月（の）神」のことです。他の多くの民族の神話では、月（の）神は太陽（の）神と並んで重要な役割を演じています。また、『万葉集』に見られるように、日本には、月を詠んだ歌が多く存在するのにたいして、太陽を詠んだものは極めて少ないことからわかるように、日本人は太陽よりも月を重視していたのです。にもかかわらず、神話体系のなかで、ツクヨミはほとんど無為に等しい役割をもたされていると河合は言います。

河合は、さらに、三貴子の中心に存在するツクヨミの無為は他の神々にも妥当するものであると言い、『古事記』の冒頭に語られている、アメノミナカヌシ、タカミムスヒ、カミムスヒという三柱の神の場合や、コノハナサクヤヒメが生んだホテリノミコト（海幸）、ホスセリノミコト、ホヲリノミコト（山幸）という三人の子の場合の中心の神（タカミムスヒやホスセリノミコト）が無為であることを検証しています。そこから河合は、『古事記』神話では、体系の中心は無為すなわち「空」であると結論しているのです。そのことを河合は『古事記』神話における「中空構造」とよんでいるのですが、「中空構造」というのは、中心が空無の構造、つまり、何かの原理が中心を占めることがないという意味です。このような「中空構造」が日本人の心の構造をなしていると河合は言います。

では、「中空構造」ではない、つまり、何かの原理が中心を占めている構造というのはどのようなものでしょうか。河合によれば、それはキリスト教神話（キリスト教のことを河合は神話とよんでいますので、それに従います）における神の構造です。キリスト教においては唯一絶対の神が中心に存在しており、中心に存在する神の権威、あるいは力によってすべてが統合されるという構造をもっています。中空構造と対照的なのです。河合が提示しているこのような「中空構造」（および、それと対比されたキリスト教の神の原理）について、わたしたちは、神話による河合の基礎づけから離れて、わたしたち自身のこれまでの叙述にもとづいて、どのようなことが言えるのか考えてみたいと思います。

河合は、『古事記』神話における中心の神が無為であるということから中心が空無であるという結論を導きだしているわけですが、『古事記』にはこの中心が空無であるということについてはっきりと語っていることばがあります。それが、イザナギとイザナミの二神について語られている「見立てる」と、天皇たちの歌に用いられている「見れば〜見ゆ」です。「見立てる」というのは、すでにお話ししましたように、「見る」と（＝「見る」ことによって）「立ち現れる」という意味です（一六〇頁）。また、「見れば〜見ゆ」というのは、「見る」と（＝「見る」ことによって）「見える」（「見ゆ」）

ということであり、この「見える」(「見ゆ」)は「立ち現れる」と同義です。このように、『古事記』の二神にかんして用いられている「見立てる」と天皇の歌に用いられている「見れば～見ゆ」は同じ事柄を表現していることばです。また、時代が重なる『万葉集』では、「見ゆ」が多用されていますが、「見ゆ」を「～に見ゆ」と用いることによって類型的な「見立てる」という意味で使用されている例も多く見られます。整理してみますと、『古事記』に二例、『万葉集』に一例(一七一頁)使用されている「見立てる」というのは、現在の「なぞらえる」という意味における「見立てる」ではなく、「見れば～見ゆ」の意味で用いられているということであり、現在の意味における「見立てる」に相当するのは、『万葉集』の「～に見ゆ」という「見ゆ」の用法であるということです。

さて、中心が空無であるというのは、どのようなことであり、何が空無なのでしょうか。それは、「見ゆ」(「見える」)における「われ」(〈わたし〉)のありかたが空無であるということです。すでに詳しく述べましたように(一八二頁)、「われ(が、は)見る」においては、見る「われ」は存在しますが、「われに見える」においては、見る「われ」は存在しません。「(われに)見える」においては(見る)「われ」は空無なのです。では、「われ」はどこに行ったのでしょうか。「われ」は「見えるもの」のところに移行して、「見えるもの」と一体化するのです。それが「見ゆ」(「見える」)ということです。

すでにお話ししました桂離宮の庭園の重要な構成要素となっている「見立て」は、「われ」のこのようなありかたを雄弁に物語っています。池を、敷き詰められた砂利石を、池のなかに突き出た松が植わった土と石の構築物を肉眼で見る、すると、大海が、州浜が、天橋立が心の眼に見えるということの構造は、『古事記』の「見れば～見ゆ」の構造と同じで、その構造が近世にまで生きつづけている一つの証拠であるといえるでしょう。

桂離宮の庭園の「見立て」は、肉眼で見る光景を離れて、心の眼に見える光景へと移行するという構造をしていますが、それは、肉眼で見る「われ」が空無化して、心の眼に見える光景へと移行し、その光景と一体化するということです。肉眼で見るとき、「われ」は網膜の中心窩のところに居合わせていますが、その「われ」が空無化する、それが、「見立て」における「中空構造」です。肉眼で見ることから心の眼で見ることへ移行する構造は、日本の芸術にごく普通のこととして見られるものです。一つの例として横山大観の場合をあげてみます。大観は「芸術には眼で描く芸術と、心で描く芸術と、二つある」と語っています。もちろん、二つのうちで大切なのは心で描く方です。「絵は何処までも心で描かねばならぬといふ一事を忘れてはならぬ」と大観は述べています。何故、心で描かねばならないのか、大観は次のように語っています。

日本画は有形の物象を藉《か》り来たって、無形の霊性を創造し、物象とその裏に潜む無形との混然一如の相を表現し又象徴する。客観的事物を単に写実的に説明するのではない。……単に眼の命ずるところによって駆使される技法では、それは、事物の客観的な形象を、ただ表面的に説明するにとどまって、物象の真実なる生命を表現することはできない。心の命ずるところに手が従ってこそ、始めて事物の形象と霊性との、渾然たる相を表現する事が出来るのである。(『大観のことば』横山大観記念館、平成二四年)

キリスト教では西は死の方角です。西が死の方角であるのは、西は太陽が沈んで暗闇に包まれる方角だからです。キリスト教では、肉眼で西を見て、その暗闇を心の眼で死と見なしているのであり、心の眼は肉眼に従って働いています。ところが、日本の浄土信仰では、西は、燦然と光輝く西方浄土が存在する明るい方角です。太陽は沈んで暗くなるのですが、その太陽を肉眼で見るのではなく、心の眼で追いかけるから明るいのです。

西洋では肉眼で見ることが基本にあります。デューラーの銅版画を使ってルネサンスのパースペクティヴの視点の話をしました（四四頁）。この図が示すように、〈わたし〉は、網膜の中心窩のところに居合わせて（その地点で意志しつつ）肉眼で見ながら、縦糸と横糸が形成する透明な平面のところで対象をとらえています。〈わたし〉はこの平面の手前に居て、その平面を（その外から）眺めています。マッハの自画像の場合、〈わたし〉が二重化して、意識する主体の〈わたし〉が意識される〈わたし〉（この〈わたし〉がデューラーの銅版画の画家の〈わたし〉です）を客体として直観的に眺めています（六七頁）。マッハはデカルトが確立した自己意識における主体の〈わたし〉の姿を自画像として描いているのです。デカルトの〈わたし〉は〈わたし〉の外に出ることによって世界の外に出ています。そして世界を対象としてその外から展望して眺めているのです。世界の外に出た〈わたし〉が動揺することなく存在することができるのは、すでに述べましたように、キリスト教の神にたいする信仰が〈わたし〉を確固として支えているからです。西洋では〈わたし〉は、肉眼の網膜の中心窩のところに意志しつつ確固として存在します。

西洋文化の中心には〈わたし〉が確固として存在するのにたいして、日本文化は中心の〈わたし〉が空無化するのです。日本文化の典型的現象である「見立て」がそうですし、「見立て」の根底にある「見える」という精神のありかたがそうです。この中心の空無化は他の様々な領域でも見ることができます。日本を代表する二人の剣豪、宮本武蔵と柳生宗矩の話をしました（二一七～二二二頁）。二人は剣術における眼のつけかたについて、観見二つの眼のつけかたがあり、観の眼を強め、見の眼を弱めるようにと説いています。観の眼というのは心の眼で見ることを、見の眼というのは肉眼で見ることを意味します。宮本武蔵は、観の眼を強め、見の眼を弱めるために、敵と眼を合わせず、また、敵の太刀を肉眼で正視することをしない、と説き、柳生宗矩は見るようにして見るのではなく、見ぬようにして見よ、と説いています。

日本の弓術は、西洋の射撃が肉眼で的を狙って撃つのにたいして、中心窩による見えを離れて肉眼で狙うのを止める（剣術の場合と同じです）、つまり、狙おうとする〈わたし〉を空しくして、的と一体化することをめざすのです。弓術については次章で、ドイツ人のヘリゲルという哲学者が弓術の体得をめざして悪戦苦闘した経緯をお話しするつもりです。ヘリゲルの苦闘は西洋文化の中で育った彼が身をもって異質な日本文化のなかに移行するという体験の過程で生じていますが、わたしたち日本人にとって大変興味あるものです。

序章で鈴木孝夫を援用しながら日本語の自称詞（自分を称することば）の話をしました。ヨーロッパ語たとえば英語では「I」一語ですむところを、日本語では相手に応じて図1（一〇頁）に示しましたように、さまざまな代名詞や名詞を用いて表現します。相手に応じて自分のことを「私」、「ぼく」、「おれ」と称し、相手が生徒であれば「先生」と、息子であれば「お父さん」と、隣の子であれば「おじさん」と称するのです。相手が生徒や息子や隣の子の場合は、相手が自分をどのように見ているかということを忖度して自分の称しかたが決まるのであり、自分を相手に応じて見立てるのです。「私」、「ぼく」、「おれ」の場合は、相手との上下関係に応じて用いることばが決まります。両者に共通しているのは、自分を称することばが欠如しており、存在しないということです。自分を直接に指すことばがない（空無な）のです。

挨拶の話をしました。西洋では相手の眼を正視して、挨拶の言葉を伝えます。相手の眼のなかに相手（相手のI）が存在するからです。しかし、日本では相手を正視することなく（眼をそらして）、挨拶のことばを伝えます。相手の眼を正視しても、相手は眼のなかにいないのです。自称詞といい挨拶といい、日本人の自己の中心に〈わたし〉はいません。西洋文化は正視する文化であり、日本文化は正視しない文化であるといわれますが、その違いは、このように自己のなかに中心をもっているか、もっていないかの違いから生じているということができるでしょう。

西洋では自分の中心が〈わたし〉のもとにあるといいましたが、アメリカの詩人W・H・オーデン（一九〇七〜七三）は次のような詩を書いています。

鼻のまえ三十インチのところ、／私自身のさきがけが行く。／そこにある人の触れない空間は、／私のパグス、わたしの領地だ。／見知らぬ人よ、寝室の眼差しで、／親しむために招く以外は、／心せよ、粗野にも踏み込まぬように。／私は銃をもたずとも、／つばを吐くことはできるのだ。

（E・ホール『かくれた次元』日高・佐藤訳）

オーデンは西洋の個人が自分を中心にして身にまとっている精神的な空間（人格的空間）について詠っているのです。その空間は「私」の前方、三十インチ（七六・二センチ）のところまで広がっているといいます。西洋の街の人ごみの中で人々はある程度の距離を超えてお互いに接近するのを避けようとします。それは個人がこのような精神的空間を身にまとっているからです。自己の中心をもたない日本人には人格的空間は存在しません。むき出しで歩いている日本人同士は人ごみのなかでいつもぶつかりそうになります。わたしたち日本人はそれを日常茶飯事に経験しているわけです。

主語にかんして、英語をヨーロッパ語の代表としてとりあげますが、「I see Mt.Fuji.」という文で、何故「I」（〈わたし〉）が主語（subject）になりうるのかといいますと、主体（subject）である〈わたし〉が存在し、その主体（subject）が対象として眺める客体の〈わたし〉を主語（subject）として定立するからです（八〇頁）。日本語では、主体としての〈わたし〉が不在なので、「〈わたし〉は（が）富士山を見る」（この文は、富士山に眼を向ける、ということを意味しているにすぎません）と言わずに、「富士山が見える」という言いかたをします。〈わたし〉は主語になりえないのです。「見える」は、すでに詳しく述べましたように、見る〈わたし〉が存在しない（空無である）ことを表現しています。

無我は昔から、日本人の理想的な境地とみなされてきました。無我というのは、文字どおり、〈わたし〉が無化した境地です。すでにお話ししましたように、道元（一二〇〇～五三）は「仏道をならふといふは、自己をならふ也。自己をならふといふは、自己をわするゝなり。自己をわするゝといふは万法に証せらるゝなり」(『正法眼蔵』)と説いています。また西田幾多郎は「自己が自己を越えることによって超越的自己に至る」と語っています。この「超越的自己」に対置されているのは「意識的自己」です。「意識的自己というのは何処までも見られた自己にすぎない」、「真に自己自身を見る」ということ、「それは見られる自己がなくなることである。自己が絶対に無なることを見ることである。故に我々は真に自己自身を忘じた所に真の自己があると考えるのである」(以上『一般者の自覚的体系』)。見られる自己がなくなるのは、見る自己がなくなる(=無我)からです。西田の、「見るもののなくして見るもの」という絶対無の立場は、このような「自己を忘じた所」に成立しています(九章でまた詳しくお話しします)。無我は、道元の言う「自己をわするゝ」、西田の言う「自己を忘じる」ということです。

無我は、このように〈わたし〉が無化した境地です。宮本武蔵は「空」ということばを使って、剣術が目指す究極の目標は、空であると言っていますが、「空」も無我を表現する別のことばです。しかし、無我や空の境地において、つまり、〈わたし〉が無化することによって、すべてが空虚になるというわけではないのです。さきほどの道元の引用文の最後に「万法に証せらるゝ」ということばがありました。「万法」というのは「物質的に、精神的に存在するもののすべて」を意味します。無我(「空」)の境地においては「存在するもののすべて」が、おしよせてくるのです。無我(空)は空虚ではなく、充溢なのです。

最後に無我の位相について述べておきたいと思います。どのようなことかといいますと、無我において〈わたし〉は完全に消滅して、どこにも存在しないというわけではないということです。〈わたし〉は肉眼の中心窩のところでは無化して存在しませんが、中心窩とは別のところに、別のありかたで存在するのです。その位相が臨済の言う「目前」です。臨済は、目前について「お前たちの目前で、（はっきりと見たり聞いたり）照り輝いているもの」と語っています（一三五頁）。この目前の位相は仏像に表現されています。仏像の眉間のすぐ上にある白毫（白毫というのは、白い巻き毛のことですが、ここから光明が放たれるといいます）の位置がそれです。ある種の明王などは、この位置に白毫の代わりに縦長の第三の眼がついています。また、東大寺三月堂の不空羂索観音像や唐招提寺の千手観音像などは、白毫のすぐ上にさらに第三の眼がついています。この位相からは、内面も外界もすべてが同時に、しかも、一挙に見えます。ここが無我の〈わたし〉が存在する位相です。西田幾多郎のいう「見るものなくして見るもの」が存在する位相は、このような「目前」にあります。

西洋の〈わたし〉は、眼の奥の中心窩のところに位置しており、世界をその外から対象として展望します。それにたいして、日本の「わたし」は、眉間の白毫や第三の眼のところにあり、内面と外界を同時に、しかも、一挙に眺めることができます。これが無我の境地における「わたし」のありかたであり、「物質的に、精神的に存在するもののすべて」は、このような境地にある「わたし」におしよせてきて「わたし」を満たすのです。

デカルトが西洋の近代精神を〈考えるわたし〉を基礎にして確立した人物であるとすれば、臨済は、東洋（日本）の精神の基軸が「目前」にあると洞察した人物です。明治以降のわたしたち日本人は、自己の内部にこのような互いに相容れないように見える西洋と日本の二つの異質な精神構造を抱え込むことになり、その結果、精神の分裂に苦しまざるを得ないという運命を背負うことになったのです。

日本文化が中空の構造をしているという河合隼雄の洞察は独創的な比類ない見解です。河合が中空構造の基礎づけに用いている古事記をわたしたちもとりあげましたが、河合のように分析心理学のことばによって論じるのではなく、日常の身近な生活のことばで検討してみたわけです。

八章　オイゲン・ヘリゲル

わたしたち日本人は西洋化した日本人です。西洋化した日本人の内部に存在する日本的なもの〈日本文化の本質〉と西洋的なもの〈西洋文化の本質〉がどのようなありかたをしているのかをつきつめて考察してきました。わたしたちの内部に存在するこれら二つのものは、対極的で、互いに相容れないところがあります。精神〈自己〉の中心がない、精神〈自己〉の中心がある、〈わたし〉がない、〈わたし〉がある、文に主語がない、主語がある、などのようにです。両者のあいだに連絡がなく雑居した状態、もっと率直な言いかたをすれば、分裂状態にあるのです。西洋文化をひたすら取り入れようと努力してきた明治以降の日本人はこのような分裂〈雑居〉を宿命的に精神の内部にかかえこむことになりました。序章で述べましたように、個人の人生が、あるいは、時代全体が、西洋と日本という両極のあいだで揺れ動くのは、このような分裂〈雑居〉が存在することによって生じています。そのことによって、日本人の足もとは不確かとなり、不安定感や、確信できるものを欠いた自信のなさを抱かざるをえなくなりました。それは明治から大正、そして昭和へと時代が下るにつれて〈つまり、西洋化の度合いが進むほど〉程度を増してきたように思われます。

このような事態にたいする日本人の対応のしかたに、西洋的なものを、コートを脱ぐように脱ぎ捨てようとする試みがあります。しかし、うまくいくはずはありません。また、西洋における近代の超克の潮流に乗って、西洋近代を超えようとする（否定しようとする）試みがあります。その試みを西洋から輸入して身につけた近代的思考によって行おうとするのです。

ドイツ在住中に、トリアーで開かれた現象学会に出席する機会がありました。そのときに経験したことですが、日本のある大学の先生が芭蕉について講演をしていました。結論のところで、その先生はドイツの哲学もすばらしいが、日本の思想はドイツの思想を超えたところがあると言いました。たまたま隣に坐っていたジャンパー姿の気さくな感じのドイツ人が、にこやかな笑顔を浮かべながら、日本人はこういう言い方が好きですねえ、と話しかけてきました（その人は高名な哲学者のガーダマーであるとすぐ後で知りました）。とっさのことで、そのとき、どのような返事をしたのかよく覚えていないのですが、いまでもあの印象的な笑顔をときどき思い出します。

西洋的なものを脱ぎ捨てようとしたり、日本的なものを何か持ち出して西洋的なものを超えてしまおうする試みは、わたしたちの内部の西洋的なものから逃避しようとする態度であり、それを正視する（見極めようとする）態度ではありません。このようなしかたでは、内部の西洋的なものに足をとられることになります。内部に存在する両者の分裂を克服する、つまり、両者のあいだに筋道をつける（レーヴィットの言い方をすれば、一階と二階のあいだに階段をもうける）ためには、両者を正視する（見極める）以外に方法はないように思われます。

その手がかりを与えてくれる格好の人物がいます。その人物はドイツ人の哲学者オイゲン・ヘリゲル（一八八四〜一九五五）です。ヘリゲルは仙台の東北帝国大学で哲学と西洋古典語を教えるために来日し、一九二四年から二九年まで、五年間日本に滞在しています。ヘリゲルは日本滞在中に禅の奥義を体験したいという希望をいだいていました。周囲の人に相談すると、そうであれば、いきなり参禅するというやりかたよりも、日本の武術を何か体得するという道を選ぶほうが賢明である、とある日本人が助言してくれました。その助言にしたがってヘリゲルは弓術の修行に励むことにします。弓術を選んだのは、小銃や拳銃の射撃をやった経験があったからです。ヘリゲルは阿波研造師範（一八八〇～一九三九）のもとで五年間におよぶ修行に従事しました。阿波研造は、一九一七年の全国大会で全射的中《ぜんしゃてきちゅう》（百発百中）の成績を収め全国一位の座に就いたほどで、全国の弓道界に名を知られた人物でした（諸岡了介「時代の中の弓と宗教――阿波研造と大射道教」印度学宗教学会　論集第三五号別冊）。ヘリゲルは五年間におよぶ修行を経て弓道五段、範士という最高位の称号を授けられました。しかし、そこにいたるまでの修行の過程はヨーロッパ人であるヘリゲルにとって悪戦苦闘の連続でした。この悪戦苦闘の修行を経ることによってヘリゲルは西洋的なもの（西洋文化の本質）から日本的なもの（日本文化の本質）へ身をもって移行をとげています。この移行のなかに、わたしたちの内部の西洋的なものと日本的なものとの分裂を克服する手がかりを見いだすことができるように思われるのです。これから、ヘリゲルの修行の跡をたどることにしますが、少し手を加えてはありますが、拙著『日本人の〈わたし〉を求めて――比較文化論のすすめ』（新曜社）からの再録であることをお断りしておきたいと思います。

弓術（弓道）は、竹製の弓に張った弦に矢をつがえて放ち、約三〇メートルの距離に置かれた的を射る武術です。一見すると、ヘリゲルがドイツでやったことがある射撃と似ているように見えます。

一方は矢を放って、他方は小銃や拳銃の弾を撃って、狙った的に当てるわけですから。しかし、弓術は、小銃や拳銃の射撃のようなスポーツではなく、弓を射る人間の「精神上のある態度」が前提されている武術であり、その態度は仏教の禅の本質と共通するものである、とヘリゲルは言っています（オイゲン・ヘリゲル『日本の弓術』柴田治三郎訳、岩波文庫、一四頁。以下、同書の場合は頁数だけを記します）。

稽古は巻藁《まきわら》に向かって弓を射ることからはじまりました。師範がまず手本を示します。彼は一本の矢をつがえて、大きく引き絞り、放ちました。すべての動作は大変見事で、しかも、しごく簡単のように見えました。それから師範は「あなたは弓を腕の力で引いてはいけない。心で引くこと、つまり筋肉をすっかり弛めて力を抜いて引くことを学ばなければいけない」と言いました（二七頁）。弓を引くときには、弓と矢を持った両手を頭上にくるように高く差し上げて、それから両手を下げていき、弓を持つ左手は腕を伸ばして目の高さに、矢を持つ右手は肩を曲げて右肩の関節の高さにくるようにします。そして矢を放つまでこの姿勢のまましばらく待っていなければなりません。ヘリゲルがやってみると、弓を引き絞ろうとすれば、どうしてもかなりの筋力を使わざるをえず、左右の両腕を押し広げると、数秒の後には腕は緊張のあまり震えだし、呼吸がだんだん苦しくなりました。ヘリゲルは「ドイツ人特有の徹底ぶり」で稽古を続けましたが、どんなに稽古を積んでも「心で引く」ことになりそうには思えませんでした（二八頁）。

ヘリゲルが行き詰まりを訴えると、師範は、弓を正しく引けないのは、肺で呼吸するからであると説明してくれました。「腹壁が程よく張るように、息をゆっくりと圧し下げて……息をぴたりと止め、どうしても必要な分だけ呼吸しなさい。……一旦そんな呼吸の仕方ができると、……両腕を弛め、力を抜いて、楽々と弓が引かれるようになる」(三〇頁)。

ヘリゲルは一年経ってやっと弓の正しい引きかたを会得することができるようになりました。次は矢を射る「放れ」の段階です。矢を握る右手は皮の手袋を嵌めています。詰め物をして太くなった拇指は弦を押さえて矢の下に折りこまれ、人差し指と中指と薬指が拇指を上から包むようにしてしっかりとつかんでいます。「放れ」というのは、拇指をつかんでいる三本の指が開かれて拇指を解き放すことをいいます。そうすることによって矢が飛びだすのです。

ヘリゲルが矢を放つと、いつも強い衝撃を受け、射は必然的に不安定になりましたが、師範が放つとすこしも衝撃は起こりませんでした。いくらそれに倣おうとしても無駄でした。師範は言いました。「あなたは頃合いよしと感じるかあるいは考える時に、矢を射放とうと思う。あなたは意志をもって右手を開く。つまりその際あなたは意識的である。あなたは無心になることを……学ばなければならない」と(三三頁)。師範はさらに言いました。「あなたは全然なにごとをも、……考えても感じても欲してもいけないのである。術のない術とは、完全に無我となり、我を没することである。あなたがまったく無になる、ということが、ひとりでに起これば、その時あなたは正しい射方ができるようになる」(三三～三四頁)。ヘリゲルは尋ねます。「無になってしまわなければならないと言われるが、それではだれが射るのですか」と。師範は答えます。「経験してからでなければ理解のできないことを、言葉でどのように説明すべきであろうか。仏陀が射るのだと言おうか。この場合、どんな知識や口真似も、あなたにとって何の役に立とう」と(三四頁)。

何カ月もの稽古を過ぎてもうまくいきません。あるとき、ヘリゲルは師範に尋ねました。「私が弓を引き絞ると、今直ぐ射放さなければ引き絞っている事がもはや耐えられないと感じられる瞬間が来ます。その時思いもかけず何が起こるでしょうか？　只単に私に息切れが襲ってくるだけのことです。それ故どうなろうと私は射放さないわけには行かないのです。私はもはや射を待っている事ができないのですから」。師範は答えて言いました。「あなたがなぜ放れを待つ事が出来ないのか、又なぜ射放される前に息切れになるのか、御存じですか。正しい射が正しい瞬間に起こらないのは、あなたがあなた自身から離れていないからです」と（『弓と禅』稲富栄二郎・上田武訳、福村書店、九六頁。以下、同書の場合は書名と頁数を記します）。さらに次のような問答が交わされています。「では私は何をすればよいのでしょう」。「あなたは正しく待つことを習得せねばなりません」。「しかしどのようにしてそれが習得されるのでしょう」。「意図なく引き絞った状態の外は、もはや何もあなたに残らない程、あなた自身から決定的に離脱して、あなたのもの一切を捨て去る事によってです」（『弓と禅』九九頁）。

ヘリゲルが、無心になろう、無我の境地にいたろうと努力するのを見て、師範は「あなたは無心になろうと努めている。つまりあなたは故意に無心なのである。それではこれ以上進むはずはない」と戒めました（三六頁）。稽古は三年目になっていました。ヘリゲルは自覚していなかったのですが（と、後から振り返って語っています）、射撃の経験にまだ捕らわれていました。射撃では、命中の確実さは発射の瞬間の引き金に当てた人差し指の使いかたにあるように、弓術も、滑らかな放れに懸かっている、「弓を引く時の力を抜いた状態、一杯に引き絞り力を抜いて満を持している事、力を抜いた放れ、衝撃的動揺を力を抜いてとり去る事――これら凡ては中《あた》りの確実さの為に、従ってまた弓射の目的の為にあるのではないか」と考えていたのです（『弓と禅』九一頁）。ですから、「右手を故意に開いてはいけない」（同、九三頁）という師範の教えを忘れ、「欠点は師範の危惧した箇所、即ち無心、無我になり切れない処に在るのではなくて」（同、一三一頁）、「実は技巧の上だけで解決されるのだ」（三七頁）という結論に到達しました。そこで夏休みがはじまると、ヘリゲルはその問題を徹底的に研究し、三本の指を目立たぬように弛めてだんだんと伸ばしていき、支えを失った拇指は不意に弾かれて、何もせずにいても、弦と矢が離れる瞬間がくるという方法を考えました。練習の結果、矢の放ちかたが、以前よりもはるかに楽に、かつはるかに無心にできるように思われて満足することができました。しかし、この方法は、「右手を精密に働かせる」ために、「十分な注意作用が必要な」ものであり（『弓と禅』一三三頁）、明らかに師範の教えに反するものでした。

　夏休みが終わって最初の稽古のとき、ヘリゲルは師範の前で休暇中に練習した方法で矢を放ってみせました。ヘリゲルには見事な出来ばえに思えましたが、師範は自分を欺こうとしたと怒り、今後教えることを断ると言いました。ヘリゲルは自分の窮状をつぶさに述べて、師範はやっと思い直してくれました。そのさいヘリゲルは二度と教えに違反しないことを師範に誓いました。こうして稽古が徹底的にくり返されました。それから一年が過ぎるかと思われたころになって、ヘリゲルは初めて師範から完全に認められる放れができるようになりました。

　弓術をはじめてから四年後に、的を射るといういよいよ最後の段階がやってきました。的は約三十メートルの彼方にあり、その的にむけて矢を射るのです。師範はこれまで稽古したことをただくり返すようにと言いました。ヘリゲルは的に中《あ》てるには弓をどう持てばいいかと尋ねます。的はどうでもいいから、これまでと同様に射なさいと師範は答えます。ヘリゲルが中てるとなればどうしても狙わないわけにはいかないとことばを返します。師範は声を強めて答えました。「いや、その狙うということがいけない。的のことも、中てることも、その他どんなことも考えてはならない。弓を引いて、矢が離れるまで待っていなさい。他のことはすべて成るがままにしておくのです」と（四二頁）。師範は弓をとり手本を示します。矢は的のまん中にとまっていました。それから師範はいいました。「私のやり方をよく視ていましたか。……私が目をほとんど閉じていたのを、あなたは見ましたか。私は的が次第にぼやけて見えるほど目を閉じる。すると的はわたしの方へ近づいて来るように思われる。そうしてそれは私と一体になる。これは心を深く凝らさなければ達せられないことである。……あなたは的を狙わずに自分自身を狙いなさい」（四二～四三頁）。このような的の見かたを師範はまた、「的を見ないように見る」ともいっています（『弓と禅』一五〇頁。剣術で柳生宗矩が「みる様にして見ず、見ぬようにして見る」と語っています。日本の武術に共通するのです。一二一頁）。

ヘリゲルは師範のいうとおりにやってみようとしますが、狙いを定めるのを諦めるということがどうしてもできませんでした。ある日、ヘリゲルが、狙わずに中てるということがどうしても理解できないし習得することもできないわけを師範に話すと、師範は、それは不信のせいだ、「的を狙わずに射中《いあ》てるということができるということを、あなたは承服しようとしない」と明言しました。師範はヘリゲルにその夜自宅に来るように言い、自宅の横にある道場で狙わずに中てるという射放を実行してみせました。師範は、編み針のように細長い一本の蚊取線香に火をつけて、それを的の前の砂地に立て、暗闇のなかの的にむかって二本の矢を続けて放ちました。第一の矢は的のまん中に命中し、第二の矢は第一の矢の筈《はず》（矢の末端）に中《あた》ってそれを二つに割いていました。師範は言いました。「私はこの道場で三十年も稽古をしていて暗い時でも的がどの辺にあるかはわかっているはずだから、一本目の矢が的のまん中に中ったのはさほど見事な出来ばえでもないと、あなたは考えられるであろう。……しかし二本目の矢はどう見られるか。これは私から出たのでもなければ、私が中てたのでもない。そこで、こんな暗さで一体狙うことができるものか、よく考えてごらんなさい。それでもまだあなたは、狙わずには中てられぬと言い張られるか」（四七〜四八頁）。

それ以来、ヘリゲルは、疑うことも問うこともきっぱりと諦めて、その行方がどうなるかなどとは頭をなやまさず、ひたすら稽古に励みました。無心になれるかどうかということさえ、もう気にかけませんでした。それはもはや自分の手中にあるのではないことを知ったからです。稽古をはじめてから五年目のある日、師範は試験を受けるように勧め、ヘリゲルは見事に合格して免許状を授けられました。

ヘリゲルが帰国するときに、阿波研造師範がヘリゲルに送ったことばがあります。

あなた方お二人は（二人というのは、ヘリゲルの妻も生花の修行をとおして日本文化の神髄にふれたからです）、この歳月の間にすっかり変わってしまわれた。これは弓道が即ち最後の深みにまで達する射手の自己自身との対決が、齎したものであります。あなた方はこの事を恐らく今まで殆どお気付きにならなかったでしょう、が故国で友人知人に再会されると、必ずや感付かれる事でしょう。もはや以前のようにしっくりしないのです。あなた方は多くの事を別の目で見、別の尺度で測ります。(『弓と禅』一六二頁)

阿波研造師範は、ヘリゲルが、弓術の修行をとおして、ヨーロッパ文化の根底にあるものの見かた・考えかたから、それとは異質で対極的な日本の伝統文化の根底にあるものの見かた・考えかたへ移行をとげたことを語っているのです。それは精神的・肉体的な変容とよべる出来事でした。

ヘリゲルの弓術の修行の過程を主として『日本の弓術』を手がかりにして追ってみました。習得した弓術の全体像がどのようなものか、少し長くなりますがヘリゲルのことばを引用します。

弓を引く前には、まず初めの儀式が行なわれる。それはきまった歩数だけ進んで、射手が次第に的と相対する位置に来るのであるが、途中で立ちどまって深く呼吸をする。それから射手が弓を引く構えをすれば、その時すでに、完全な沈思に成功する程度まで精神が統一されている。一旦弓を引き絞れば、沈思の状態は決定的となり、引き絞っていればいるほど沈思は深められ、その後の一切は意識の彼方で行なわれる。射手は矢が放たれた瞬間に、ふたたび、しかも漸次にではなく不意に、我に復《かえ》る。忽然として、見慣れた周囲が、世界が、ふたたびそこに在る。自分が抜け出していた世界へ、ふたたび投げ返された自分を見る。自分のからだを貫き、飛んで行く矢の中に移ってはたらきつづけるある力によって、投げ返されたのである。このようにして射手にとっては、無と有とは、内面的にはどんなに異なっていても、きわめて緊密に結びつけられるのみならず、両者はたがいに頼りあっている。有から無に入る道は、かならず有に復って来る。それは射手が復ろうとするからではなく、投げ返されるからである。射手のそのような経験のそのままの所見は、どのような思弁によっても説明し切ることはできない。（五八〜五九頁）

この描写には三つの要点があります。まず、弓を引き絞ることによって沈思が深められ、一切が意識の彼方で行われ、矢が放たれた瞬間に不意に我に復るということ。つぎに、無と有は緊密に結びついており、有から無への移行は、必ず有に復って来るということ。さらに、そのような経験について説明しつくすことはどのような思弁によってもできないということ。

第一の、「意識の彼方」と「我に復る」は、第二の「無」と「有」に対応しています。つまり、「意識の彼方」が「無」であり、「我に復る」が「有」ということです。ここで「意識」といわれているのは「自己意識」のことです。「意識の彼方」というのは、「自己意識」が無い（＝自己意識の消滅）、つまり「無」のことであり、「我に復る」は「自己意識」が、もどってきて（＝自己意識の回復）、有る、つまり「有」のことなのです。ここには、二つの運動、すなわち、有（自己意識の有）から無（自己意識の無）に入り、無（自己意識の無）から再び有（自己意識の有）に移行する（復る）という運動が存在します。そして、第三には、その移行の運動の経験について説明しつくすことはどのような思弁によってもできない、と言われているのです。

自己意識の無というのは、少し硬い言い方かもしれません。もっと普通の言い方をすれば、〈わたし〉の無、つまり、無我ということです。有から無に移行するというのは、有我（といっておきますが）から無我に移行するということであり、「我に復る」は無（無我）から有（有我）に移行するということです。このように自己意識（〈わたし〉）は有から無に、無から有に移行するのですが、自己意識（〈わたし〉）というのはどのようなものでしょうか。ヘリゲルは次のように述べています。

人間が、自分自身ではないもの、自分のものではないもの一切と、自分とをますます根本的に区別するようになるにつれて、自我と非我との緊張関係は、対立として意識されるようになる。存在するもの一切を対象物として対置させるならば……自我は、局外に、つまり自我と《向かいあう》ものの対極に、位置することになる。（『禅の道』榎木真吉訳、講談社学芸文庫、一七七頁）

引用文中の「自我」というのは、〈わたし〉のことです。「非我」は〈わたしではないもの〉のこと、「《向かいあう》もの」というのは、対象のことです。ここでヘリゲルが述べているのは、西洋近代の世界観の根底にある〈わたし〉のありかたです。この〈わたし〉のありかたを確立したのが、二章で述べましたように、一七世紀の哲学者デカルトです。〈わたし〉（「自分」、「自我」）は、〈わたし〉ではないもの（「自分のものではないもの一切」、「非我」）を超え出て、その「対極に位置」し、「存在するもの一切」を〈わたし〉（自我）に「《向かいあう》もの」、すなわち「対象物」として「対置」します。このようなしかたで、〈わたし〉と〈わたし〉ではないものを、「根本的に区別する」のです。〈わたし〉ではないものと〈わたし〉を「根本的に区別する」この〈わたし〉が、沈思が深められるなかで消滅する（無我、無心）ことによって、どのような事態が生じているでしょうか。ヘリゲルが語っていることをさらに追ってみましょう。

無と有との間には……完全な忘我と明瞭な自我意識との間と同一の、断ちがたい関係がある。非有の中の有の経験が自己の経験となるのは、無我の境に移された者が自己存在の中へ、死者が生成の中へ幾度でも投げ返され、そのようにして、自己の存在の軌道を越えたはるか彼方にまで意義を有するものを、自己自身について経験する、ということによる。（六〇頁）

ここでヘリゲルは、「非有の中の有」において「無我の境に移された者が自己存在の中へ、死者が生成の中へ幾度でも投げ返される」と言っています。「非有」は「無（我）」であるということですが、その「非有」の中に「有」が存在するというのです。その「有」は、「死者が生成の中へ幾度でも投げ返される」ように、「無（我）」となった「自己」が「自己存在の中へ幾度でも投げ返される」ことによって成立します。「非有」の中に「有」が存在するというのは論理的に矛盾ではないかと言う人がいるかもしれません。そのような人には、西田幾多郎が、みずからの場所の哲学の立場を「見るものなくして見る」（こと）によって成立すると語っているのを援用するのがいいかもしれません。「見るもの」がなくて、どうして「見る」ことができるのか、と思うかもしれませんが、「見るもの」（我）が無くなって（無我）、「我が見る」ということが消滅しても、「見える」は残るのです。その「見える」を西田は「見るものなくして見る」と語っているのです。ヘリゲルの場合、「非有」の中に

（＝「無我の境」に）、「無我」が有る（ということ）が存在しているのです。この「有」が残っていなければ、引用文に語られているような認識は成立しなかったでしょう（つまり、「無我」が有るということが残っていないというのは、発狂した、あるいは、死亡したことによって、精神の働きが失われたということを意味します）。

　ヘリゲルは、さきほどの引用文で、「非有の中の有」において、「自己の存在の軌道を越えたはるか彼方にまで意義を有するものを、自己自身について経験する」と語っています。この「自己の存在の軌道」を越えたものを「自己自身について経験する」というのはどのようなことなのでしょうか。別の個所で、ヘリゲルは、「精神が何処にも、如何なる特殊の場所にも執着しないが故に、至る処に現在する」（『弓と禅』一〇八〜一〇九頁）と述べています。また、「空虚であるが故にあらゆるものに自己を開く事が出来る」とも語っています（同、一〇九頁）。これらのことばは、「自己の存在の軌道」を越えたものを「自己自身について経験する」という事態を端的に説明していることばです。これは、臨済の「心法無形、十方に通貫《つうかん》す。……一心既に無なれば、随処《ずいしょ》に解脱《げだつ》す」（「心には形がなくて、十方世界を貫いている。……根本の一心が無であると徹底したならば、いかなる境界《きょうがい》に入ってもとらわれることはない」朝比奈宗源訳『臨済録』岩波文庫）ということばや、『金剛経』の「応無所住而生其心」（まさに住する所なくしてその心を生ずべし）ということばと共通するものを表現しており、また、道元のいう「自己をわする、というは万法［一切の存在する事物］に証せらる、なり」（『正法眼蔵』）と同じことを語っているのです。

　もともと座禅を志していたヘリゲル自身は、みずからの経験を仏教的にどのようなものとみなしているでしょうか。彼のことばを引用します。弓術の修行は、「禅僧が実行している神秘的な沈思法のもっとも純粋な形」でもある（五一頁）。弓術も正しく行われるならば、最後に到達すべき境地は、「弓も矢もなしに射中てることである……したがって、弓と矢を使うとき無心となり無我となり無限の深みへ沈み去ることと、仏陀のように両手を組み静座して思いを沈めることとは、実はまったく同一のことである」（同）。「真の沈思においては、単にあらゆる思考と意欲だけではなく感情も……すべて無くなってしまう」、これが「無我になる」ということであり、「非有の中の有」を経験することである（五二頁）。それは「神秘の根本経験」（五五頁）であり、この経験は「まったく筆舌に尽くしがたく、また何物にもたとえることができない。それをみずから経験したことのない者には、……とうてい言い表すことはできないという事実を、知ることもできない」（五二頁）。

ヘリゲルは、「無我」にいたり、「非有の中の有」を経験することを「神秘の根本経験」とよんでいます。この経験は根本的なものであり神秘であるというのです。「神秘」というのは簡単にいえば思考を超え、言語（による表現）を超えているということを意味します。言語（による表現）を超えているということについては、ヘリゲルが、さきほどの引用文で、「まったく筆舌に尽しがたく、また何物にもたとえることができない。それをみずから経験したことのない者には……とうてい言い表すことはできないという事実を、知ることもできない」と述べていることを指摘しました。思考を超えているということについては、ヘリゲルが、たとえば、弓術の全体像について述べている箇所で、「意識の彼方」と語っている箇所がありました。この「意識の彼方」というのは、「無我の境（地）」ということであり、思考する主体〈わたし〉が消滅している事態を指しています。思考する〈わたし〉（主体）が消滅しているというのは、思考が消滅しているということです。思考を超えるというのは思考そのものが消滅することによって実現するのです。ヘリゲルが述べている弓術の全体像の文章の最後に「射手のそのような経験のそのままの所見は、どのような思弁によっても説明し切ることはできない」という箇所がありました。「神秘の経験」は、どのような思弁によっても到達することはできないというのです。

「思弁」ということばがでてきました。「思考」（ドイツ語でDenken）と「思弁」（ドイツ語でSpekulation）には違いがあります。「思考」は、ハイデガーがいうように、「Denken von etwas」（「etwas」（何ものか、何ごとか））「von」（について）「Denken」（考えること）であり、この「etwas」（何ものか、何ごとか）は思考の対象です。この対象を欠いて思考は成立しません。「思考」は本性上「対象的（思考）」なのです（ハイデガー『形而上学とは何か』）。このような対象的思考の消滅が無（我）という事態でした。「思弁」ということばは、一般的には、「ギリシャ語のtheōria、ラテン語のspeculatioに由来し、経験を介さずに理性のみによって事物の真相に到達しようとすること」（『デジタル大辞林』の説明を少し変えました）というような意味で用いられます。ヘリゲルに即してもう少し具体的にいえば、「思弁」は、思考の無を経験している（自覚している）思考、無（我）に動機づけられて働く思考ということを意味します。ヘーゲルは一九世紀の冒頭にすでに「思弁」ということばをヘリゲルと同じような意味で使用しています（ヘーゲルのことは次章でお話しすることにします）。ヘリゲルと同時代の二〇世紀の哲学者ハイデガーは、無について述べている『形而上学とは何か』のなかで、単なる対象的であるにすぎない思考にたいして「思弁」ということばを使う代わりに、「本質的な思考」(das wesentliche Denken) や「回想する思考」(Andenken) ということばを使っています。なぜ(思考として)本質的なのかといいますと、「有は思考による出来事ではなく」(das Sein ist kein Ereignis des Denkens)、この思考が「有そのものによって出来《しゅったい》し、それゆえに有に聴従する思考」(ein vom Sein selbst ereignetes und darum dem Sein höriges Denken) だからです(ハイデガーは有は無であるといいます。彼の有はヘリゲルが無(の事態)を「非有の有」とよんでいることに相当します。ですから、ここではハイデガーから引用したことばのなかの「有」は「無」と読みかえてください)。また、ハイデガーは「有そのものを回想する思考」(Andenken an das Sein selbst) ということばも用いています。

「思弁」に相当するハイデガーの用語をとりあげましたが、「本質的な思考」(das wesentliche Denken) も「回想する思考」(Andenken) も「思考」(Denken) ということばをふくんでいます。「思考」(Denken) である以上、それは「対象的(思考)」なのです。違いは、その「対象的思考」が、単なる「対象的思考」なのではなく、「有(無)そのものによって出来《しゅったい》し、それゆえに有(無)に聴従する」、あるいは、「有(無)そのものを回想する」ように働くことにあります。そのことをさきほど、ヘリゲルの「思弁」にかんして、思考の無を経験している(自覚している)思考、無(我)に動機づけられて働く思考であると言いました。二人は同様のことを語っているのです。ヘリゲルは、さらに、「思弁」は「神秘の根本経験を手がかりにする」ものであり、この経験を「足場」にして「追思考」(「熟考」) することになるが、しかし、「思弁の器官は結局は思考であり、その十分な根拠は自己意識である」と「自己意識」の重要性を強調することを忘れてはいません(六〇頁)。この章のはじめに、わたしたちは西洋化した日本人であると言いましたが、ヘリゲルは日本化した西洋人なのです。

　ヘリゲルの弓術修行についてみてきました。ヘリゲルの経験の核心は、〈わたし〉が有から無へ、無から有へ移行するという経験、言い換えますと、西洋的なもの（対象的思考）から日本的なもの（無）へ移行し、日本的なもの（無）から西洋的なもの（思弁）へ再び移行するという経験にあります。このような日本的なもの（無）の経験を経ることによって、ヘリゲルの思考は、単なる対象的思考から思弁に変容をとげているのです。ヘリゲルの経験の足跡は、わたし（たち）に、西洋の哲学者ヘーゲル（特に、無意識に注目すべきこと）と、日本の哲学者西田幾多郎（西田はみずからの反省的思考について言及することはありませんでしたが、その思考が思弁であるということ）にかんして大切なことを教示してくれます。それがどのようなことであるのか、できるだけわかりやすいことばを用いて哲学的に（哲学的に、というのは、根拠を求める思考によって、という意味です。哲学研究的に詳細な議論をするというのではありません）考察したいと思います。まずヘーゲルからです。

　ヘーゲルが、ヘリゲルと同じような意味で「思弁」ということばを用いたのは一八〇一年の『フィヒテの哲学体系とシェリングの哲学体系との差異』（この長い名前は省略して『差異論文』とよばれています。以下、慣例にしたがって『差異論文』とよびます）においてです。ヘーゲルの「思弁」は、へリゲルとは違うしかたですが、彼の「意識の彼方」（無意識）の経験に由来します。これから「夜」ということばが頻出します、例えば「魂の内なる夜」のように。あらかじめ「夜」についてどのようなものであるか説明しておくことにします。

わたしたちは普段の生活のなかで、心の暗闇を経験しています。例えば、「目の前が暗くなる」という言い方をします。めまいがしてものが見えなくなる、という意味から転じて、不安にかられてどうしてよいかわからなくなる、あるいは、衝撃的な事件に襲われてものが見えなくなる、というような意味で使われます。また、「明るい気持ち」「暗い思い」などという言い方もします。そのようなことばは、感性の領域で、ということは、感覚が働いているときの状態において、使われることばです。死に臨んで、言い換えますと、感覚が消滅しかけているときに経験される臨死体験というのがあります。体験者は自分の身体から離脱して、暗いトンネルを通りぬけた先で光に包まれるという経験をするそうです。さらには、生のただなかで感覚の働きが消滅して（そのときには思考の働きも消滅します）、精神（魂）が暗闇に閉ざされるということが生じます。この精神（魂）の闇のことを「夜」とよびます。この「夜」は、非感性的な（感覚の働きは消滅しているわけですから）、ないしは、超感性的な「夜」です。昼の終わりに訪れる夜のことではありません。不思議なことに、精神が闇に閉ざされたこの「夜」のなかに、光が射すのです。この「光」（明るみ）によって、精神の闇（夜）が夜（精神の闇）として認識されます。この光が存在しなければ、闇は闇のままで、闇（夜）があるという認識は成立することはないでしょう。

へーゲルの場合、フランクフルト時代（一七九七〜一八〇〇年）に重度のヒポコンデリーの症状に苦しんでいます。それがどのような心的状態であったのか、一八一〇五月二十七日の手紙のなかに語られています。引用してみましょう（Briefe von und an Hegel, 4 Bde, 3. durchgesehene Aufl., Felix Meiner, 1969-1981. Bd.1, S.314）。

暗い領域のなかへのこの下降――そこには、確固とした、確かな、不動の姿で現れるものは何もなく、いたるところ、光がきらめいています。しかし、深淵のわきでは、その明るみによって、照らしだすのではなく、周囲によって曇らされ、惑わされて、幻影をうつすのです。……わたしは二、三年の間、すっかり衰弱してしまうまで、このようなヒポコンデリーに苦しみました。どのような人もおそらく、人生におけるこのような転換点、つまり自分の存在が収縮麻痺してしまう夜の地点をもっているのです。

この病の苦しみの経験は「意識の彼方」（無意識）の経験でした。「自分の存在が収縮麻痺してしまう」と語られているように意識する〈わたし〉は消滅して存在しないからです（ヘーゲルのヒポコンデリーについて、これ以上の詳しいことは拙著『無の比較思想』（ミネルヴァ書房）を参照してください）。ヘーゲルがヘリゲルと異なるのは、無（意識）の経験が、思考と感覚の働きが消滅し、「魂の内なる夜」が開けるというしかたで生起していることです。（ハイデガーも同様の経験をしています。その経験について彼は『形而上学とは何か』のなかで語っています。ハイデガーの場合、精神（魂）が闇に閉ざされるという経験は、「根源的な不安」のただなかで生じています。感覚と思考の働きが消滅して支えとなるものが何も無いという経験（「無の経験」）にもとづいて、彼は「不安の無の明るい夜」という言い方をします。やはりヘーゲルと同じ「夜」と、「夜」の闇のなかに顕現する「明るみ」を経験しているのです）。ヘーゲルが「魂の内なる夜」と語っていると言いました。「魂の夜」ということばは、西洋の合理主義の根底に底流として存在するキリスト教神秘主義思想を象徴することばです。ヘーゲルの思想は根源のところで、このような流れに通底しています。

ヘーゲルが経験した「夜」の闇、それが彼にとっての「意識の彼方」であると言いました。この「夜」ということばは、一八〇一年の『差異論文』から一八〇七年の『精神現象学』の時期にかけて、集中的に何度も登場します。ほんの一部にすぎませんが、引用してみます。一八〇二年の『信と知』のなかで、「無（夜）の深淵のなかに、一切の有が沈んでおり」、この「無」（「夜」）は「真理の誕生の地である秘められた深淵」であると語られています。「魂の夜」（精神の闇）のなかで、すべての事物は消滅していますが、そのことをヘーゲルは、すべての事物が「無（夜）のなかに沈んでいる」と語っているのです。その深淵のなかから真理が誕生するというのです。一八〇五年の『イエナ実在哲学』では、同様のことを、存在する事物は「この夜のなかに帰還している」、「夜」は、「すべてのものを無化した状態でふくんでおり」、「すべてのものの絶対的な可能性」である。「夜」は「自然の内部」であり、「純粋な自己」（強調は原文）であると語られており、一八〇七年の『精神現象学』では、このような「夜」は精神にとって「自分自身についての純粋な確信である」と言われています。ふたたび『イエナ実在哲学』にもどると、「夜」のなかでは、すべては、「対象として表象されることはなく、無意識である。人間は、このような夜、空無であり、一切のものを単純性の状態で保持している」と語られています。

「自然の内部」ということばがありました。どういうことでしょうか。ヘーゲルは別の個所でデカルトが確立したヨーロッパ近代精神について、「ヨーロッパ精神は自己に向かいあって世界を定立し、自己を世界から解放する」と述べています（『精神哲学』）。このことばが意味するのは、世界のなかにいる自己（〈わたし〉）が世界の外に出る（＝自己を世界から解放する）ことによって、世界が自己に向かいあって存在するようになる、ということです。言い換えれば、外に出た自己が世界を対象化する、ということです。このヨーロッパ精神というのは悟性のことであり、悟性はこうして世界の外に出て、世界を外から展望するのです。世界を外から展望する悟性の働きが消滅すると、世界（自然）の内部が開けます。

ヘーゲルは『差異論文』のなかで「悟性の没落」について語っています。悟性はヘーゲルの内部で、没落（消滅）を経験しているのです（それは、重度のヒポコンデリーに苦しんだ時期の、「すっかり衰弱してしまって」「自分の存在が収縮麻痺してしまう」という「夜の地点」の経験のなかで生じた出来事でした）。その「悟性の没落」のことを『精神現象学』では「見渡しを忘却する」と述べています。そちらの説明のほうがわかりやすいので引用してみます。

形式的悟性は、事柄の内在的な内容のなかに入っていくことはなく、つねに全体を見渡すのであり、みずからが語る個々の現有の上方に立っている。つまり、この悟性はそれを全然見てはいないのである。しかし、学的認識に要求されるのは、むしろ、対象の生にみずからを委ねること、言い換えると、同じことであるが、対象の内的必然性を目の当たりにして、それを語りだすことである。みずからの対象にこのように没頭することによって、学的認識は、自己自身の内容から外に出ている知の反省にすぎないところの見渡しを忘却するのである。

ヘーゲルは、悟性は「見渡し」をこととする「知の反省にすぎない」と述べています。ヘーゲルにとって重要なのは、「事柄の内在的な内容のなかに入っていく」ことであり、「対象の内的必然性を目の当たりにする」ことです。対象を「見渡す」のではなく、対象に「没頭する」ことです。これは、「夜」が開けることによって顕現した「自然の内部」の経験に由来しています。「自然の内部」としての「夜」は、すでに述べましたように、思考と感覚の働きの消滅（そのことをヘーゲルは、ここでは、「悟性の没落」や「見渡しを忘却する」と述べているわけです）のなかで経験されているのです。

では、「没落」して、「見渡しを忘却する」以前の悟性（という思考）はどのようなものでしょうか。それは、ルネサンスにはじまりデカルトによって確立（完成）された対象的思考です。デカルトとヘーゲルの思考の違いを比較してみることにしましょう。まず、デカルトの思考の定義を引用します。

わたしは、思考という語で、意識しているわれわれにとって、われわれのうちに生起する働き、しかもその意識がわれわれのなかにあるかぎりの働き、のすべてを意味する。したがって、理解すること、意志すること、想像することばかりではなく、感じる（感覚する）こともここでは思考することと同じである。（『哲学の原理』）

これが、デカルトの思考の定義です。周知のようにデカルトは二元論の立場に立っています。デカルトにとって実体は精神と物体に分離しています。定義に述べられている思考は、精神の属性としての思考であり、精神と対立する物体の属性は、思考の対象としての延長です（精神の属性をなす思考が物体の世界を展望することによって、その属性を延長とみなすのです）。思考は物体にたいして外的な関係しかもってはいないのです。「悟性の没落」、「見渡しを忘却する」ことを経験して、「自然の内部」を目撃しているヘーゲルの実体はどのようなものでしょうか。

思考は外的な事物の実体をなすとともに、また精神的なものの普遍的実体でもある。人間のあらゆる直観のうちには思考がある。思考はまた、あらゆる表象、想起のうちにある普遍的なもの、すべての意志や願望など、一般にあらゆる精神的活動のうちにある普遍的なもの、である。これらのものはすべて思考のさらなる特殊化にすぎない。……われわれが、あらゆる自然的なものおよび精神的なものの真の普遍者とみなす思考は、これらすべてのものを超えでて把握するのであり、また、いっさいのものの根底をなしている。（『エンツュクロペディー』）

ヘーゲルの思考は、「精神的なもの」の実体であるばかりではなく、「外的な事物」の実体をなしています。「精神的なもの」の「真の普遍者」であるばかりではなく、「自然的なもの」の「真の普遍者」でもあるのです。このような「いっさいのものの根底をなしている」思考は「これらすべてのものを超えでて把握する」と言われています。精神ばかりではなく自然に内在し、その実体をなす思考は、もちろんデカルトがいうような悟性ではありません。それは悟性が消滅して、見渡しが失われた後に誕生している思弁です。思弁は、「対象に没頭する」ことによって「対象の内的必然性を目の当たりに」します。その上で、「いっさいのものの根底をなしている」思弁は、思考として、「すべてのものを超えでて把握する」働きをします。

このようなヘーゲルの思弁は、夜（無）の経験を経て誕生しました。その思弁の誕生を可能にしているのは「超越論的直観」です。『差異論文』には「超越論的直観」によって可能になった思弁の誕生の経緯が語られています。

まず、『差異論文』のなかでもっとも有名な文章を引用してみましょう。

絶対者（絶対的なもの）は夜である。そして、光は夜よりも若い。また、光と夜の区別、および光が夜のなかから現れることが、絶対的な差異である。無が最初のものであり、そこから、一切の有、有限なものの多様性のすべてが生まれでた。

この文章は、ヘーゲルの夜の体験にもとづいてなされた旧約聖書の冒頭の部分の哲学的解釈であり、この地点から哲学に向かおうとする決意の表明です。創世記には、初めに神が天地を創造したとき、すべては闇におおわれていた。そこで神は「光あれ」言われた。すると、光があった、と書かれています。ヘーゲルは、夜のなかに絶対者（絶対的なもの、つまり、キリスト教の神）が顕現するのを目撃したと確信しているのです。引用文は、ヘーゲル哲学の『精神現象学』や『論理学』などの成立をうながすことになる根源的経験を語るものであり、また、ヘーゲル哲学を構成する弁証法の構造を成立せしめる根源的動機を語るものです。詳しいことは拙著『無の比較思想』に書きました（興味がある方は参照してください）。ここでは、思弁の誕生に限定して話を進めることにします。直観についてヘーゲルは次のように述べています。

直観が超越論的になることによって、経験的直観のなかでは分離しているところの主観的なものと客観的なものとの同一性が、意識のなかに現われる。

悟性（感覚）が消滅するとともに、経験的直観（感性的直観）も消滅します。デカルトの精神と物体の二元論がそうであったように、主観的なものと客観的なものの分離は、この経験的直観（感性的直観）によって成立しているものです。経験的直観（感性的直観）の消滅の後に残るもの、それが非感性的（超感性的）な超越論的直観です。

超越論的直観のなかでは、一切の対立は止揚されており、知性による知性のための宇宙の構成と、客観的なものとして直観され、知性とは独立に現象するこの宇宙の有機体とのあいだにある一切の区別が無化されている。この同一性の意識を産出するのが思弁である。思弁においては観念性と実在性とが一つになっているので、思弁は直観なのである。

超越論的直観において意識のなかに現われる主観的なものと客観的なものとの同一性を受けとめる（「産出する」といわれています）のが思弁（Spekulation）です。思弁という語は、ヘーゲル自身も述べているように、日常語では（思惑、投機などという）二次的な意味に変質してしまっていますが、もともとはラテン語の Speculatio に由来する語です。この語は中世においては、Kontemplation ないしは Meditation（いずれも、観想、瞑想、黙想などの義）という意味に用いられていました。思弁という語には、つまり、人間が絶対者としての超感性的な神にまで高まっていく通路を意味する宗教的に重要な意味がこめられていたのであり、ヘーゲルはその意味でこの語を用いています。引用文で、思弁においては、知性による知性のための宇宙の構成と、客観的なものとして直観され、知性とは独立に現象するこの宇宙の有機体とのあいだにある一切の区別が無化されているといわれています。思弁においてはこのように観念性と実在性とが一つになっているがゆえに、思弁は超越論的な直観でもあるのです（ヘーゲルが超越論的直観という語を用いているのは、『差異論文』の時期だけです。やがて彼はこの語を用いなくなります。その理由は、思弁という概念が、超越論的直観の意味をふくんでいるからであり、超越論的直観という概念は思弁のなかに吸収されるのです）。

右の二つの引用文にかんして言い残した重要なことがあります。それは、一つ目の引用文の「主観的なものと客観的なもの」（との同一性が意識のなかに現われる）という箇所、二つ目の引用文の「観念性と実在性」（とが一つになっている）という箇所についてです。これと同じことをもっと具体的に語っているのが「知性による知性のための宇宙の構成と、客観的なものとして直観され、知性とは独立に現象するこの宇宙の有機体」（とのあいだにある一切の区別が無化されている）という箇所です（ここでいう「直観」というのは、経験的直観（感性的直観）のことです。「主観的なものと客観的なものとの同一性が意識のなかに現われる」、また、「観念性と実在性とが一つになっている」のは、両者のあいだにある「一切の区別が無化されている」からです。思弁はそのような「一切の区別が無化される」ことによって誕生しているのですが、ここでは、その「同一性の意識を産出するのが思弁である」という言い方がなされています。このとき、経験的直観（感性的直観）は消滅して存在しないのであり、超越論的直観だけが存在するのです）。

引用文でヘーゲルが語っている「知性による知性のための宇宙の構成と、客観的なものとして直観され、知性とは独立に現象するこの宇宙の有機体とのあいだにある一切の区別が無化されている」ということばは、ヘリゲルの「自己の存在の軌道を越えたはるか彼方にまで意義を有するものを、自己自身について経験する」（二二三頁）ということばと内容が一致しています。ヘーゲルの「客観的なものとして直観され、知性とは独立に現象するこの宇宙の有機体」というのは、ヘリゲルの「自己の存在の軌道を越えたはるか彼方にまで意義を有するもの」のことです。ヘリゲルは、それを「自己自身について経験する」と言っているのですが、ヘーゲルは、それは、「知性による知性のための宇宙の構成」と同一のものであり、両者の区別は「無化されて」おり、存在しない、と言っているのです。つまり、「知性による知性のための宇宙の構成」ばかりではなく、「客観的なものとして直観され知性とは独立に現象するこの宇宙の有機体」も、ヘリゲルの言い方をすれば、「自己自身について経験する」ということなのです。

西洋の外に出ることはなかったヘーゲルには日本の仏教を体験することはありませんでしたので、ヘリゲルのように、「精神が何処にも、如何なる特殊の場所にも執着しないが故に、至る所に現在する」や「空虚であるが故にあらゆるものに自己を開く事が出来る」というような仏教的なことばで語ることはありませんでした。しかし、わたしたちは、西洋の哲学的なことばで語っている彼の思想のなかに、日本の禅仏教の体験を経て到達したヘリゲルの見解と共通する洞察を見てとることができるのです。

思弁は経験的直観（感性的直観）が消滅した夜のなかに超越論的直観が誕生することによって成立しています。この消滅（それは悟性と感覚の消滅を意味しますが）の事態は、「意識の彼方」（＝意識が無化すること）において生じているのです。そのことをヘーゲルは例えば次のように語っています。

> 思弁は、意識的なものと無意識的なものとの最高の総合において、意識そのものの無化もまた要求する。理性はそれゆえに、絶対的同一性を反省する自分の働き、自分の知、および自分自身を理性自身の深淵のなかに沈める。こうして、単なる反省と、理屈をこととする悟性との夜——生の真昼であるこの夜のなかで、思弁と理性とは出会うことができるのである。

この引用文を読むにあたって、ヘーゲルが用いている修辞についてまず述べておく必要があります。引用文で語られていることには、前提としてヘーゲル自身が経験した根源的事態がまず存在し、ヘーゲルはその事態へ遡及するというしかたで語っているのです。どのような経験だったのかをまず読みとってみましょう。ヘーゲルは「意識そのものの無化」を経験しています。その無化のなかで思弁が誕生しているのです。そのことを、遡及的に、「思弁は意識そのものの無化を要求する」と語っているのです。理性も、ヘーゲルが経験した「意識の無化」、すなわち、夜の無の「深淵」のなかで成立しています。

思弁と理性とはどのような関係にあるのでしょうか。簡単にいえば、理性は絶対者のもとにある絶対的同一性としての実在であり、同時に悟性としての反省の契機をふくむ、自己自身をめざす思弁としての活動であるということができます。もう少し具体的にいえば、『差異論文』で、理性は絶対者と関係を持ち、絶対的同一性としての実在であるといわれていますが、「理性の唯一の関心事は、固定された諸々の対立を止揚する」ことによって、「意識の諸々の有限性を克服し」、「諸々の制限から意識を解放する」ことによって「絶対者を意識のなかに構成する」ことにあります。理性は、こうして、「固定化した主観性と客観性の対立を止揚し、知の世界と実在の世界という既存のものと化した世界の有」を解体し、「これら世界の有」を「生成として」、「産出として把握しよう」と試みるのです。このことは、ことばをかえていえば、理性は自己自身をめざすということです。「理性は自己自身へと高まり、自己自身と、同時に己の対象となる絶対者だけに自分を委ねる」のです。こうして、「理性は思弁へ高まる」とヘーゲルは言います。思弁というのは、「一にして普遍的な理性の自己自身をめざす活動」にほかならないのです。

『差異論文』におけるヘーゲルの主張の根底には、時代が硬直状態におちいり、人間の生が分断されて閉塞しているという根本的な洞察が存在します。ヘーゲルは、このような時代の状況のなかから人間の生の「全体性を回復しようとする要求」が生まれ、「この要求のなかから理性が出現する」と語っています。このことも、思弁の場合と同じく、夜の無の「深淵」のなかで目撃した理性がまず先にあって、その理性が時代にとって必要であるということを、時代の要求によって理性が出現する、と語っているのだと受けとると理解しやすいように思われます。

ヘーゲルによれば、人間の生にとって分裂は必然的であり、生は永遠に対立を通じて形成されるものです。したがって、人間の生における生きた全体性は、最高の分裂から自己を回復することによってのみ可能となります。ところが、制限し分別する能力である悟性（対象的思考とよぶほうがわかりやすいでしょう）はこの分裂を絶対化し固定してしまうのです。こうして人間の生から統合する力が消え去り、対立するものどうしは本来もっていた生きた関係を喪失します。悟性の専横によって、人間は自然との関係を分断され、自己自身との関係を切断され、さらに人間と人間との生きた関係を喪失することになります。悟性の根底には、主観と客観という分裂構造が存在します。ヘーゲルが批判する分離・対立の固定化はすべて悟性のこの分裂構造に起因しています。この分裂構造によって、知性と自然、観念の世界と実在の世界など、主観性と客観性の分離・対立が生みだされるのです。『精神現象学』におけるヘーゲルの悟性批判はすでに紹介しました。このような悟性は、理性が出現する夜の無の「深淵」のなかでは消滅していて存在しないのです。

引用文にもどってみますと、「理性は」で始まる文章は、「意識の無化」のなかで経験したのは、「理性」が夜の無の「深淵」のなかに沈んでいるということであったと語っていることになります。こうして、「単なる反省と、理屈をことととする悟性」とともに、すべてが「夜」の無の「深淵」のなかに沈むとき、「思弁と理性とは出会うことができる」とヘーゲルは語っているのです。

「夜は生の真昼である」とヘーゲル述べています。これはどういうことでしょうか。「真昼」（Mittag）というのは、ここでは、「頂点、極み」（Zenit）という意味です。なぜ、夜あるいは無が「真昼」（「頂点、極み」）なのかといいますと、この「無のなかに、いっさいの有が沈んでおり」（『イエナ実在哲学』のなかでは、「この夜のなかに、有るものは帰還している」と語られていることはすでに述べました）、夜こそが精神にとって「自分自身についての純粋な確信」だからです。なぜならば、夜は絶対的であり、そこでは相対化しうるようないっさいの視点は消滅しており、相対を絶している夜にこそ「真理」の母体が存在するとヘーゲルは考えるのです。この「頂点、極み」（「真昼」）は、ヘーゲル哲学の出立点をなしています（あとで述べる西田幾多郎の言い方をすれば、この出立点は「主客未分」、あるいは「未だ主もなく客もない」根源的事態であるということです）。『精神現象学』はこの出立点をめざして意識がたどる階梯の叙述であるということができますし、『論理学』はこの出立点から叙述がはじまるのです。

ヘーゲルの思想がキリスト教の神秘思想に連なっていると述べましたが、『エンツュクロペディー』（第三版）の八二節の補遺でヘーゲルは「思弁的なもの」は、「かつて、特に宗教的意識とその内容にかんして、神秘的なものと言い表されていたものと同じものである」と語っています。また同じ補遺の終わりの個所でヘーゲルは「理性的なものはすべて神秘的であると言い表すことができる」とも語っています。ヘーゲルは「思弁的」や「理性的」という彼の用語が、「神秘的」という語と同じものを意味すると言っているのです。ヘーゲルは、神秘的なものが秘密に満ちた理解しがたいものであるのは、悟性にとって（そうである）にすぎないと言うのです。この補遺の最後の締めくくりで、彼は「理性的なものは悟性を超えでていくというだけのことであって、理性的なものを、そもそも思考にとって到達することも理解することもできないとみなすべきである、ということでは決してない」と述べています。

ここでヘーゲルが「悟性を超えでる」と語っているのは、『差異論文』では「悟性が没落する」と語られていたことと同じことであり、わたしたちはそのことを「悟性が消滅する」という言い方をしてきました。さきほどの引用文では、理性が悟性を「深淵のなかに沈める」といわれています。そこに顕現するのが「（魂の内なる）夜」です。この夜は、『差異論文』の用語を使えば、「超越論的直観」によって直観されています。感性的（経験的）直観が消滅することによって、感性的（経験的）直観を超えでているこの直観にもとづいて、悟性（や感性）を超えるもの、すなわち神秘的なものとしての思弁や理性が成立します。

ヘーゲルの弁証法は、悟性を超える神秘的なものを抜きにしては成立しなかったでしょう。何故ならば、悟性を超える神秘的なものが先にあり、それをもう一度悟性のほうから出発することによって、すなわち、悟性を媒介させることによって、ふたたび把握しなおす行程として弁証法が成立しているからです。ヘーゲルは、悟性を神秘的なものに直面させるという方途をとるのです。悟性は必然的に没落します。そのようにしむけるのは理性ですが、悟性は、理性の誘導によって没落するというまさにこのことによって、理性のなかにその契機として取りこまれて保持されるのです。これが、止揚する（aufheben）ということです。言い換えますと、ヘーゲルの理性は、悟性の没落を経ることによって誕生したということになります。悟性が止揚されうるのは、悟性がみずからの没落をあらかじめ経験しているからなのです。神秘的なものは、時間的にまず先にあります。悟性が没落し消滅したところ、そこに神秘的なものはあり、そこが理性の誕生の場なのです。したがって、没落を知らない悟性がいかに理性を詐称しようとも、それは、所詮、詐称にすぎないのであって、悟性はいつまでも悟性であり続けるほかはありません。悟性は没落を知らないことによって悟性であり続けるのであり、そのことによって、神秘的なものは、悟性にとって秘密に満ちた理解しがたいものであり続けるのです。ヘーゲルの弁証法は、神秘的なものから出発し、悟性という階梯を媒介させ、それを止揚することによって、ふたたび神秘的なものに帰還する精神の運動であるということもできます。

右に述べたことを『エンツュクロペディー』八二節の補遺に即していい直しますと、悟性の原理は抽象的な同一性であって、具体的なもの（「対象の内的必然性」）には決して到達することはないということです（二三三頁の『精神現象学』の「見渡しを忘却する」ということばを思い出してください）。何故ならば、悟性による規定は必然的に分離と対立をともなうからであり、言い換えれば、分離と対立において規定する思考こそが悟性だからです。悟性は対立のなかに、つまり、主観と客観の対立のなかに、必然的にとどまらざるを得ないのであり、対立を超えでることは決してできません。それゆえに、悟性が生みだす同一性は常に一面的であり抽象的なのです。

しかし、具体的なものは全体的な統一のなかにあります。全体的な統一に到達するためには悟性を超えなければならないのです。ヘーゲルの弁証法は、「対立する諸規定の統一を把握する、つまり、対立する諸規定が解消し移行するなかにふくまれる肯定的なものを把握する」運動であり、この把握を行うのが思弁であり、理性です。対立するものの統一を把握するというしかたで理性は悟性を超えていきます。悟性は最終的なものではありえないのです。悟性的思考は、「自己自身を絶えず止揚し、自己と対立するものへ転化する」運命にあります。悟性をそのように導くものはもちろん理性です。こうして、理性は、悟性がそのもとにとどまりつづける対立を、止揚されたものとしてみずからのなかに保持するのです。理性は悟性を超えていきますが、悟性の階梯を通過するということによって、悟性的なものをみずからのうちに契機として保存することができるのです。

哲学は循環運動をなす、とヘーゲルは語っています。「哲学における前進はむしろ後退であり、また、根拠づけることである」(『精神現象学』)。そして、「前進は根拠への、根源的に真なるものへの帰還である」(同)。ヘーゲルにとって、主観と客観の対立を超えた「根源的に真なるもの」が先にあります。しかし、それは、いまだ直接的なものにすぎません。その直接性を否定し——まさに、この否定するということこそが『精神現象学』のいう、悟性の作業であり、悟性の力能です——、認識するという作業を媒介することによって、ふたたび自己自身の直接性に帰還すること、それがヘーゲルの方法としての弁証法であり、また、弁証法が描く循環運動です。先にある「根源的に真なるもの」は、いまだ直接的であるにすぎません。しかし、認識の媒介を経てふたたび帰還した直接性は、すでに——時間的にではなく、論理的に——直接的なものなのです。

八二節の終わり近くで、ヘーゲルは、「神秘的なものを真なるものと認める人々(神秘思想家たち)」について語っています。ヘーゲルは、神秘的なものを彼らとともに真なるものと認めることによって、みずからの理性的思考の成立にあたって彼らと体験を共有していることを表明しているのです。しかし、ヘーゲルは、そのような人々を批判しています。何故かといえば、彼らは、神秘的なものを真なるものと認めながら、「神秘的なものはまったく秘密にみちたものであるとみなすことに甘んじている」からです。彼らがそのようにみなすのは、悟性以外に思考はありえないと考えているからです。したがって、彼らは、神秘的なもの（真なるもの）に到達するためには思考を放棄しなければならないと考えるのです。神秘的なものを真なるものと認める人々にたいするヘーゲルの同意と批判は、ヘーゲル自身の理性的思考の立場表明《マニフェステーション》です。ここには、理性的思考にもとづくヘーゲルの弁証法の誕生の秘密が同時にさりげなく語られています。ヘーゲルによれば、思考を悟性的思考だけであるとみなして甘んじているのは精神の怠慢を意味します。この怠慢から帰結するのが、日常的なこの現実から逃避して、ひたすら神秘的なもののなかに自閉しようとする姿勢です（そして、自閉しながら日常的現実を見下すときに、それは高慢に変わります）。確かに、日常的現実のなかで人間は、全体性、すなわち生命ある関係を喪失しています。しかし、たとえ神秘的なものが真なるものだとしても、この現実を回避し神秘的なもののなかに閉じこもることによって、日常的現実は放置されたまま取り残されてしまいます。この現実と神秘的なものとが乖離しているかぎり人間の全体性の回復は不可能です。

日常的な現実と、現実を超える神秘的なものとを接続させる思考、それがヘーゲルの理性的思考であり思弁です。したがって、ヘーゲルにとって悟性の階梯を経由することは不可欠でした。分断され硬直化したこの現実を神秘的なものを発条《ばね》として梃子《てこ》として流動化させるために、全体的な生命ある関係を回復するために、ヘーゲルが思想的に選び取った方法、それが弁証法です。ヘーゲルの思考の強靭さは、神秘的なものにまで到達する徹底性と、悟性を軽視することのない周到さから生まれているということができるのです。

ヘーゲルにかんする話は一応ここで終わります（話すべきことはまだ残っていますが、またあとで述べたいと思います）。続けて西田幾多郎の思想の根底をなす根本的体験についてお話しすることにします。そのさいには、「意識の彼方（無意識）」と「思弁」という、ヘリゲルから示唆を受けた事態が西田幾多郎においてどのようなありかたをしているかということに留意しなければなりません。

西田幾多郎の思想を決定づけた根本的体験は二〇代の半ばから始まった十年間におよぶ参禅体験にもとづくものです。この参禅において西田は見性に達しますが、見性体験のなかで西田が目撃したもの、それを最初にことばで表現したのが処女作『善の研究』の「純粋経験」という概念です。西田は『善の研究』の「第一編　純粋経験　第一章　純粋経験」の冒頭でつぎのように述べています。

経験するというのは事実其儘《そのまま》に知るの意である。全く自己の細工を棄てて、事実に従うて知るのである。純粋というのは、普通に経験といっている者もその実は何らかの思想を交えているから、毫《ごう》も思慮分別を加えない、真に経験其儘の状態をいうのである。たとえば、色を見、音を聞く刹那《せつな》、未だこれが外物の作用であるとか、我がこれを感じているとかいうような考のないのみならず、この色、この音は何であるという判断すら加わらない前をいうのである。それで純粋経験は直接経験と同一である。自己の意識状態を直下に経験した時、未だ主もなく客もない、知識とその対象とがまったく合一している。

『善の研究』の本文は引用したこの文章で始まっています。何の前提もなしに、本文の冒頭で、いきなり核心的な事柄を述べるこのやりかたは、概念的なことばで述べられてはいますが、禅の語り口を思い出させるものです。引用文において「純粋経験」の「純粋」というのは、まったく思考が介入していない（「毫《ごう》も思慮分別を加えない」）ということであり、思考が介入しないことによって、事実は事実そのままの状態にある。「純粋経験」は、そのようなしかたで経験すること、言い換えれば、「全く自己の細工を棄てて、事実に従うて知る」ことである、というのです。その具体的事例として西田があげているのは、「色を見、音を聞く刹那」です。また別の個所では、「見る主観もなければ見らるる客観もない。恰も我々が美妙なる音楽に心を奪われ、物我相忘れ、天地ただ嚠喨《りゅうりょう》たる一楽声のみなるが如く、この刹那いわゆる真実在〔純粋経験のこと〕が現前している」とも語られています。このような「純粋経験」は「自己の意識状態の直下」で経験されるものであり、そこでは「未だ主もなく客もない」という「主客未分」の状態において、「知識とその対象とがまったく合一している」と言われています。

西田はこのように語っているのですが、引用文を読む読者は、「既に主もあり客もある」意識の状態にあります。そのような状態で、「未だ主もなく客もない、知識とその対象とがまったく合一している」という文章を読むわけです。その合一している事態は、「自己の意識状態の直下」で経験されるというのです。そこで読者は、「自己の意識状態の直下」を見つめようと努力し、そこに、「未だ主もなく客もない、知識とその対象とがまったく合一している」という事態が存在する（であろう）ことを理解しようとします。しかし、その存在を理解することはできないでしょう。「既に主もあり客もある」意識が、「未だ主もなく客もない」意識に到達するのはどのように努力しても不可能だからです。このようなわけで、読者は、さきほどの引用文を、予想にもとづいて理解したと思いこんで終わるでしょう。

西田がさきほどの引用文を書いたのは、もちろん、「既に主もあり客もある」意識状態においてです（「未だ主もなく客もない、知識とその対象とがまったく合一している」ような意識状態では、このような文章を書けるはずがありません）。しかし西田には「未だ主もなく客もない、知識とその対象とがまったく合一している」という事態をかつて経験したことがあるのです。それは長年におよぶ参禅の実践においてだったのです。

西田は思惟にかんして、『善の研究』のなかで、一度引用した文章ですが、次のような注目すべきことを述べています。

思惟を進行せしむる者は我々の随意作用ではない、思惟は己自身にて発展するのである。我々が全く自己を棄てて思惟の対象即ち問題に純一となった時、更に適当にいえば自己をその中に没した時、始めて思惟の活動を見るのである。思惟には自ら思惟の法則があって自ら活動するのである。我々の意志に従うのではない。（「第一編　純粋経験　第二章　思惟」）

西田は「思惟」ということばを使いますが、わたしたちは「思考」ということばに置き換えて読むことにします。この引用文で西田が語っている思考（思惟）は、（デカルトをもちだすまでもなく）わたしたちが読者として西田の文章を理解しようとするときに働く思考、あるいは、西田自身がこの文章を書いているときに働いている思考、ではないのです。そのようなときには、思考はわたしたちの意志に従って（随意作用として）働きます。ここで語られている思考は、そういう普通の意味における思考ではなく、参禅において瞑想に沈潜するときの思考のありかたなのです。参禅においてめざすのは「わたし」の滅却・無化（＝無我、無心）です。ヘリゲルの弓術の修行について述べたとき、師範がヘリゲルに「あなたはあなた自身から離れなければならない」と諭したという話をしました。参禅において、「わたし」は「わたし」自身から離れなければならないのです。思考というのは「わたし」の思考です。「わたし」の意志が思考に同伴しているかぎり、「わたし」は思考から離れることはできません。「わたし」が「わたし」自身から離れるためには、思考から「わたし」を引き離す必要があります。そのためには、「わたし」は（「わたし」の）思考を（「わたし」の）意志から切り離さなければならないのです。、思考は「わたし」の意志から切り離されるとどうなるでしょうか。思考は「わたし」（の意志）の支えを失って、思考の対象に引き寄せられて、対象のなかに埋没することになるでしょう。

引用文は西田が「思惟も純粋経験の一種である」ことを論証するために述べた一節です。引用文で「思惟の対象即ち問題」というのは、「純粋経験」のことです。「われわれは、完全に自己を棄てて思惟の対象即ち問題と純粋に一致する」ことができれば、「更に適切な言い方をすれば、自己を「思惟の対象即ち問題」のなかに没したときに」、「純粋経験」としての思考（思惟）が成立しているというのです。思考（思惟）が「純粋経験」であれば、この思考（思惟）においては、主観も客観もなく、両者は合一しており、分かつことができないわけです。引用文に語られている「思惟の活動」というのは、そのような思考（思惟）の働きのことであり、この思考（思惟）について、西田は、「思惟には自ら思惟の法則があって自ら活動する」、つまり、「思惟は己自身にて発展する」と述べているのです。引用文の直前には、「思惟であっても、その［れ］が自由に活動し発展する時には殆ど無意識的注意の下において行われるのである、意識的となるのはかえってこの進行が妨げられた場合である」と書かれています。

「無意識的注意の下において自由に活動し発展する思考（思惟）」、すなわち、「純粋経験としての思考（思惟）」は、わたしたちの「意識状態の直下」に存在します。この「直下」は「無意識的注意」の状態にあるということであり、「既に主もあり客もある」わたしたちの普段の意識的注意の状態とは位相を異にしています。言い換えますと、「未だ主もなく客もない」という「主客未分」の「純粋経験」はわたしたちの意識の直下にあることを予想することや予感することはできても、普段の意識的注意の状態にあるわたしたちには到達することができないのです。「思惟であっても、そ［れ］が自由に活動し発展する時には殆ど無意識的注意の下において行われる」と西田は語っていますが、それは、「意識の彼方」（無意識）ではじめて経験される事態です。大悟徹底した禅の大家が「意識の彼方」（無意識）で目撃した境地を表現するのに、激しい筆遣いで、ただ一文字「無」と大書したり、「〇」と円相を描いたりします。禅の大家は、その後は沈黙をまもり、ことばによって語ることをしません（いわゆる、言語道断——言語の道を断つ——、あるいは、不立文字—文字を立てず。文字や言説で伝えることはできない――ということです）。そのような大きな文字で描かれた「無」や「円相」を見て、わたしたちは畏敬の念を覚えるでしょう。しかし、感嘆するだけでそこから先に進むことはできないのです。

西田幾多郎は哲学者ですからその境地を論理的に説明する必要があります。ここで語られているのは、わたしたちの足もとに予想することや予感することはできるけれども、普段の意識状態にあっては到達することができないという事態です。論理的に語られている事態はわたしたちに理解したいという気持ちを誘発します。『善の研究』という書物の全体は、わたしたちの足もとに予想することや予感することはできるけれども、到達するのは困難であるという内容に満ちている――それは西田の禅体験にもとづくものですが――といっても過言ではありません。そのような到達できそうで到達できない内容にわたしたちは惹きよせられるのではないでしょうか。多くの読者を惹きつける『善の研究』という書物の最大の魅力はそこにあるように思われます。

さきほどの西田の思惟（思考）にかんする引用文について、その思考（思惟）は、わたしたち読者が西田の文章を理解しようとして読むときの思考や、西田自身がその文章を書いているときの思考とは異なるものであるといいました。今度は、わたしたち読者が西田の文章を読むときの思考と西田自身がそれを書いているときの思考を比べてみましょう。理解しようとして読む読者の思考は悟性（対象的思考）です（読者は西田の文章の内容を対象として眺めているのです）。しかし、書いている西田の思考は、たんなる悟性（対象的思考）ではありません。

西田の思考は、ひとたび、意識の彼方（無意識）にまで到達しているのであり、ふたたび、その意識の彼方（無意識）へと、向かっている思考です。意識の彼方（無意識）に到達したときには、悟性（対象的思考）は消滅していました。さきほど、西田が「思惟であっても、そ［れ］が自由に活動し発展する時には殆ど無意識的注意の下において行われるのである、意識的となるのはかえってこの進行が妨げられた場合である」と書いていると言いました。この文章で、「自由に活動し発展する時には殆ど無意識的注意の下において行われる」思考（思惟）というのは「純粋経験」としての思考（思惟）のことですから、その思考（思惟）は「未だ主もなく客もない」という「主客未分」の状態にあります。意識の彼方（無意識）にいるときには、「未だ主もなく客もない」「主客未分」の状態（悟性が消滅した状態）にありますが、「自由に活動し発展する」状態にある思考（思惟）の「進行が妨げられた場合」に、「無意識的注意」はくずれて「意識的となる」のです。西田の思考は、ひとたび、「すでに主もあり客もある」という意識状態にもどるのです（悟性の復活）。意識的となれば、ひとたび、意識の彼方（無意識）にまで達した思考（思惟）（悟性の消滅を経験し、ふたたび復活した思考（思惟）。ヘーゲルの場合と同様です）が、ふたたび、意識の彼方（無意識）に向かおうとする思考（思惟）、つまり、思弁なのです。西田はみずからの思考のありかたにあまり自覚的ではなく、ヘーゲルのように悟性や思弁という区別に言及することはありませんが、西田の思考と西田の文章を読んでいる読者の思考にはそのような違いがあるのです。

意識の彼方（無意識）という状態にあるときに、思考（思惟）がどのようなありかたをしているか、西田が語っていることについて述べました。西田は、意識の彼方（無意識）という状態のただなかで、そもそもどのような光景を目撃していたのでしょうか。そのことは、『善の研究』の、とくに、最終編である「第四編　宗教」のなかに語られています。この書の「序」には「第四編は余が、かねて哲学の終結と考えている宗教について余の考を述べたものである」と書かれていますし、また、『善の研究』という書名の由来について、「哲学的研究がその前半を占め居るにも拘わらず、人生の問題が中心であり、終結であると考えた故である」と述べられています。つまり、「宗教」は西田にとって、「哲学の終結」であり、「人生の問題」そのものだったのです。詳しいことは拙著『無の比較思想――ノーヴァリス、ヘーゲル、ハイデガーから西田へ』（ミネルヴァ書房）にゆずりますが、この「第四編　宗教」のなかで、西田は、ヤコプ・ベーメ、ディオニシュース（偽ディオニシウス）、ニコラウス・クザーヌス、ヤコプ・ベーメなどの何人もの神秘思想家に言及しています。その言及する回数の多さは注目に値すると思われます。「純粋経験」という哲学的概念の背景には、西田の「神秘的直覚」によって目撃された、このような神秘思想家につらなる、「神秘的或る者」（「第一編　第四章　知的直観」）が控えているのです。

しかし、西田の神秘思想家たちにかんする言及は、饒舌的であり、焦点が定まっていないように見えます。それは、西田の宗教的経験の自覚の徹底が『善の研究』の段階ではいまだ不足していたからだったように思われるのです。西田が絶対無の場所の思想を確立して「西田哲学」という固有の名称でよばれるようになったときに、宗教的経験の自覚はみごとな深化をとげています。西田は「解脱」というのは、「見るものなくして見、聞くものもなく聞くものに至る」ことであると語っています。それは、「心身脱落して、絶対無の意識に合一する」ことである。「絶対無の場所」とは「宗教的意識」である。「絶対無の場所に於いてあるもの」は「もはやこれについて何事もいうことはできない、全然我々の概念的知識の立場を越えたものである、言語を絶し思慮を絶した神秘的直観の世界というのほかはない」。文中の「全然我々の概念的知識の立場を越え（る）」はまた、「我々の思惟を超越（する）」とも「我々の意識を超越（する）」ともいわれています。さらに西田は「宗教的意識其物《そのもの》の内容は、……宗教的体験によるというのほかない」とも語っています（この段落の引用はすべて「叡智的世界」からです）。

『善の研究』の「神秘的直覚」は絶対無の場所の思想が成立した時期になると「言語を絶し思慮を絶した神秘的直観」であると述べられています。この神秘的直観が絶対無の場所です。すべてのものは絶対の無としてのこの場所においてあるというのです。西田は「絶対の無」は「意識の背後」であるといいます（「場所」）。「意識の背後」は暗闇におおわれています。しかしその「暗黒は単なる暗黒ではなくして、ディオニシュースのいわゆる dazzling obscurity［光り輝く暗黒］でなければならぬ」（「同」）と西田は書いています。『善の研究』に登場する「ディオニシュース」については「ディオニシュース Dionysius 一派のいわゆる消極的神学」について述べられているだけでしたが、絶対無の場所が成立した時期になるとディオニシュース（偽ディオニシウス）の思想の核心をなす「光り輝く暗黒」が援用されているのです。

ディオニシュース（偽ディオニシウス）のことばを引用します。引用文は、偽ディオニシウスが弟子のティモテウスに語りかけるという体裁をとっています。引用文を読むと西田の打座の体験を彷彿とさせる個所があることに気づくのではないでしょうか。

愛するティモテウスよ、神秘的観想を真剣に実行して、すべての感覚、すべての知性の活動、感覚されるものと思考されるもののすべて、存在事物と非存在事物のすべてを棄てなさい。こうして、存在と認識のすべてを超えたものとの、能うかぎり、合一へむけて無知のままで高まっていくように。というのも、すべての事物から解き放たれ、おまえ自身から純粋に離脱することによって、一切を放棄し、一切の束縛を解かれて、おまえは、超実在的な神的な闇の光輝にまで高められるであろうから。

（『神秘神学』熊田陽一郎訳、『キリスト教神秘主義著作集　第一巻』、教文館、所収）

意識の背後に存在する闇はただの暗黒ではなく、偽ディオニシウスが語るように、そこには光が輝いているのです。西田は「見るものなくして見るもの」という言い方をします。いわゆる（思考や感覚などの主体としての）「見るもの」は（消滅していて）存在しません。見るものはなく、ただ見えているという事態――それは、暗黒のなかに輝きでる光によって可能になります――だけが存在するのです。見るものがいっさい存在しないところに思考や言語が成立する余地はありません。それは、顕現あるいは啓示という出来事です。「言語を絶し思慮を絶した神秘的直観」というのは、この暗闇のなかに輝く光によって、（見るものはなく）ただ見えているという事態が成立する直観を指すことばです。『善の研究』における「未だ主もなく客もない」という「主客未分」の事態は、絶対無の場所の思想が成立した時期にいたって「言語を絶し思慮を絶した神秘的直観」における事態として捉えなおされているのです。

西田の「言語を絶し思慮を絶した神秘的直観」は、ヘーゲルの「超越論的直観」と酷似していま
す。二人の直観は、思考（悟性）や感覚の主体が消滅し、精神（魂）が暗闇に閉ざされたところに顕
現する神秘的な光によって成立しています。ヘーゲルは、精神（魂）が暗闇に閉ざされた「夜」（＝
無。この無をヘーゲルは西田と同じように「絶対無」ともよんでいます）、と、その夜のなかに顕現
する光による「（超越論的）直観」のなかに、「すべてのものが帰還している」と語っています。西田
は、「夜」ということばは使っていませんが（二人の体験のしかたの違いです）、精神の暗闇のなかに
顕現する神秘的な光による「言語を絶し思慮を絶した神秘的直観」として成立する場所「においてす
べてのものがある」と語っています。二人の近似性について、ヘーゲルの思想が西洋近代の世界観を
超えて東洋（日本）に接近しているということもできるかもしれませんが、西洋精神の底流に存在す
るキリスト教神秘主義思想にまで達している（ヘーゲルがこの神秘思想に親近感を示していることは
すでに述べました）という事実と、西田幾多郎が日本人の精神の根源的なありかたにまで遡行するこ
とによって、日本人の精神の底流に存在する無（我）という事態に達しているという事実、この二つ
の事実は人間精神の根源的なありかたが近似していることを示していると受けとめるべきであるよう
に思われるのです。

では、二人の思想の違いはどのようなところにあるのでしょうか。その違いは、二人の酷似する
「超越論的直観」（ヘーゲル）と「言語を絶し思慮を絶した神秘的直観」（西田）とのなかに、ヘーゲ
ルはすべてのものが「帰還している」と語っていますが、西田は、すべてのものが（そこ）「にお
いてある」と語っているところにあります。存在する事物がすべて「帰還している」のか、それと

も、「においてある」のか、前者は、「還帰する」という移行の動的な表現であり、後者は、移行のない、静止的（非動的）な表現です。前者は、すべての存在する事物のありかたが動態的であり、後者は、静態的なのです。

『無の自覚的限定』のなかで、西田は、ヘーゲルの弁証法は過程的弁証法であるが、みずからの弁証法は「場所的弁証法」であると述べています（「私と汝」）。詳しいことは省略しますが、「過程」と「場所」の違いは、すべての存在する事物のありかたが、二人のそれぞれの直観のなかに、動態的に存在するのか、静態的に存在するのか、という違いによって生じているのです。『一般者の自覚的体系』のなかで、西田は、「意識の構造」を「過程的に」ではなく「場所的に」考えることによってヘーゲルを一挙に超えようとします。ヘーゲルの、たとえば、『精神現象学』は「意識の経験の学」であり、「感覚的確信」に始まって、論理的に階梯をたどりながら「絶対知」に到達する過程が叙述されています。西田は、その過程を「絶対知」（西田の場合は、「絶対無」ですが）のなかに、一挙に包みこんでしまうのです。こうして、西田は、ヘーゲルの弁証法が順次にたどる「過程」を「場所」のなかに一挙にとりこむのです（余談ですが、「一即多」や「絶対矛盾的自己同一」のような西田の難解な用語は、ものごとのありかたを過程的に（動態的に）説明するのではなく、場所的に（静態的に）説明しようとするところから生まれています）。

ものごとの動態的なありかたは思考の外向性・積極性から生まれるのであり、このような外向的・積極的な思考は展開する思考とよぶことができます。それにたいして、ものごとの静態的なありかたは思考の内向性・消極性から生まれるのです。この思考は展開するのではなく、ものごとに沈潜していきます。西田幾多郎はみずからの独自の哲学的立場を確立した『働くものから見るものへ』に添えられた「序文」の終わりにつぎのように述べています。

形相を有となし形成を善となす泰西文化の絢爛《けんらん》たる発展には、尚《とうと》ぶべきもの、学ぶべきものの許多《あまた》なるはいうまでもないが、幾千年来我らの祖先を孚《はぐく》み來《きた》った東洋文化の根底には、形なきものの形を見、声なきものの声を聞くといったようなものが潜んでいるのではなかろうか。

西田幾多郎の「純粋経験」は、すでに述べましたように、「全く自己の細工を棄て」、「豪も思慮分別を加えない」「真に経験其儘の状態」を言い、「真に経験其儘の状態」にある「直接の知識」です。それは、「未だ主もなく客もない」という「主客未分」の状態にあり、主体（主観）がなく客体（客観）もないのですから、思考はいまだ存在しないのです（思考が存在するためには、思考する主体と、その客体がなければなりません）。「形なきものの形」、「声なきものの声」は、『善の研究』でいえば、このような「純粋経験」の状態にあるものであり、思考が介入する（「思慮分別を加える」）と消滅してしまうものです。西田は、主客が分離して、思考が介入する（「思慮分別」をくわえる）ことを、「自己の細工」をすること、とみなしています。そうすることによって、「形なきものの形」は見えなくなり、「声なきものの声」は聞こえなくなるのです。

「形なきものの形を見、声なきものの声を聞く」ことが出来るためには、どのようにしたらよいのでしょうか。そのために行うべきことが、「第二編　実在　第一章　考究の出立点」に述べられています。引用します。

今もし真の実在を理解し、天地人生の真面目を知ろうと思うたならば、疑いうるだけ疑って、凡ての人工的仮定を去り、疑うにももはや疑いようのない、直接の知識を本として出立せねばならぬ。

ここに言われているように、「疑いうるだけ疑って、凡ての人工的仮定を去り、疑うにももはや疑いようのない、直接の知識」が肝要であるというのです。この「直接の知識」は「未だ主もなく客もない」という「主客未分」の状態にある「純粋経験」のことですが、「疑いうるだけ疑って、疑うにももはや疑いようのない、直接の知識」という文章を読むと、わたしたちは二章でお話ししましたデカルトの懐疑を思い出すかもしれません。しかし、西田の懐疑はデカルトの懐疑とは方向が全く逆です。西田の「疑いうるだけ疑って、疑うにももはや疑いようのない、直接の知識」というのは、懐疑（疑う思考）を徹底して「凡ての人工的仮定を去った」後に残る「直接の知識」、つまり、「全く自己の細工を棄て」、「毫も思慮分別を加えない」（思考がまったく介入していない）「直接の知識」です。つまり、思考の介入を完全に排除しようとする懐疑（疑う思考）なのです。デカルトの懐疑は、それに反して、懐疑を徹底して「疑いうるだけ疑って」いる思考そのものに回帰するもの（思考する〈わたし〉の存在の確実性）でした。デカルトの懐疑における思考は思考そのものの確立を目指すものですが、西田の懐疑における思考は思考の排除（思考する〈わたし〉の無化）を目指すものなのです。

西田の「疑いうるだけ疑う」という懐疑がどのようなものか、具体的にみてみましょう。たとえば、西田は、「我々の常識では意識を離れて外界に物が存在し、意識の背後には心なる物があって色々の働きをなすように考えている」、しかしこのような「物心の独立的存在などということは我々の思惟の要求に由りて仮定したまでで、いくらも疑えば疑いうる余地があるのである」と言います。こうして、「少しく反省して見ると直にそのしからざることが明らかになる」と言うのです。西田は、疑いを、このようなしかたで徹底することによって、「凡ての人工的仮定を去る」ことができる、つまり、反省する思考によって思考の介入を徹底して排除すれば「疑うにももはや疑いようのない、直接の知識」に到達することができると語っているように見えます。

しかし、そのような反省的思考による懐疑を徹底しても、未だ主もなく客もない「直接の知識」(「純粋経験」)に到達することは不可能です。なぜなら、既に主があり客もある反省的思考は最後まで残り続けるからです。「直接の知識」(「純粋経験」)は、すでに述べましたように、打座において、みずからの意志を思考から切り離すことによって、「随意作用」のもとから追放された思考が、行き場を失って対象のなかに埋没し、消滅したときに経験されたものです。それは思考が消滅したところで経験されているのです(ですから、未だ主もなく客もない、主客未分の状態にあるのです)。さきほどの「疑いうるだけ疑う」という反省的懐疑の具体的な例示は、そのようにして到達された「直接の知識」(「純粋経験」)がすべての思考の介入を排除した後に存在するということを指示しているにすぎないと受けとめるべきでしょう。

では、西田の哲学において、この反省的思考の位置づけはどのようになっているのでしょうか。その点が明らかではないのです。デカルトの思考は悟性としての近代的思考です。それは、懐疑する思考そのものを、とらえかえす思考として成立しています。また、ヘーゲルの思考は、近代的思考を超える思考です。それは、みずからの思考を理性、思弁ととらえかえす過程で没落（消滅）した悟性をみずからの内に止揚している思考です。デカルトもヘーゲルも、それぞれ、みずからの思考にたいする自己言及（自覚）が存在しますが、西田にはその自己言及（自覚）がみられないのです。西田の思考の出自が明らかではないということは、西田が、みずからの哲学的営為において、デカルトの悟性やヘーゲルの理性（思弁）を受け入れながら、その自覚が欠如していることを意味しています。

しかし、西田は思考が消滅するという経験をしています。思考が消滅したときに顕現する魂（精神）の暗闇と、その暗闇のなかに輝きでる光について語っているディオニシュース（偽ディオニシウス）の「光り輝く暗黒」に同感することができたのは、西田にそのような経験が存在するからなのです。西田は思考の消滅（無）と、消滅（無）からの復活を経験しています。西田の思考の消滅は、すでに述べましたように、西田が、打座において、みずからの「意志」から思考を切り離し、それを放擲した（思考が「随意作用」のもとにはない）ときに、経験されたものです。しかし、いま問題にしている反省する思考は西田の「意志」のもとにある、つまり、「随意作用」のもとにある思考です。しかし、西田の意志が居合わせていない、つまり、「随意作用」のもとにはない思考と、意志が居合わせている、つまり、「随意作用」のもとにある反省的思考との関係は明らかではありません。両者は乖離したまま放置されています。

西田幾多郎が構築した西田哲学における思索の強靭さは驚嘆すべきものです。日本的なもの（日本文化の本質）を徹底して追及した西田幾多郎には西洋的なもの（西洋文化の本質）が明確に見えていました。ふたたび、『働くものから見るものへ』の「序文」にもどってみましょう（二六〇頁）。西田は「形相を有となし形成を善となす泰西文化の絢爛《けんらん》たる発展には、尚《とうと》ぶべきもの、学ぶべきものの許《あま》多《た》なるはいうまでもない」と語っています。西洋文化（泰西文化）は「形相を有となし形成を善となす」文化であるというのです。「形相」といえば、ギリシャのプラトンやアリストテレスの議論を思い浮かべる人もいるでしょう。もう少し身近な例をあげれば、ギリシャ彫刻は人体の形相としての美を形象化したものであるということができます。ギリシャに由来を持つそのような彫刻が西洋の庭園――ヴェルサイユ宮殿の庭園を一例としてとりあげたわけですが――にいくつも立っているのは、ごく当たり前のことなのです（日本の庭園の例としてとりあげました桂離宮の庭園とは違うのです）。「形成」といえば、ドイツ文学を思いだす人もいるかもしれません。ドイツ文学にはBildungsromanというジャンルがあります。このことばは日本語では「教養小説」と訳されていますが、文字どおりに訳せば「形成小説」という意味です。Romanというのは長篇小説のことで、主人公の人間の形成

（Bildung）を過程を追って描き出したものです（ゲーテの『ウィルヘルム・マイスター』はその代表です）。ヴェルサイユ宮殿の庭園は人為を表現した庭園であると述べましたが、人為、すなわち、「形成」を表現した庭園なのです。庭園にある数多くの噴水はそのことを象徴的に表現しています。

西田は、このような西洋文化（泰西文化）から、いうまでもないことであるが、学ぶべきことは許多《あま》た（たくさん）あると言っています。西田のいう「許多《あまた》」のうちに入るかどうかわかりませんが、わたしたちは、学ぶべきことを一つ取り上げることにしたいと思います。それは西洋文化（泰西文化）における思考のありかたについてです。

西田は、西洋文化（泰西文化）は「形相を有となし形成を善となす」文化であると言っていますが、このことは、西洋文化（泰西文化）は、思考によってとらえられた形相を有となし、形成を善となす、と言っていることになります。これは、有や善のありかたを思考に委託するということであり、思考とのかかわりが不可欠であるということです。西洋文化（泰西文化）には、その根底において、思考の確実性にたいする信頼が存在します。そのためには、思考の出自が明確であることが必要不可欠です。

デカルトではキリスト教の超越的絶対神の「誠実」（「神は欺かない」）が「考える〈わたし〉」（＝「〈わたし〉の思考」）の確実性を支えています。ヘーゲルではどうでしょうか。そのことは『論理学』の冒頭に語られています。『論理学』の「始まり」（Anfang）は「有、無、成」の叙述で構成されています。「有」というのは「思考の有」のことであり、「無」というのは「思考の無」のことです。そして、「成」というのは「思考の成」（弁証法のことですが）ということです。「成」は、「有」と「無」

との「統一の概念」であり、これが、「絶対者についての最初の、もっとも純粋な、すなわち、最も抽象的な定義」であるとヘーゲルは述べています。『論理学』における、さらにすすんだ諸規定や諸展開はすべて、絶対者のよりいっそう規定的な、いっそう豊かな定義にすぎないというのです。絶対者によって創造された自然と有限な精神は、そのような諸規定によって貫徹されていると言います。純粋な諸規定とその展開をその必然性において叙述する『論理学』の内容は、「自然と有限精神との創造以前の永遠な本質のなかにある神（絶対者）の叙述」である、とヘーゲルは語っています（以上『論理学』より）。このように、ヘーゲルの場合は、デカルトの場合よりさらにすすんで、展開される思考の諸規定の全体をキリスト教の神が支えているのです。

西洋の「形相」の有に対応する日本の有は「あるがまま（ありのまま）」です。「形成」（人為の）の善に対応するのは「自然《じねん》」（無為）です。ヴェルサイユ宮殿の庭園と桂離宮の庭園はこの対比を視覚的にみごとに表現しています。西洋において思考は神によって支られた人間の営為です。たとえば、西洋から輸入した「理念」は、西洋では、思考によって形成された有としての形相であり（英語では「理念」はideaといいますが、ギリシャ語のイデア（形相）に由来します）、人間はその実現にむけて粘り強く努力を重ねていくのです。ところが、日本では、「理念」などというと、〈青臭いもの〉とみなされ、現実はそんな甘いものではないといわれます。思考を信頼しない日本では、現状を「あるがまま」のものとして肯定しがちです。ヘーゲルは『精神現象学』のなかで、（対象的思考としての）悟性は、否定するという驚嘆すべき力能である、と語っています。悟性は現実を対象化する能力ですが、対象化することによって、直接的なありかたをしている現実（現実の直接性）を否定して、分析する能力なのです。思考に信頼を置かない日本では現実を対象化する意志が希薄であり、現状を変革しようとする意欲が生まれにくいのです。

一九世紀の後半から二〇世紀のはじめにかけて（この時期は日本の明治維新から大正時代の時期にあたります）西洋でフランスを中心にジャポニスムが流行しました。この流行は、憧れの西洋に日本が認められたというので日本人を大変喜ばせました。先日の新聞で演劇作家の岡田利規《としき》がジャポニスムを「近代の西洋が日本に向けた視線」とよんでいるのを読みました。実に適切な定義です（『朝日新聞』二〇一九年三月二十日夕刊「「ジャポニスム」をたどって」）。この視線がどのようなものであるか考えてみることにしましょう。ヘーゲルの話をしたときに、悟性の没落について述べました。悟性というのは対象的思考のことであり、見る主体（視点）がこちらにあって、主体（視点）の外（むこう）に、見られるものを対象として定立する思考です。世界はこのようにして見る主体（視点）の外（むこう）に展開することになり、見る主体（視点）は世界を展望するのです。ルネサンスの話をしたときに、パースペクティヴの視点を説明するためにデューラーの銅版画をとりあげましたが、あの銅版画が悟性としての世界の見かたをよく示しています（四四頁）。ヨーロッパの近代的世界観はルネサンスの時代にパースペクティヴの視点として成立し、一七世紀前半のデカルトによって哲学的に確立されましたが、西洋の人たちはこのようなしかたでものを見る主体（視点）に立脚して世界を眺めてきました。ルネサンスから四〇〇年、デカルトから一五〇年という時間が経過して、ヘーゲルの時代（時代という言い方をするのは、ヘーゲルを代表としてあげていますが、ヘーゲル以外にも、例えば、ドイツロマン派などのように、近代的世界観を超える先駆的な思想家たちがいるからです）

にいたってこのような近代的世界観が崩壊の危機に直面していたのです。

画家は、見るという視覚にかかわる芸術家であり、一九世紀に顕在化する近代的世界観の危機――それは、画家に世界観の制約にたいする不満、窮屈さとして意識されたものですが――に敏感に反応したのです。それが印象派の画家たちでした。ヘーゲルという一個人の思想は、ちょうど、ささやかな水滴からはじまる源流がやがて大河の奔流となるように、一九世紀後半に至って時代の大きな潮流として顕在化します。ヘーゲルの思想の影響は、キルケゴールやマルクスやニーチェばかりではなく、印象派の画家たちにまでおよんでいます。印象派の画家たちは、日本の浮世絵のもつ視点の自由な構成と平板な色彩の透明な明るさに魅惑されました。浮世絵を構成する自由な視点のなかに、彼らは、制約として感じていたルネサンス以来の世界観を超えるものを予感したのです。浮世絵の平板な色彩がもつ透明な明るさについてはどうでしょうか。

ヘーゲルのところで述べましたように、悟性の没落（消滅）というのは精神（魂）の夜（暗闇）の経験でした。この経験は精神（魂）の夜の暗闇のなかに光が輝きでるものでした。経験された夜は非感性的（超感性的）な暗闇であり、そのなかに非感性的（超感性的）な光が輝きでるというものでしたが、感性の領域にも影響はおよぶのです。印象派を代表する画家のクロード・モネ（一八四〇～一九二六）の若いころの作品に、木立が両脇に立ち並ぶ農道に木漏れ日がまだら模様を描いている絵があります（「サン＝シメオン農場の道」一八六四年。図48）。木漏れ日は明るい光の部分と光を取り囲む影の部分によってできています。木漏れ日の明るさは暗い影が存在することによって成立するのですが、モネの関心は暗い影の部分ではなく、明るい木漏れ日の光に魅せられるように向かっています。しかし、この時代には、暗い影の部分に魅せられた画家もいます。モネと同じ年齢のオディロン・ルドン（一八四〇～一九一六）です。印象派の画家たちは感覚的な光に魅惑されましたが、ルドンは感覚的な光の根源にある闇を見据えようとした画家です。ルドンの絵を一枚あげておきます。石版画集『夢想（わが友アルマン・クラヴォーの思い出に）』のなかの「Ⅵ・日の光」一八九一年です（図49）。窓の外には日光を浴びた木が見えていますが、手前の室内は暗い闇におおわれており、闇のなかには不可思議な泡のような物体が浮かんでいます。ルドンの関心は室内の暗闇のほうにむかっており、窓の外の明るみはこの暗闇を際立たせています。

ジャポニスムを定義した岡田利規の「近代の西洋が日本に向けた視線」がどのようなものであるか考えてみました。その視線は、みずからの世界観の行き詰まりの解決を求めて新たなものの見かたを模索する視線でした。そのようなジャポニスムを日本人は西洋が日本の良さを分かってくれたと喜んでいるわけです。日本人の思考は受動的で、他者依存的です。それにたいして西洋人の思考は積極

図48　モネ「サン＝シメオン農場の道」

的で、したたかです。テレビで、「ワタシが日本に住む理由　外国人だから気づく日本の素晴らしさ」という番組が毎週放映されています（ほかにも類似する番組がいくつかあります）。日本に住むことにした外国人が毎週登場して、その外国人から日本の良さを聞いて、嬉しい気持になるという番組です。フランスやドイツなどで、「ワタシがフランス（ドイツ）に住む理由　外国人だから気づくフランス（ドイツ）の素晴らしさ」などという番組は考えられないでしょう。わざわざ外国人に聞かなくとも、フランス（ドイツ）の良さは自分たちが一番よく知っていると思っているからです。受動的で、他者依存的な思考をする日本人は自分たちのことを西洋人の眼で見ることを好むのです。（ジャポニスムでもてはやされた浮世絵も、日本人にはその価値がわからず、西洋に輸出する陶磁器の包み紙に使っていたものだったそうです。その浮世絵を見て、西洋人がすばらしさを発見したといわれています。そのようにして西洋人に認められたことを日本人は喜んでいるわけです）。序章で述べましたように、日本で西洋人のような丸い眼をした日本人像（キャラクター）が蔓延するのは、このような精神構造の存在によるのです。

図 49　ルドン「わが友アルマン・クラボーの思い出に」

一九七〇年代は日本の精神状況の転換期

でした。政治の季節が終焉して、日本は閉塞の時代にむかいます。時代の基底をシラジラシイ感覚が覆うようになり、そのことを敏感に感じとった若者たちは「シラケの世代」とよばれました。「何かをもとめて　振り返っても　そこにはただ　風が吹いているだけ」というシューベルツの「風」（一九六九年発表。北山修作詞、端田宣彦作曲）が若者たちの間で流行しました。ちなみに、主人公がビールばかり飲んでいる印象の強い村上春樹のデビュー作『風の歌を聴け』（一九七九年）はこの時代がはじまる一九七〇年夏を舞台にしています。このように言うと、村上の作品を貶めているように思われるといけませんので、急いでつけ加えます。『人間失格』を書き上げた太宰治は一か月後に自殺しています。『人間失格』の最後は主人公の葉蔵（＝太宰治）の次のような述懐で結ばれています。「自分がいままで阿鼻叫喚で生きてきた所謂「人間」の世界に於いて、たった一つ、真理らしく思われた」のは、「ただ、一さいは過ぎて行きます」、それだけでした、と。「過ぎて行きます」の前に「風のように」ということばを入れるとさらにわかりやすくなるでしょう。『風の歌を聴け』は、時代を隔てて太宰治に直接につながる作品です。村上春樹の物語は太宰治が自殺した地点からはじまっているのです。

この時代の、若者たちよりもう少し年上の知識人たちは、近代的自我の時代はもう終わった、近代的自我はもう古い、と主張するようになりました。そのことについて佐佐木幸綱は、明治から一〇〇年を経て、「近代的自我の賞味期限がどうやら切れてきたらしい」と述べています（『万葉集の〈われ〉』角川選書）。明治以来輸入して身につけた西洋の近代的自我を着衣のように脱ぎ捨てようとしたのです。西洋人のジャポニスムにおける志向とは向きが反対です。近代的自我を（その本質を見極めないまま）着衣のように身につけていたのですから、それをもっと徹底して、新たな解決策を見いだそうとする方向に向かうことはないのです。時代の潮流が近代的自我と矛盾するようになったとき、近代的自我という着衣のほうが窮屈になったのです。

受動的で、したたかさを欠く日本人の思考は、圧倒的な事態には対応することができません。太平洋戦争や福島原発事故などの国家的規模の事態の責任を問うことは日本人には苦手です。思考はそのような事態から顔をそむけることによって内向し、自閉的になります。その結果、反省することを自虐とみなすような、独りよがりな、（外から見ると）無残な態度も生みだされるのです。日本人が脱ぎ捨てようとした近代的自我というのは、ものごとを対象化（＝ものごとの直接性を否定）して眺める立脚点となる悟性（対象的思考）が働く拠点です。そのような思考の立脚点をかなぐり捨てようとしたのです。そうするとどうなるでしょうか。思考は外への展望を失って、ひたすら内向することになるでしょう。西田幾多郎のことばを使えば「形成を善となす」（＝変革をめざす）思考を捨てて、思考の主体の存在が明らかではない日本的思考にもどってしまうのです。こうして、あるがままの事態をめでる思考こそが本来の思考であると自画自賛することになるでしょう。

鷲田清一の「折々のことば」に、新約聖書のマタイによる福音書からとったことばが挙げられていました。「思慮の浅い者たちは、あかりは持っていたが、油を用意していなかった」。このことばに添えた鷲田のコメントを引用します。

先の見えない、塞いだ時代だと人は言う。けれども視界が遮られているのは、未来が不確定だからではなく、目を凝らせばある未来が確実に来ることがわかるのに、すべて先送りにし、その対策に本気で着手できないでいるからではないのか。例えば人口減少、国家財政の破綻、経済成長の限界、放射性廃棄物処理の膠着。聖書のこの一節は私たちのそんな無様も思い起こさせる。
(『朝日新聞』二〇一八年十一月八日、朝刊)

新約聖書のこのことばをとりあげて鷲田精一は、日本人は思慮の浅い人間ではないのか、あかりは持っているが油を用意していないようだ、と言うのです。「あかり」とは「思考」のことを意味しています。「油」とは何のことでしょうか。それは思考の働きを支える原動力のことではないでしょうか。思考の原動力というのは、これまで述べてきましたように、思考する意志の能動性のことです。思慮が浅いというのは、思考する能動的な意志が希薄であるということです。日本の高度経済成長からバブル期にかけて経済がうまくいっていたときには目立ちませんでしたが、バブルがはじけて経済が失速すると、日本人はなすすべもなく、ひたすら浮遊し続けるだけでした。そして、自分たちの長期間の停滞について、「失われた二〇年」、「三〇年」という言いかたをしています(太平洋戦争の「敗戦」を「終戦」と言ってすませているのと同じです)。丸山真男の言う「なるの論理」(受動的思考)です。そうではなく「失った二〇年」、「三〇年」と、能動的に言うべきではないでしょうか。

思考の原動力の話にもどります。思考の原動力というのは思考における能動的な意志のことであるといいました。能動的な意志が原動力としてあって思考を動かすということです。そうすることによって、したたかな思考も生まれるのです。日本では何故思考の能動性が生まれないのでしょうか。その理由は、現代日本人の思考が西洋から輸入して身につけたものであり、日本人の感性に根づいていないからです。思考そのものを根拠づける必要があるという自覚が欠如しているのです。西田幾多郎は生涯にわたって強靭な思索を展開して日本的なもの（本質）を明らかにした偉大な哲学者ですが、みずからの思考そのものの動静について言及しているのは、すでにお話ししましたように、打座の実践において思考が意志から引き離されることによって、支えを失った思考が無化する（無我にいたる）という移行についてだけです。そのような事態を眺めている思考や、そのことについて論じている反省的思考にかんする言及はないのです。西田の反省的思考は和魂洋才方式によって西洋から輸入して身につけたもの、つまり、洋才としての思考です。この思考を用いて西田は和魂（日本的なもの）の究明にとりくんだのです。それにしても恐るべき強靭な思考力です。しかしそこに働いている思考の出自は明らかにされておらず、西田における反省的思考の能動的な意志は、意志から切り離されて無化していった思考――その思考をこの反省的思考が対象として眺めているわけですが――の去就とは乖離したままです。デカルトやヘーゲルとの決定的な違いは、その点にあります。言い換えますと、和魂洋才ということばを使いましたが、西田の洋才としての反省的思考は、和魂に根ざすことなく、正体（根拠）が不明なままなのです。

　思考の出自が不明であるというのは、端的に言えば、和魂に根ざしていないということを意味します。出自が不明で根無し草の思考――西洋から輸入して身につけたよそ者の思考――に信頼をおいて身を託すというのはなかなかできることではありません。一九七〇年に入って知識人たちの多くが、そのような思考を脱ぎ捨てようとしたのも理由のないことではないのです。みずからの思考に信頼をおくことができるということが、能動的な思考を生みだすためには必要不可欠です。そこから思考のしたたかさも生まれてくるでしょう。

ではどうすればよいのでしょうか。そのことも日本で弓術の修行に励んだドイツ人の哲学者ヘリゲルが示唆を与えてくれます。ヘリゲルは、弓術における射は、しだいに沈思が深められた「意識の彼方」で行われ、矢が放たれた瞬間に「我に復《かえ》る」と述べています（二二〇頁）。「有から無に入る道は、かならず有に復ってくる」のです（同）。「無」は「完全な忘我」（無我）であり、「有」は「明瞭な自我意識」（有我）です（二二三頁）。ヘリゲルがいう「自我意識」とは思考のことです（『日本の弓術』柴田治三郎訳、岩波文庫）。ですから、「無」からよみがえった「有」は「自我意識」つまり「思考」にともなわれながら「有る」ということです。このことはデカルトやヘーゲルなどの西洋の伝統のなかで育ったドイツ人のヘリゲルにとっては当然のことかもしれませんが、日本人にとっては、当然のことではないのです。

ヘリゲルは、「無」（の状態）からよみがえって「有」（の状態）にもどるときに「思考」が居合わせている、もっと直截的な言い方をすれば、「有」の状態にもどるというのは、よみがえった思考が有るということである、と語っています。しかし、日本ではそうではありません。禅僧が無我の境地を体験した後で、筆に力を込めて「無」、「〇」と大書して、後は沈黙するとき、あるいは、西田幾多郎がその体験について論理的に説明しようとするとき、「無」（の状態）からよみがえって「有」（の状態）に移行するさいに居合わせているはずの「思考」の存在の自覚がないのです。禅僧の場合は、説明するのではなく実践することが問題ですから、それで良いのでしょうが、西田は哲学者です。思考を事柄とする哲学においては、論理的に説明する必要があります。西田にはみずからの反省的思考にたいする自己言及がないといいましたが、そのことは、「無」（の状態）から「有」（の状態）に移行するさいに居合わせているはずの「思考」の存在の自覚がないということを意味しています（その点が、西洋の近代的思考を生みだしたデカルトや、近代的思考を超える新たな思考を生みだしたヘーゲルとは決定的に違っています。デカルトやヘーゲルが、みずからの思考を根拠づけるために、それぞれのしかたで、みずからの思考について自己言及を行っていることはすでに述べました）。

日本人は長年にわたって伝統的に無我の体験を重ねてきました。この伝統的な無我をとらえ直す必要があります。そのことを西洋人であるヘリゲルが示唆しているように思えるのです。ヘリゲルは、弓術の射は、「完全な忘我」（無我、無）において行われ、また、「明瞭な自我意識」（有我、有）にもどってくるといっています。「有から無に入る道は、かならず有に復《かえ》ってくる」のです。いうまでもないことですが、「忘我」（無我、無）というのは「無意識」のことですから、もどってこないということは、「無意識」にとどまるということ、つまり、意識がない状態であり続ける（意識がもどらない）ということです。それは（精神の）死を意味するでしょう。つまり、無我というのは無我（「無意識」）のままにとどまることがないからありうるのであり、無我（「無意識」）のままにとどまれば、無我はありえないのです。無我と表明できる意識が存在しないからです。「有に復ってくる」というのは、「意識がもどる」、「我に復る」ということです。無我がある（成立する）のは、意識がもどって、無我（「無意識」）からよみがえった「我」があるということなのです。この「我」（有我）が、無我があると表明することによって、無我は成立します。無我（我の無）が成立するためには（＝無我に言及することができるためには）我の有（有我）がなければならない（＝我は無から有へよみがえっていなければならない）のです。

無我（無、無意識）からよみがって、無我があると考えるこの「有我」（有、有意識）のほうからふりかえってみると、無我（無、無意識）というのは、考えること（＝思考）の無であったということがわかります。この事実を自覚することが重要なことです。言い換えますと、無我（我の無、我の意識が無い）から有我（我の有、我の意識が有る）へ移行したのは、（我の）思考であったということ、このことの自覚です。さらにいいますと、このことは、無我について思考する「我」がある（＝我が無からよみがえって、有として思考している）ということを明確な自覚へともたらすということです。このようなしかたで無我のなかに思考を根拠づけることができます。そうすることによって、みずからの思考を伝統的な感性のなかに根拠づけることができるのです。無我のなかに思考を根拠づけるというと、逆説的に聞こえるかもしれません。しかし、これ以外の方法はありえないように思われます。思考を無我のなかに根拠づけることによって、西洋からの借りものではない、みずからの感性に根ざした思考を獲得することができるでしょう。レーヴィットが日本人の精神構造は階段のない二階家のようだと語っていますが、無我のなかに思考の根拠を求めることは、二階の洋才を一階の感性のなかに基礎づけることであり、日本人の分裂した精神構造に階段を設けることを意味します。

さらには、こうすることによって、日本人の自己意識の確立にむけて最初の一歩を踏みだすことができるのではないでしょうか。また、自分の立っている足もとを明確に自覚することによって、みずからの思考にたいする信頼も生まれるでしょうし、自信をもつことができるようになるでしょう。こうして、日本人は能動的な、したたかな思考を、言い換えますと、（開かれた）自由な思考を、獲得することができるのではないでしょうか。時代（の閉塞）に流されるのではなく、それに立ちむかう勇気もそこから生まれてくるように思われるのです。

あとがき

旧著『日本人の〈わたし〉を求めて――比較文化論のすすめ』（新曜社）の刊行は二〇〇七年のことですから、すでに一二年という歳月が経過してしまいました。この旧著でおこなったのは、わたしたち日本人が明治時代以降本格的に輸入して身につけた西洋文化と、もともと身につけている日本の伝統文化とは対極的ともいえるほど異質であること、そして、そのような二つの文化がわたしたちの内部で異質なまま放置されているということを具体的な事例を使って示すことでした。そして、わたしたちの内部の放置された異質な二つの文化のあいだに連絡をつける（＝架橋する）道は、身につけた西洋文化をわたしたちの伝統的な文化のなかに根拠づけること以外にはありえないように思われる、しかし、連絡をつけるという作業は残された次の課題であると、この本の「おわりに」に記しました。この『日本人と西洋文化』を刊行することによって、旧著の「おわりに」に記しました自分にたいする約束をやっと果たすことができたという思いがしています。

ごらんのとおり、この本は旧著で使用した話題（話の材料）と重複するものが多くあります。それは、手抜きによるのではなく、それぞれの話題をくりかえし反芻し咀嚼してきた結果によるものです。

話題と話題との関係といいますか、それぞれの話題の位置づけが旧著よりも明確になっているのではないかと考えていますが、いかがでしょうか。

飯島徹さんには様々なご配慮をいただきました。とくに、初稿を読んだ後にいただきました助言のお蔭で全体がずいぶんすっきりしたものになったことに感謝しております。ありがとうございました。また、校正、数多くの図版の調整、索引づくりの作業で伊藤伸恵さんのお世話になりました。お礼を申し上げます。

この本は、恐らく、日本語で書く最後の本になるだろうと思います。そういう思いもあって、いままで用いてきました本名に代えて、筆名を使用することにしました。

索引

そ

た

む

め

も

や

図版出典一覧

序章

図 1　鈴木孝夫の自称詞（と対称詞）の表 : 鈴木孝夫『ことばと文化』岩波新書、1978 年

図 2　パチンコ店の広告より

一章

図 3　ボッティチェリ「ヴィーナスの誕生（部分）」:『ボッティチェリ イタリアルネサンスの巨匠たち 14』東京書籍、1994 年

図 4　中世の絵画「聖マタイ」:『グランド世界美術全集第 9 巻　ヨーロッパ中世の美術』講談社、1977 年

図 5　マサッチオ「三位一体（部分）」:Alison Cole ; PERSPEKTIVE, Belser Verlag, 1993 年

図 6　ロットの「神の眼」:Mauro Zanchi; LORENZO LOTTO E L' IMAGINARIO ALCHEMICO, Ferrari Editrice, 1997 年

図 7　デューラーの銅版画 : 図 5 と同じ

図 8　ダ・ヴィンチ「最後の晩餐」: 図 5 と同じ

図 9　マサッチオ「三位一体」の消失点（F 点）: 図 5 にもとづいて著者作図

図 10　サンパオレシによるマサッチオの視点の図解（G 点）:Piero Sanpaolesi; BRUNELLESCHI, Edizioni per il Club del Libro, 1962 年

図 11　デューラー「自画像（部分）」:『グランド世界美術全集第 13 巻　デューラー／ファン・アイク／ボッシュ』講談社、1976 年

図 12　ウィーン　聖ミヒャエル教会内陣天井の「神の眼」: 著者撮影

図 13　ウィーン　シュテファン大聖堂の「神の眼」（中央祭壇に向かって右手前のポロメウス祭壇の先端部）:Wien — Stephansdom, Hauptaltar, VERLAG BAUER（絵葉書）

図 14　プラハ　聖ミケラーシュ（ニコラス）教会の「神の眼」: 著者撮影

二章

図 15　マッハのスケッチ : Ernst Mach; ANALYSE DER EMPFINDUNGEN, Wissenschaftliche Buchgesellschaft、1987 年

図 16　中心窩 : 村上元彦『どうしてものが見えるのか』岩波新書、1995 年

図 17　ポジションセンサーによる視線の記録 : 池田光男『眼はなにを見ているか——視覚系の情報処理』平凡社、1988 年

図 18　ヘーゲルの図解（〈わたし〉の二重化 = 世界の対象化）: 著者作図

三章

図 19　英語と日本語の発想の違い : 金谷武洋『日本語文法の謎を解く——「ある」日本語と「する」英語』ちくま新書、2003 年

図 20　「I see Mt.Fuji」の図解 : 金谷武洋『英語にも主語はなかった——日本語文法から言語千年史へ』講談社選書メチエ、2004 年

図 21　「富士山が見える」の図解 : 同上

図 22　ヴェルサイユ宮殿の庭園の平面図 :PUTZGER HISTORISCHER WELTATLAS, Cornelsen-Velhagen & Klasing, 1979 年

図 23　ヴェルサイユ宮殿の庭園の散策路 :『ヴェルサイユ　魔法の庭園』テレビ東京メディアネット、2010 年

図 24　ヴェルサイユ宮殿の庭園の座標 : 著者作図

にしくにさき

本名　新形信和（にいがたのぶかず）
1940年　熊本県熊本市で生まれ、福岡県福岡市で育つ。
その間、小学校一年生のとき一年間、父の故郷の国東半島（大分県）の西国東郡真玉町で過ごす。自然のなかに浸りきって生きたこの時期の経験は忘れられない。自分の生の源泉はここにあるといつも感じる。真玉町が豊後高田市に編入されたので西国東という地名は消滅した。思い出の地を筆名にとどめておきたい。修猷館高校、東京外国語大学を経て京都大学文学研究科修士課程修了。専門は比較思想・比較文化論。愛知大学名誉教授。
在職中に在外研究のためドイツのケルンで1979年から81年にかけて二年間を、オーストリアのウィーンで1997年から98年にかけて一年間を過ごす。
著書：『日本人はなぜ考えようとしないのか――福島原発事故と日本文化』（新曜社、2014年）、『ひき裂かれた〈わたし〉――思想としての志賀直哉』（新曜社、2009年）、『日本人の〈わたし〉を求めて――比較文化論のすすめ』（新曜社、2007年）、『無の比較思想――ノーヴァリス、ヘーゲル、ハイデガーから西田へ』（ミネルヴァ書房、1998年）など。

日本人《にほんじん》と西洋文化《せいようぶんか》

2020年1月30日初版印刷
2020年2月10日初版発行

著者　にしくにさき
発行者　飯島徹
発行所　未知谷
東京都千代田区神田猿楽町2-5-9　〒101-0064
Tel. 03-5281-3751 / Fax. 03-5281-3752
［振替］ 00130-4-653627

組版　柏木薫
印刷所　ディグ
製本所　難波製本

Publisher Michitani Co, Ltd., Tokyo
Printed in Japan
ISBN 978-4-89642-601-4　C0010